Deutschland
Raum im Wandel – Eine Bilanz im Luftbild

Deutschland

Raum im Wandel – Eine Bilanz im Luftbild

Herausgeber:
Professor Dr. Gerold Richter
Dr. Wolfgang Linke
Luftbilder:
Lothar Kürten

im Auftrage der Landesbildstellen der Bundesrepublik Deutschland
in Zusammenarbeit mit dem Deutschen Ausschuß
der Europäischen Kampagne für den ländlichen Raum beim
Bundesministerium für Raumordnung, Bauwesen und Städtebau
und dem deutschen Heimatbund in Bonn e. V.

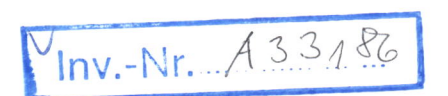

Verlag
Zechnersche Buchdruckerei
Speyer

Bildnachweis

Soweit nicht anders vermerkt, erfolgte die Freigabe der Luftbilder durch die Bezirksregierung Rheinhessen-Pfalz unter den angegebenen Nummern.

1. Helgoland 15549-2, 15550-2
2. Naturpark Wattenmeer 15429-2, 14248-2, 14261-2
3. Kiel 13842-2, 13841-2
4. Küste in Ostholstein 15432-2, 15431-2
5. Holsteinische Schweiz 15662-2, 15686-2
6. Lübeck 15592-2, 15613-2
7. Das Elbtal bei Geesthacht 12413-2, 12414-2
8. Hamburg 12404-2, 12406-2
9. Der Hamburger Hafen 12401-2, 12402-2, 12403-2, 12405-2
10. „Unterelbe" oder „Niederelbe"? 12410-2, 12411-2, 12412-2
11. Wattenmeer zwischen Elbe und Weser 12408-2, 12407-2
12. Baltrum 14125-2, 14126-2, 14127-2, 14128-2
13. Dargast am Jadebusen 7238-4, 12409-2
14. Bremerhaven 12392-2, 12393-2, 12394-2, 12395-2
15. Bremen: Wandel der Stadtlandschaft 12396-2, 12397-2, 12398-2, 12399-2
16. Die Innenstadt von Bremen 12400-2
17. Oldenburg/O. 13838-2, 12391-2
18. Geest zwischen Weser und Ems 15828-2
19. Im Hümmling 16053-2
20. Das Bourtanger Moor 12417-2, 12418-2
21. Lüneburger Heide 15575-2, 15841-2
22. Wolfsburg 15586-2, 15585-2, 15584-2, 15583-2, 15582-2
23. Braunschweig 15576-2, 15577-2, 15578-2, 15579-2, 15580-2
24. Die Landeshauptstadt Hannover 14142-2, 14144-2, 14145-2, 14150-2
25. Goslar und Okertalsperre 15551-2, 15821-2
26. Kleinstädte in Nordhessen 155560-2, 15562-2, 15791-2
27. Bergbau in Hessen 15774-2, 15797-2
28. Ländliche Siedlungen in Ostwestfalen 14795-2, 14794-2
29. Städte in Westfalen 8322-2, 12384-2
30. Das Beckumer Zementrevier 6206-4, 8110-2
31. Wandel der Anbaustruktur 12377-2, 12378-2
32. Münster 12778-2, 13907-2
33. Denkmalschutz 12549-2, 13721-2
34. Dortmund 8107-2
35. Bergbau und Energiegewinnung im Ruhrgebiet 8179-2, 13732-2, 17907-2
36. Strukturwandel im Ruhrgebiet 13832-2, 13700-2
37. Wuppertal 12387-2, 12388-2, 12389-2, 12390-2
38. Der archäologische Park Xanten 8323-2, 12521-2
39. Verkehrsknoten Rhein-Ruhr 8106-2, 12383-2, 12525-2
40. Landeshauptstadt Düsseldorf 12382-2, 8256-2
41. Flughafen Düsseldorf 6244-2, 8256-2
42. Petrochemie am Niederrhein 8161-2, 8162-2
43. Köln: Messe, Museen, Medien 8103-2, 8105-2
44. Braunkohle am Niederrhein 13684-2, 13677-2
45. Tourismus am Kahlen Asten 12381-2, 6201-4
46. Städte im Sauerland 12380-2, 12379-2
47. Bundeshauptstadt Bonn 8253-2
48. Aachen 14936-2, 14937-2, 14938-2
49. Rennstrecken 8114-2, 8165-2
50. Laacher Vulkan 12373-2, 12415-2, 12374-2
51. Kernkraftwerke 8116-2, 8178-2
52. Koblenz und das Kannenbäckerland 12376-2, 14838-2
53. Mittelstädte 12375-2, 14167-2
54. Neues aus dem römischen Trier 15572-2, 15809-2
55. Kanalisierung von Mosel und Saar 12416-2, 12369-2, 12370-2
56. Saarbrücken 8122-2
57. Städte im Saartal 12371-2, 8172-2
58. Mainz 14556-2, 14557-2, 14558-2, 14559-2, 14560-2
59. Der Rheingau und Wiesbaden 14561-2, 14562-2, 8124-2
60. Frankfurt am Main 8123-2
61. Frankfurt Flughafen 8123-2
62. Weinbau am Haardtrand 8125-2
63. Chemiestadt Ludwigshafen 8128-2
64. Die Rheinaue bei Speyer 14155-2, 14156-2, 14158-2, 14159-2
65. Heidelberg 8129-2
66. Karlsruhe 8251-2
67. Der Schwarzwald 14193-2, 14191-2
68. Am Hochrhein 8166-2, 14194-2, 14195-2
69. Am Bodensee 14203-2, 14207-2
70. Schwäbische Alb 14425-2, 14189-2
71. Albtrauf an der Teck 14185-2, 14186-2, 14187-2, 14188-2
72. Dörfer im Stufenland 14549-2, 14532-2
73. Industriegasse am Neckar 14426-2, 14175-2, 14176-2, 14178-2, 14177-2, 14179-2, 14180-2
74. Das Kochertal 14535-2, 14533-2, 14534-2
75. Gäu und Steigerwald 14621-2, 14616-2, 14617-2
76. Weinbau und Flurbereinigung am Main 7472-4, 8132-2
77. Bamberg 8258-2, 7481-4
78. Nürnberg 14539-2, 14540-2, 14541-2
79. Erlangen 14542-2, 14543-2, 14545-2, 14546-2, 14547-2
80. Eichstätt im Altmühltal 8136-2
81. Marktorte in Niederbayern 8157-2, 8156-2
82. Regensburg 15342-2, 15343-2, 15344-2, 15346-2, 15347-2
83. Donaumoos und Hallertau 14537-2, 8178-2
84. Ulm und Neu-Ulm 14951-2, 14952-2, 14953-2
85. Städte im Alpenvorland 8140-2, 8137-2
86. München 8259-2
87. Deltabildung im Chiemsee 8152-2, 11785-3
88. Der Königssee 8153-2
89. Die Allgäuer Alpen 8147-2
90. Das Wettersteingebirge 8149-2, 8167-2
91. Berlin (West): Zentrenbildung Bildflug 1985. Kirchner und Wolf, Hildesheim. Veröffentlicht mit Erlaubnis des Senators für Bau- u. Wohnungswesen Berlin -V- vom 12. 9. 88
92. Berlin (West): Verkehr Bildflug 1985. Kirchner und Wolf, Hildesheim. Veröffentlicht mit Erlaubnis des Senators für Bau- u. Wohnungswesen Berlin -V- vom 12. 9. 88

CIP-Titelaufnahme der Deutschen Bibliothek

Deutschland – Raum im Wandel: e. Bilanz im Luftbild – hrsg. von Gerold Richter u. Wolfgang Linke. Im Auftr. d. Landesbildstellen d. Bundesrepublik Deutschland u. d. Landes Berlin. In Zusammenarbeit mit d. Dt. Ausschuß d. Europ. Kampagne für d. Ländl. Raum beim Bundesministerium für Raumordnung, Bauwesen u. Städtebau u. d. Dt. Heimatbund. Luftbildaufnahmen von Lothar Kürten. – 1. Aufl. – Speyer: Zechner, 1988
  ISBN: 3-87928-882-8
NE: Richter, Gerold [Hrsg.]; Kürten, Lothar [Ill.]

1. Auflage 1988
© 1988 by Verlag der Zechnerschen Buchdruckerei in Speyer
Alle Rechte vorbehalten

Gesamtherstellung: Zechnersche Buchdruckerei GmbH & Co KG
Reproduktion: Schneider Repro GmbH, Heidelberg
Bindearbeiten: C. Fikentscher Großbuchbinderei GmbH, Darmstadt

ISBN: 3-87928-882-8

Vorwort

Im Bilde der Landschaft finden wir sie wieder – sowohl die traditionellen Züge der Kulturlandschaft als auch die neuen Entwicklungen der letzten Jahrzehnte. Der vorliegende Luftbildband hat es sich zum Ziele gemacht, den „Raum im Wandel" in Wort und Bild darzustellen, sowohl im städtisch-industriell geprägten als auch im ländlichen Raum. Er umgeht auch nicht die Spannungen und Probleme, die sich aus den unterschiedlichen Raumansprüchen der Gesellschaft ergeben, aber er versucht, Lösungsmöglichkeiten zu skizzieren. In der dynamischen Sicht liegt sicher eine Besonderheit, die diesen Bildband zu einem lebendigen Abbild des Landes in der zweiten Hälfte der achtziger Jahre macht.
Deutschland – Raum im Wandel. Es bedrückt uns nach all den Jahrzehnten der Trennung, daß wir diesem Thema nur in dem Teil Deutschlands nachgehen konnten, der unserer fliegenden Kamera zugänglich ist. Nehmen wir also die Bundesrepublik als Beispiel und Teil eines Ganzen, wohl wissend, daß die Behandlung des Landschaftswandels im anderen Teil Deutschlands neben vielen gemeinsamen Zügen noch eine Reihe weiterer, ganz anderer Aspekte umfassen würde.
Unser Dank gebührt den Initiatoren dieses Unterfangens, der Arbeitsgemeinschaft der Landesbildstellenleiter der Bundesrepublik Deutschland. Es ist eine wichtige Aufgabe der Landesbildstellen, auch Themen der Landeskunde zu visualisieren, um sie so einem weiten Adressatenkreis zugänglich zu machen. Das Bildstellenwesen ist ein nicht ersetzbares Verbindungsglied zwischen Forschung, Schule und Erwachsenenbildung. Der vorliegende Bildband steht ganz im Kontext dieser Aufgabe.

Unser besonderer Dank gebührt dem Leiter der Landesbildstelle Rheinland-Pfalz, Herrn Erich Strunk. Er hatte die Idee, er brachte die Herausgeber im Frühjahr 1987 mit dem Bildautor zusammen. Weiterhin fanden wir in der Zechnerschen Druckerei, Speyer, einen Partner, der alle bild- und drucktechnischen Probleme in einer Weise zu lösen vermochte, die unsere Erwartungen weit übertraf. Schließlich gilt der Dank unseren Autoren für eine harmonische und konstruktive Zusammenarbeit.

Gerold Richter, Wolfgang Linke
Trier und Münster,
Oktober 1988

Inhalt

Vorwort — 5

Einleitung — 8

Themen 1–92
Themen- und Bildliste mit Karte — 10–205
siehe vorderes Vorsatzblatt

Literaturverzeichnis — 206

Autorenverzeichnis — 212

Namensregister mit Karte – siehe hinteres Vorsatzblatt

Einführung

Deutschland – Raum im Wandel. Es ist ein altbewährtes und doch immer aktuelles Ziel der Landeskunde, den Landschaftswandel im Raum und in der Zeit darzustellen. Es birgt die Möglichkeit in sich, den gestaltenden Kräften nachzugehen, die hinter diesem Landschaftswandel stehen, ihrer Veränderung oder Beharrung, ihrer dynamischen Verstärkung oder Abschwächung.

Methoden der Darstellung

Verschiedene Methoden bieten sich in einem Luftbildwerk an, dieser Dynamik in der Natur- und Kulturlandschaft Ausdruck zu geben. Eine ist die Nebeneinanderstellung unterschiedlicher Bildmotive, die bei aller Verschiedenheit im Detail doch in den Grundzügen der Entwicklung und ihrer Dynamik miteinander verknüpft sind. Hier kann erläutert werden, wo die gemeinsamen Entwicklungstrends liegen, inwiefern und warum unterschiedliche Wandlungen einsetzen und auf verschiedenartige Kräfte und Probleme zurückzuführen sind. Oder viel einfacher: Die Nebeneinanderstellung von Motiven bietet die Chance, die Vielfältigkeit eines Landschaftsraumes am Beispiel darzustellen. Eine weitere Methode in der Darstellung des Landschaftswandels ist der Bildvergleich, d. h. die Gegenüberstellung desselben Landschaftsausschnittes in Aufnahmen aus verschiedenen Zeiträumen. Hier begrenzt die Technik unseren Spielraum, denn das Farb-Luftbildwesen ist noch relativ jung. Immerhin gelang es, eine Reihe von Bildpaaren zu finden, an denen wir den Landschaftswandel im Vergleich der Zeit um 1970 mit dem um 1986/87 darlegen konnten. Künftige Luftbildwerke werden dieses Feld reicher bestellt finden.
Eine dritte, eigentlich die faszinierendste Möglichkeit für die Darstellung des Landschaftswandels gab uns der Farb-Reihenbildflug an die Hand. Er ermöglichte es, Bildstreifen aus der Zusammensetzung einer Reihe von Einzelbildern herzustellen, die einen Landschaftsquerschnitt durch eine Stadt, ein Industriegebiet oder eine Agrarlandschaft vermitteln. Hier erscheint das zeitliche Nacheinander in der Prägung des Raumes im räumlichen Nebeneinander, treffen sich Geschichte und Gegenwart der Kulturlandschaft. Alle diese Methoden fanden im Bildband ihre Anwendung. Dadurch wächst das Luftbild über die Illustration hinaus. Es wird zum Dokument, aus dem sich der Landschaftswandel interpretieren und nachweisen läßt.

Gestaltung von Bild und Text

Das Bild dient der Konzeption. Daher war es wichtig, die Konzeption und die Sachauswahl der Themen zeitlich vor die Kameraführung zu stellen. Aus dem Gebiet der Bundesrepublik wurden deshalb zuerst mehr als 400 Bildmotive (Siedlungen, Industrien, Agrargebiete und Naturphänomene) ausgewählt, die für die Thematik geeignet schienen. Ihre Befliegung übernahm der Bildautor L. Kürten mit seiner extrem langsam fliegenden Do 27 und ihrer Zeiss-Reihenbildkamera. In den Jahren 1986 bis 1988 brachte er weit mehr als 1000 Motive ein, aus denen die vorliegende Bildauswahl entstand.
Ihrer Bedeutung entsprechend nehmen die Luftbilder einen breiten Raum ein. Häufig genug wurde deshalb der Textumfang stark reduziert. Die Texte können und sollen das Thema nicht erschöpfend behandeln. Sie sollen dem Leser das Bildmaterial erschließen, den „roten Faden" ziehen und ihn einladen, im Detail weiterzuinterpretieren. Hierbei helfen auch die rund 25 Interpretationskärtchen, welche Frau B. Henzler, Trier, in sorgfältiger Kleinarbeit nach den Skizzen der Autoren herstellte.

In der Auswahl der Bilder je Thema wurde jeder Schematismus vermieden. Es gibt Themen, die eine einzige Aufnahme hinreichend darstellt. Andere Themen verlangen die Gegenüberstellung mehrerer Motive. In den Übersichtskarten am Anfang und Ende des Bandes kann daher dieselbe Themen-Nummer bei mehreren Bildpunkten auftreten. Wo es sinnvoll war, wurden anstatt von Senkrechtbildern auch Schrägbilder verwendet, vereinzelt auch Bodenaufnahmen.

Bildunterschriften, Bildorientierung

Die Bildunterschriften bieten im Regelfall nur topographische Informationen und die Bilddaten (Flughöhe, Aufnahme-Datum), um den Textumfang nicht noch weiter zu begrenzen. Die Nordpfeile sind nach der 16teiligen Windrose abgestuft und daher nicht immer auf einige Winkelgrade getreu.
Auch bei der Bildorientierung wurde nicht schematisch verfahren. Üblich ist es, Senkrechtluftbilder möglichst auf den Kopf zu stellen, d. h. einzusüden, weil dann im Normalfall eine plastische Bildwirkung erzielt wird. Manchmal ist jedoch die W- oder O-Orientierung günstiger, und bei Bildstreifen ist die Zahl der Möglichkeiten ohnehin eingeschränkt. In einer Reihe von Fällen wurde die Einnordung vorgezogen, vor allem dann, wenn dadurch die allgemeine Orientierung erleichtert wird oder wenn der Vergleich mit einem Schrägbild besser gewährleistet ist.

Bildstreifen, Bildpanoramen

Bildstreifen, aus Einzelbildern zusammengesetzt, treten in einer Reihe von Themen auf. Die längsten von ihnen sind auf 6 Ausklapptafeln zu Panoramen montiert worden. Bildstreifen haben ihren Reiz, bergen aber auch technische Schwierigkeiten für die Wiedergabe: Nur selten gelingt es, die Maschine während eines längeren Streifenfluges bei Seitenwind exakt auf Kurs zu halten. Dadurch sind die Bildachsen gegeneinander leicht versetzt. Bei einigen Themen vermitteln wir diesen Eindruck einer versetzten Bildsequenz dadurch, daß die Bildränder verspringen und die Randleisten stehenbleiben.
Eine weitere Schwierigkeit ist die Anpassung der Bilder aneinander. Die Bilder sind nicht entzerrt, daher sind geringfügige Versprünge im Motiv nicht ganz auszuschließen. Schließlich werden die Bereiche nahe am Bildrand bei aufeinanderfolgenden Bildern aus verschiedenen Richtungswinkeln fotografiert, was bei schräg einfallendem Sonnenlicht Unterschiede in Helligkeit und Farbe hervorruft. Eine vollständige Angleichung ist nicht immer möglich. Gegenüber der Faszination, welche uns eine solche Bildfolge zu geben vermag, wiegen diese Unzulänglichkeiten unserer Meinung nach jedoch gering.

Thematische Konzeption

Rund vierzig Autoren haben dabei mitgewirkt, die 92 Themen des Bandes textlich zu gestalten. Vom Fach sind es Geographen, Historiker, Pädagogen, Archäologen, Naturwissenschaftler u. a., ihre derzeitige Tätigkeit reicht von der Universität und Hochschule über das Bildstellenwesen bis zu einer vielfältigen Praxis. Die Herausgeber glauben, so am ehesten der Vielfalt des Themas Ausdruck verleihen zu können.

Vorgegeben wurde den Autoren lediglich die Themenüberschrift, die Bildauswahl und das Generalthema „Deutschland – Raum im Wandel". Sie waren also frei, die Schwerpunkte ihrer Interpretation im Rahmen des Themas zu wählen, und die Darstellung der Probleme entspringt ihrer Einschätzung. Insgesamt zeigt sich gegenüber Bildbänden aus vergangenen Jahren ein deutlicher Wandel auch in der Auffassung der landeskundlichen Schwerpunkte: Weit mehr als früher wird den Problemen Bedeutung beigemessen, die sich aus den unterschiedlichen Raumansprüchen der Gesellschaft ergeben. Die Maßnahmen der staatlichen oder kommunalen Planung werden kritischer abgewogen, die Prioritäten im Spiel der unterschiedlichen Interessen anders gesetzt als früher. Die Abwägung ökonomischer und ökologischer Gesichtspunkte läßt das wachsende Maß an Sensibilität für unsere Umwelt, ein verändertes Umweltbewußtsein erkennen.
Es ist ein Buch der deutschen Landeskunde, und es will die Einsicht vermitteln, daß Landeskunde nicht die bloße Sammlung geographischer, historischer und ökonomischer Fakten ist. Wohl dienen diese als Grundlage. Jede Ära aber ist aufgerufen, darauf aufbauend die aktuellen, die brennenden Fragen der Landeskunde ihrer Zeit zu formulieren und darzustellen. So betrachtet ist dieses Buch ein Querschnitt in Bildern und Texten, der die aktuellen Themen und Probleme der Landeskunde in der Bundesrepublik Deutschland in der zweiten Hälfte der achtziger Jahre repräsentiert.

Die Herausgeber

Insel und Düne im Schrägluftbild von Nordwesten. An den Felsvorsprüngen und Nischen ist die zerstörende Kraft des Meeres abzulesen. Flughöhe: 2650 m, Aufn.-Datum: 14. 4. 88

Helgoland

Nur an wenigen Stellen Schleswig-Holsteins hat man Einblick in Schichten des Deckgebirges, die älter sind als die überall vorherrschenden Eiszeitablagerungen des Quartärs. Auf Helgoland ist es der rote Fels des mittleren Buntsandsteins, der durch besondere tektonische Kräfte an die Erdoberfläche gelangt ist. Mächtige Salzschichten, die im Zechsteinmeer (Erdaltertum) durch Eindampfung entstanden sind, wurden durch den Auflagerungsdruck des Deckgebirges mobil und stiegen wegen ihres geringeren spezifischen Gewichtes nach oben. In Jahrmillionen wurden die Deckschichten abgetragen, immer ältere Gesteine traten zutage. Der rote Sandstein ist ein über 200 Millionen Jahre altes Sediment, das unter trockenklimatischen Verhältnissen auf dem Festland oder in einem Flachmeer abgelagert wurde. Er war überwiegend horizontal geschichtet. Durch die Salztektonik sind die Schichten schräggestellt worden und fallen mit etwa 20° nach Nordosten ein. Im Luftbild ist dies nicht erkennbar, denn die Oberfläche der Insel ist eben. Hier waren die Abtragungskräfte über einen langen Zeitraum tätig.

Östlich von Helgoland liegt die Düne, früher „Witte Klyppe" genannt. Auch sie „sitzt" auf dem Salzstock, allerdings etwas seitlich vom Zentrum. Die Heraushebung war dort weniger stark, die Abtragungsleistung geringer, so daß die Schichten des jüngeren Muschelkalks und der Kreide erhalten blieben.
Früher verband ein Wall die Inseln. Heute ist vom Muschelkalk übermeerisch nichts mehr erhalten. Die Helgoländer haben ihn abgebaut und nach Hamburg verkauft, wo man ihn als Baustoff verwendete. Erst später wird ihnen dieser Fehler bewußt geworden sein, denn durch die Sturmfluten von 1711 und 1720/21 wurden die Reste des „Witt Kliffs" und der Wall vernichtet.
Die Zerstörung des „Witt Kliffs" ist keineswegs das Ende tiefgreifender Veränderungen von Gestalt und Umriß Helgolands. Nach zwischenzeitlichem Besitz durch England wurde die Insel 1890 im Tausch gegen Sansibar dem Deutschen Reich eingegliedert. Sofort begann man mit dem Ausbau zu einem Marinestützpunkt und zu einem Fischereischutzhafen. Gleichzeitig befestigte man besonders die durch die Abrasion des Meeres gefährdete Westseite mit Mauern. Sie sind auf beiden Luftbildern zu erkennen.
Aus strategischer Sicht verwundert es keineswegs, daß nach dem verlorenen 1. Weltkrieg aufgrund des Versailler Vertrages alle militärischen Anlagen, Befestigungen und der Hafen zerstört werden mußten. Dies geschah zwischen 1919 und 1921.
Schon in den dreißiger Jahren wurde Helgoland wieder zur Seefestung ausgebaut, mit gigantischen unterirdischen Anlagen. Energische Anstrengungen zur Erhaltung von Düne und Insel wurden unternommen, indem man zahlreiche Molen baute und Sand aufspülte. Das im Nordosten liegende Unterland mit Biologischer Forschungsanstalt, Kraftwerk, Aquarium, Jugendherberge, Sportanlagen, Meerwasserentsalzungsanlage und Meerwasserbad ist auf diese Weise geschaffen worden.
Man hat auch die Düne, auf der ein kleiner Flugplatz angelegt ist, durch Sandaufspülung vergrößert, um einerseits der Zerstörung entgegenzuwirken, andererseits aber einen Strand zu schaffen, der dem Fremdenverkehr dient.
Alle bis in die Zeit des 2. Weltkrieges geschehenen Zerstörungen und Veränderungen von Insel und Düne waren, abgesehen von denen der beiden erwähnten Sturmfluten, das Ergebnis jahrhunderte- bis jahrtausendelang dauernder Prozesse.

Selbst durch den Abbau der Kalke und Gipse betrug der durchschnittliche Landverlust nicht mehr als 1 m in 15–20 Jahren.

Katastrophal waren eigentlich nur die Versuche der Engländer, nach dem Krieg durch Bombardierungen und Sprengungen Helgoland zu beseitigen. Sie haben es glücklicherweise nicht geschafft, denn die tonigen Partien im Sandstein verhinderten das Auseinanderbrechen der Insel. Nicht verhindert wurde allerdings der Einbruch eines gewaltigen Trichters im Süden, der heute das Mittelland bildet.

1952 gaben die Engländer die Insel zurück, der Wiederaufbau begann. Die Helgoländer kehrten auf ihre Insel zurück. Ihre Lebensgrundlage, die jahrhundertelang im Fischfang und in der Seefahrt bestand, veränderte sich. Der Haupterwerbszweig ist heute der Fremdenverkehr. Rund 275 000 Übernachtungen und 462 000 Tagesbesucher im Jahr 1987 geben Auskunft über die Beliebtheit der roten Felseninsel im Meer.

Der große Andrang von Gästen ist nicht ganz problemlos. Schon immer war zum Beispiel das Trinkwasser knapp. Das Grundwasser ist durch das Eindringen von Meerwasser brackig, es kann nur als Brauchwasser verwendet werden.

Als Trinkwasser diente nur das von den Dächern abfließende Regenwasser, das in Zisternen gesammelt wurde. Weil die Menge bei der großen Zahl der Gäste nicht mehr reicht, hat man 1972 eine Meerwasserentsalzungsanlage gebaut. Die hierfür benötigte Energie liefert das Heizöl-Kraftwerk. Eine Windenergieanlage mit Standort am Hafen ist im Bau.

Manfred J. Müller

Das Senkrechtluftbild läßt durch die unterschiedliche Farbe des Wassers den Felssockel erahnen. Die weißen Linien zeigen an, wo sich die Wellen an den untermeerischen Klippen brechen.
Flughöhe: 2650 m, Aufn.-Datum: 14. 4. 88

NORD

Naturpark Wattenmeer

Ohne den Menschen gäbe es das nordfriesische Wattenmeer in seiner heutigen Ausprägung nicht mehr. Verheerende Sturmfluten, die beiden „Mandränken" von 1364 und 1632 sowie die Halligflut von 1825, haben Zerstörungen angerichtet, die eine weitere Besiedlung der Marschinseln und Halligen jedesmal in Frage stellen.

Die Überlebenden der Katastrophen und ihre Nachfahren haben aber nie aufgegeben. Immer wieder haben sie verlorenes Land zurückgewonnen, indem sie es neu eindeichten. Das geschah keineswegs innerhalb einer Generation, sondern zog sich über lange Zeiträume hin. Nordstrand z. B. war um 1650 ohne jeden Deich, das zeigt die historische Karte von JOH. MEJER. Ihre heutigen Umrisse hat die Insel erst durch die Eindeichung des Pohnshalligkooges 1924 und durch den Bau des Dammes zum Festland (1935) erhalten. Als erstes Land nach der großen Flut von 1634 wurde 1654 der Alte Koog im Westen der Insel rundherum durch einen neuen Deich gesichert. Das Bild unten zeigt diesen Koog mit seinem in jüngster Zeit verstärkten Seedeich und dem Hafen von Strucklahnungshörn.

Die Eindeichungen vergangener Jahrhunderte bedurften der Anstrenung aller Bewohner. Das Heranbringen von Klei, aus dem man die Deiche baute, war mit großen Mühen verbunden, mußte doch alle Arbeit von Hand erledigt werden. Wie am Beispiel von Nordstrand deutlich wird, hat der Mensch den natürlichen Prozeß des Anwachsens durch geeignete Maßnahmen unterstützt, der Natur ein wenig nachgeholfen. Eingedeicht wurde das Land in der Regel erst, wenn es deichreif war, d. h. 30 bis 50 cm über das Mitteltidehochwasser aufragte.

Heute werden Deiche mit großem technischen Aufwand in kürzester Zeit durch Aufspülen eines Sandkernes gebaut, den man anschließend mit einer 50 cm dicken Kleischicht abdeckt. Sie dienen nicht mehr der Landgewinnung, sondern vorwiegend dem Küstenschutz. Möglichst geradlinig werden sie vor der Küste entlanggeführt, damit die Wellen keine Angriffsmöglichkeiten an Vorsprüngen oder in kleinen Buchten haben. Das Bild rechts

Nordstrand, Alter Koog mit dem Hafen von Strucklahnungshörn
Flughöhe: 3300 m, Aufn.-Datum: 28. 4. 88

unten zeigt einen neuen Deich, der sich von Nordstrand (rechte untere Bildecke) bis zum Sönke-Nisssen-Koog (außerhalb des Bildes) über 8,9 km erstreckt. Wie man unschwer erkennt, sind das dahinter liegende Vorland der Hattstedter Marsch und das Wattgebiet nicht deichreif.

Die tiefgreifende Umgestaltung dieses 3345 ha großen Vorland- und Wattgebietes ist in den letzten Jahren in Schleswig-Holstein heftig diskutiert worden. Es hat viele kritische Stimmen gegeben, die immer wieder darauf hingewiesen haben, daß das Wattenmeer ein schützenswertes Ökosystem sei. Die Landesregierung hat dem Rechnung getragen und das „Schleswig-Holsteinische Wattenmeer" am 2. Juli 1985 zum Nationalpark erklärt. Das Land Schleswig-Holstein hat zehn verschiedene Einzelgutachten in Auftrag gegeben, in denen sowohl die Belange des Küstenschutzes als auch die des Schutzes eines einmaligen Naturraum berücksichtigt sind. Nach langer gemeinsamer Überlegung sind die Gutachter zu dem Ergebnis gekommen, daß es „nur durch eine Vordeichung in Verbindung mit einem Wattsicherungsdamm nach Pellworm ... zu einer ausreichenden Stabilisierung der Wattströme kommen" kann.

Das Luftbild zeigt, daß die seit 1982 laufende Baumaßnahme noch nicht beendet ist. Zwar wurde der Deich im August 1987 geschlossen, Kleiabdeckung und Begrünung fehlen aber noch. Der neu gewonnene Koog ist bis auf das ehemalige Vorland (im Hintergrund und am rechten Bildrand) ohne Vegetation. In ihm sind ein Speicherbecken und vier verschiedene Gestaltungszonen vorgesehen. Das rd. 470 ha große Speicherbecken soll der Hochwasserentlastung dienen. Im Norden und Süden sind zwei Süßwasserbiotope geplant mit zusammen etwa 1100 ha Fläche. Der mittlere Teil mit rd. 860 ha wird ein Salzwasserbiotop mit regulierbarem Wasserstand.

Das Schrägluftbild rechts oben erweckt den Eindruck einer unberührten Naturlandschaft. Abgebildet ist der Japsand, der zusammen mit dem Norderoog- und dem Süderoogsand den Westrand des nordfriesischen Wattenmeeres bildet. Am oberen Bildrand ist die Hallig Hooge zu erkennen. Die Strukturen auf dem Meeresboden und auf dem trockengefallenen Sand ergeben sich aus der raumgestaltenden Kraft des Meeres und des Windes. Die Formen unterliegen ständiger Veränderung.

Manfred J. Müller

rechts oben: Japsand und Hallig Hooge von Südwesten
Flughöhe: 3000 m, Aufn.-Datum: 14. 4. 88

rechts unten: Vordeichung Hattstedter Marsch nach dem Deichschluß
Flughöhe: 3000 m, Aufn.-Datum: 14. 4. 88

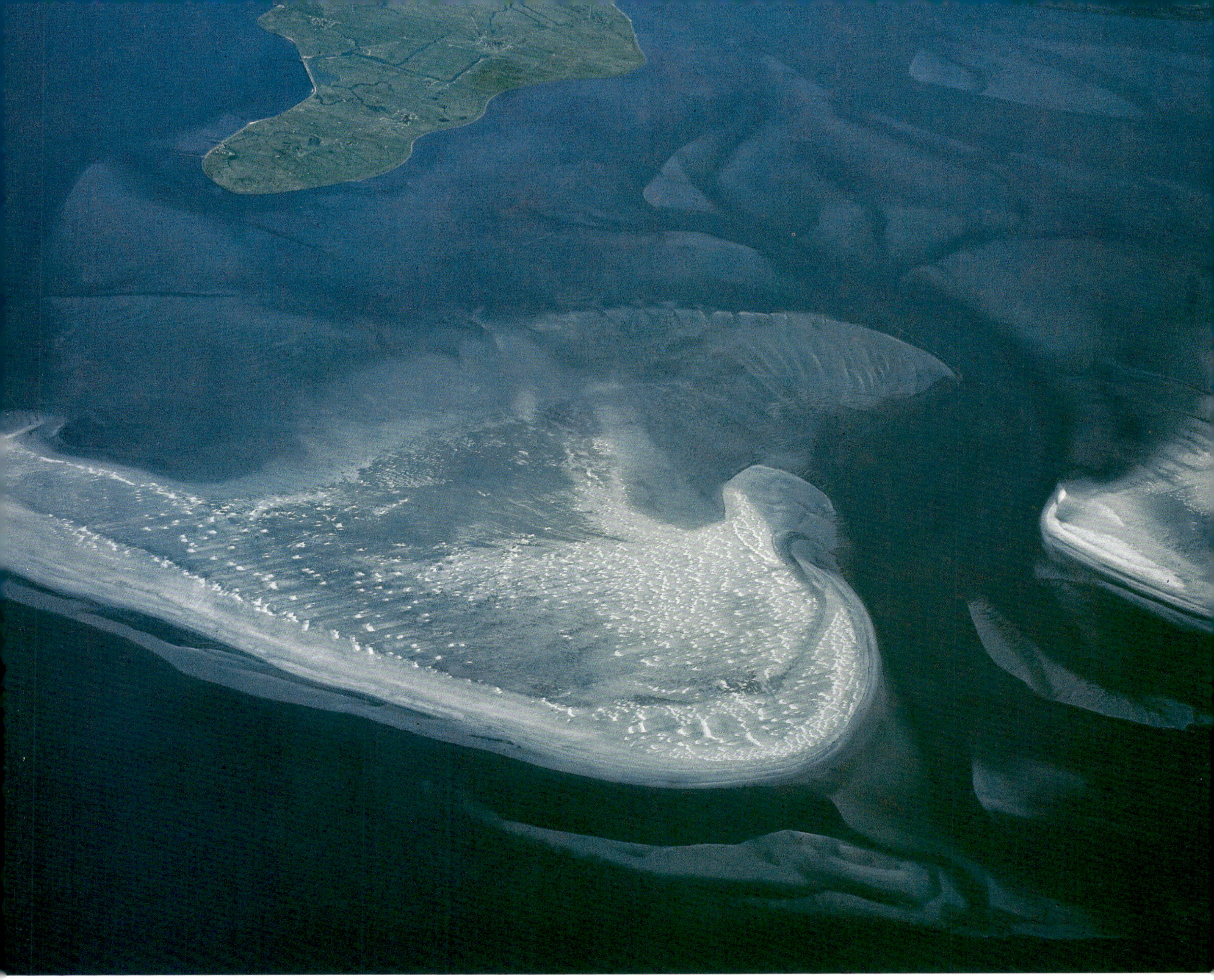

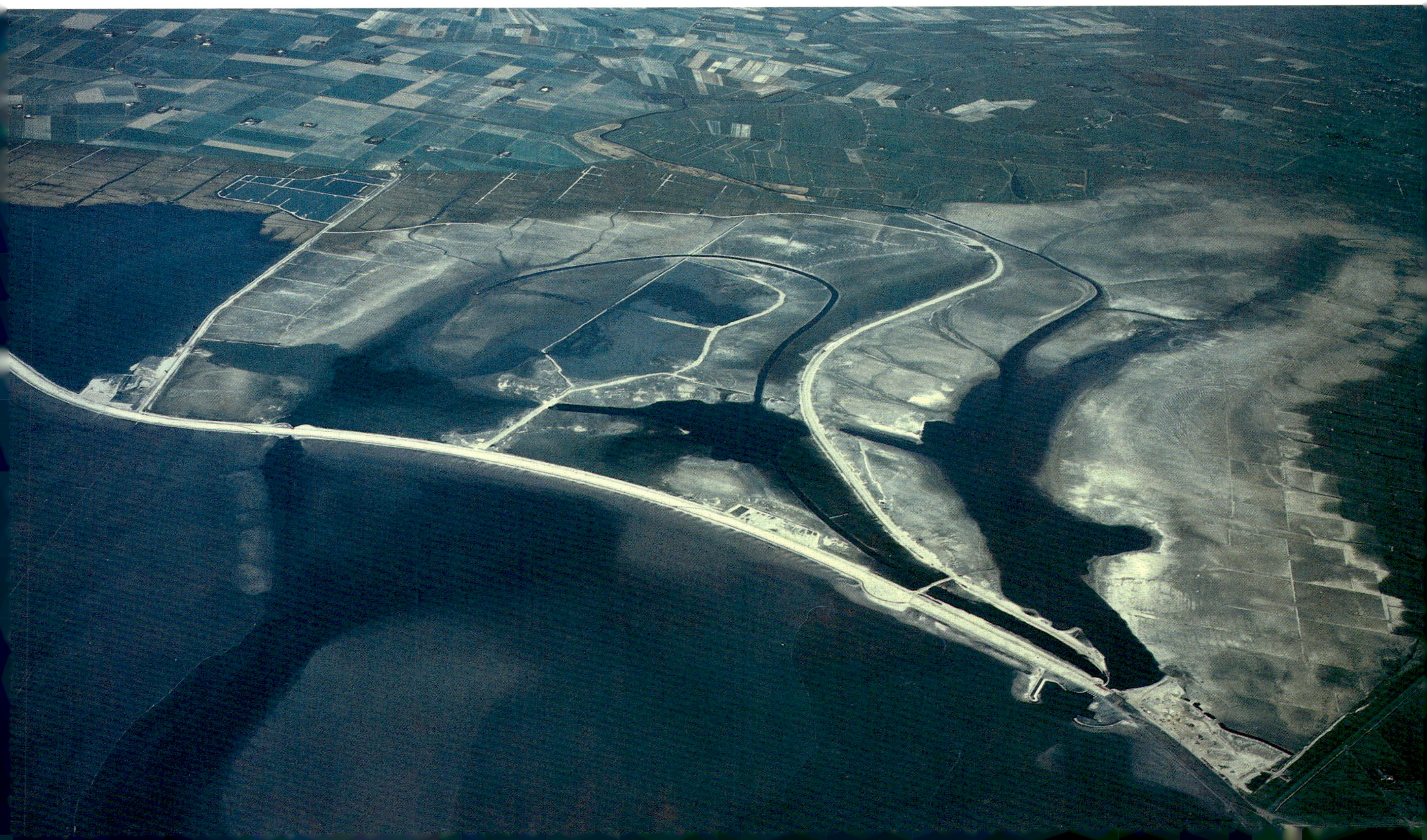

3 Kiel

Kiel hat eine 750jährige Stadtgeschichte. Ihre Spuren werden auf dem Bild nur dem geschulten Blick offenbar, denn die großflächige Zerstörung des letzten Krieges hatte eine städtebauliche Neuordnung zur Folge. Heute ist Kiel eine helle, durchgrünte Stadt. Die Innenstadt ist durch Ausblicke auf die Förde mit Oslo- und Schwedenkai, an denen die großen Fähren anlegen, und auf die Werftindustrie geprägt. Wasser, Wind und Wolken geben der Stadt eine unverwechselbare Atmosphäre.

Die 1242 von den Schauenburger Grafen von Holstein gegründete Stadt hieß „Holstenstadt tom Kijle" – Holstenstadt an der Förde. Eiszeitliche Gletschervorstöße haben die Förde ausgeschürft und an Front und Seiten Moränen aufgeschoben, die der Stadt und ihrer Umgebung ein reizvolles Relief geben. Die 15 km ins Land eingreifende Förde endet in der Hörn, dem geradlinigen Hafenbecken im Süden. Der Kieler Bahnhof, ein Kopfbahnhof, liegt hier in der Innenstadt. Ein ehemaliger Fördearm ist heute noch an den Wasserflächen zu erkennen, die ringförmig die Halbinsel der Altstadt umgeben. Die regelmäßig angelegte Altstadt befindet sich auf einer Moränenkuppe: In der Mitte liegt der heute verbaute Marktplatz mit der Nikolaikirche, von seinen vier Ecken führen je zwei Straßen ans Wasser oder im Norden zur ehemaligen Burg, der höchsten Erhebung des Altstadtbezirks. Nach dem Krieg wurde dort das neue Kieler Schloß als Verwaltungs- und Kulturzentrum erbaut. Außerhalb der kleinen Altstadt, jenseits des zum Teil zugeschütteten Kleinen Kiel, wurden Rathaus, Opernhaus und Banken errichtet. Um die Innenstadt liegen im Westen und Nordwesten schematisch gestaltete Wohngebiete, teils aus wilhelminischer Zeit, größtenteils aus den 50er Jahren. Parks und Sportanlagen tragen zur Durchgrünung bei; auch Plätze, wie der Exerzierplatz westlich der Ostseehalle, die als helle große Fläche sofort ins Auge fällt, lockern die bebaute Zone auf.

Kaiser Wilhelm sah die Zukunft Deutschlands auf dem Meer: 1871 wurde Kiel Reichskriegshafen und 1885 der Kaiser-Wilhelm-Kanal eröffnet (ab 1920 Nord-Ostsee-Kanal, international Kiel-Canal genannt). Am Westufer der Förde entstanden Marineanlagen, am Ostufer siedelten sich Werftindustrien an: Die Kieler-Howaldt-Werke und das Marinearsenal an der Schwentinemündung noch außerhalb des Bildes; das heutige Gelände der Howaldt-Werke wurde damals von der Kaiserlichen Werft und der Krupp-Germania-Werft genutzt. Marine und Werftindustrie wirkten wie ein Magnet. Starker Zuzug ließ die Bevölkerungskurve ansteigen. Kiel geriet bis 1919 vollständig in die wirtschaftliche Abhängigkeit von der Kaiserlichen Marine und deren Rüstungsindustrien.

Einwohnerzahl von Kiel

1867	24 000
1918	243 000
1945	183 000
1987	240 449

Die Ernennung Kiels zum Reichskriegshafen und der Bau des Nord-Ostsee-Kanals waren Entscheidungen, die nach seestrategischen Gesichtspunkten gefällt wurden. Der Kanalbau erfüllte aber auch den Traum von Reedern, Schiffern und Kaufleuten. Die Wasserstraße ist 100 km lang und 162 m breit. Die Tiefe von 11 m erlaubt Schiffen bis ca 20 000 tdw den Kanal zu durchfahren. Das Bild zeigt die Schleusen an der Einmündung des Kanals in die Förde bei Kiel-Holtenau; die Schleusen gleichen die windbedingten Wasserstandsschwankungen der Ostsee aus. Von Süd nach Nord sind drei Schleusenanlagen zu erkennen: die moderne Schleuse mit 310 m Länge, 42 m Breite und 14 m Tiefe, die „Alte Schleuse" von 1885 und Reste der Schleuse des Eiderkanals von 1825.

Mit 124 Passagen pro Tag (1987) ist der Nord-Ostsee-Kanal der meistbefahrene Kanal der Welt. Die wirtschaftliche Bedeutung des Kanals liegt für Kiel in den Dienstleistungseinrichtungen der Schiffsausrüster und -makler sowie in den Verwaltungseinrichtungen der Hafen- und Schleusenanlagen. Einen besonders schönen Blick auf die Schleusen hat man von den beiden Holtenauer Hochbrücken, die die nördlichen Stadtteile wie Holtenau, Friedrichsort und Schilksee an die Landeshauptstadt anbinden.

Nach dem Zweiten Weltkrieg gab die Erhebung zur Landeshauptstadt Schleswig-Holsteins der Stadt Kiel neue wirtschaftliche Impulse: Betriebe des Maschinen- und Apparatebaus, der Textil- und Lebensmittelbranche schufen die heutige Vielfalt der industriellen Struktur.

Kiel hat heute mannigfache Funktionen: Sitz der Landesregierung, Verwaltungs- und Einkaufszentrum, Fährhafen, Universitäts- und Industriestadt, Marinestützpunkt und olympisches Segelzentrum.

Adelheid Rasch/Roderich Felsberg

rechts: Kiel, Innenförde und Stadtzentrum.
Flughöhe: 3.200 m, Aufn.-Datum: 10.10.87

links: Kiel, Holtenauer Schleuse.
Flughöhe: 3200 m, Aufn.-Datum: 10.10.87

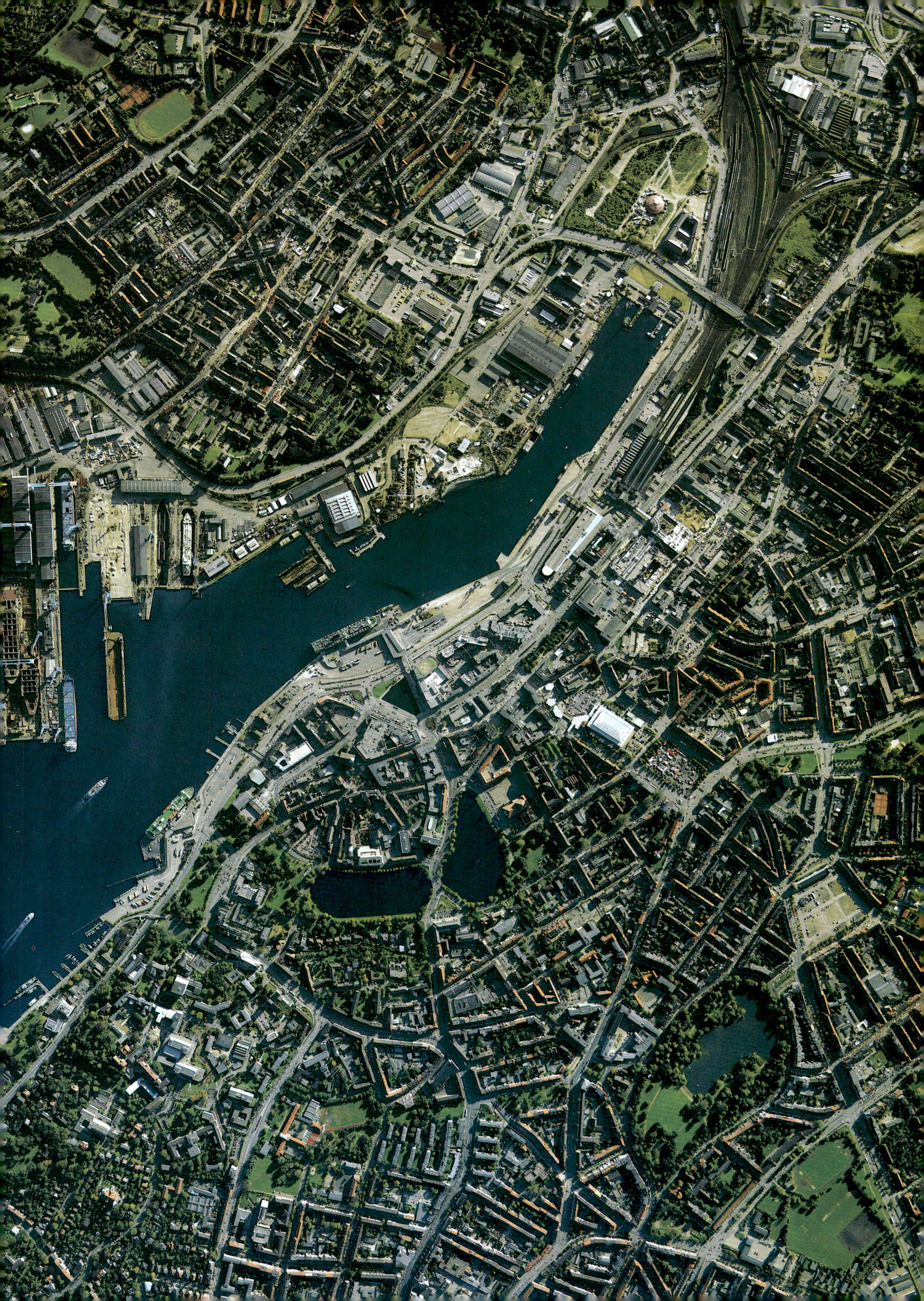

Küste in Ostholstein

Von der Bundesstraße 207, die als helles Band durch den unteren Teil des Bildes verläuft, hat man einen herrlichen Blick auf die eindrucksvolle Küstenlandschaft Ostholsteins: Strandseen trennen die Stadt Heiligenhafen vom Küstenstreifen. Der östliche Strandsee wird als Hafen genutzt: Der große Yachthafen liegt stadt- und strandnah. Begehrter sind Liegeplätze im kleinen städtischen Hafen, von dem aus Urlauber Angelfahrten auf Fischkuttern unternehmen können. Der kleine Hafen rechts im Bild gehört einer Bootswerft. Ganz links im Bild, am Heiligenhafener Binnensee, sieht man das 1971 erbaute 15stöckige Ferienzentrum. Der vorgelagerte Strandwall, Steinwarder, ist mit Hotels, Appartmenthäusern und Restaurants bebaut. Der unbebaute Graswarder – 1958 mit dem Steinwarder zusammengewachsen – steht unter Naturschutz. Seine Salzwiesen und Lagunen bieten reiche Nahrungsgrundlage für Wasservögel. Er zeigt die Entstehung der langgestreckten Nehrung: Zahlreiche Haken lassen das Wachsen des Warders von West nach Ost erkennen.

Heiligenhafen
Flughöhe: 3 000 m, Aufn.-Datum: 28. 4. 88

Die drei zusammenhängenden Formen der Ostseeküste sind für den Betrachter mit einem Blick zu überschauen: Im Westen – außerhalb des Luftbildes – liegt die Steilküste, das Kliff. Es folgen Strandwälle und Strandseen in verschieden ausgeprägten Stadien. Die Ostseeküste hatte früher mehr Buchten und Vorsprünge. Die Brandung trägt die Vorsprünge ab. Mit dem abgetragenen Material werden Buchten abgeschnürt, d. h. die Küstenlinie wird verkürzt. Am Vorsprung bildet sich ein Kliff; es liefert das Material, das mit

vorherrschenden Westwinden küstenparallel nach Osten verfrachtet wird. Einerseits verlegt die See das Kliff *zurück*, andererseits verursachen Grund- und Regenwasser den Abtrag von Landseite her. Die Brandungswellen werfen den Sand schräg auf den Strand, fluten ihn jedoch senkrecht ins Meer. Es erfolgt der Materialtransport zickzackförmig längs der Küste, dieses wird Strandversetzung genannt. Die Transportkraft des Meeres sortiert das Material: In der Nähe des Kliffs wird grobes Material abgelagert – Steinwarder –, feineres wird weiter transportiert, es entstand der Graswarder. So bilden sich Haken und Nehrungen.
Sandriffe sind an den hellen Streifen im Küstenbereich zu erkennen. Bei Weststürmen wirbeln starke Brandungswellen den Sand vom Boden auf, der dann durch die Strömung ein Stück weiter nach Osten versetzt wird. Wasserkraft und Wellenhöhe bestimmen die Abstände der Sandriffe von der Küste. Durch Materialabbruch am Steilufer und durch Materialtransport entsteht eine fast gerade Küstenlinie, die Ausgleichsküste.
An der verkehrsfeindlichen Rollsteinküste im Norden Fehmarns wurde ein künstlicher Fährhafen angelegt. Zwei lange zangenartige Molen (630 m bzw. 820 m), die den auf 8,5 m Tiefe ausgebaggerten Hafen vor Seegang und Versandung schützen, lassen eine nur 85 m breite Einfahrt frei. Die Fährschiffe fahren in Fährbetten ein, so daß Reise- und Güterzüge sowie Autos über Heck oder Bug von und an Bord rollen können. Der Fußgänger gelangt von der Straße oder vom Bahnhofsgelände über eine Brücke zu den Fähren. Gleisanlagen und Parkplätze sorgen dafür, daß das hohe Verkehrsaufkommen bewältigt wird. Deutsche und dänische Fähren pendeln zwischen Puttgarden und Rödby Havn; die Überfahrt dauert 50 Minuten; täglich erfolgen 58 Fahrten. 1987 wurden 6977098 Passiere befördert.
Im Jahre 1963 wurde die Vogelfluglinie feierlich eröffnet. Die kürzeste Strecke zwischen Mittel- und Nordeuropa ist die Route über Fehmarn, Lolland, Falster und Seeland. Der Name ‚Vogelfluglinie' – die Zugvögel nehmen tatsächlich diesen Weg – wurde von Verkehrsfachleuten werbewirksam gewählt. Schon 1865 war der Gedanke einer Eisenbahnverbindung zwischen Hamburg und Kopenhagen aufgetaucht, der wegen des Krieges Österreichs und Preußens gegen Dänemark wieder fallengelassen wurde. Als Anfang dieses Jahrhunderts die Fährlinien Warnemünde – Gedser und Saßnitz – Trelleborg in Dienst gingen, wollten Hamburg und Lübeck nicht länger auf ihre Fährverbindung nach Kopenhagen warten; 1910 wurde das „Deutsch-Dänische Komitee zur Förderung der Fehmarnlinie" gegründet. Erst nach den beiden Weltkriegen jedoch kam es 1958 zu einem deutsch-dänischen Regierungsabkommen, das die Vogelfluglinie als leistungsfähige Verbindung zwischen den beiden Staaten auswies. Die Straßen- und Eisenbahnbrücke, die heute den Fehmarnsund in einer Länge von 963 m elegant überspannt, wurde gebaut, die Fährhäfen Puttgarden auf deutscher und Rödby Havn auf dänischer Seite angelegt und entsprechend ausgebaute Straßen geschaffen. Diese Fährverbindung ist neben Lübeck-Travemünde und Kiel die schnellste Linie und bedeutendstes Tor Schleswig-Holsteins zu den skandinavischen Ländern.
Die Fehmarnsundbrücke und der Fährschiffverkehr haben der Insel Fehmarn, die jahrhundertelang recht isoliert war und auf der fast ausschließlich Weizen-, Raps-, Zuckerrüben- und Kohlanbau betrieben wurde, zu wirtschaftlichem Aufschwung verholfen. Der Fährhafen selbst stellt ein attraktives Arbeitsplatzangebot, und der Fremdenverkehr hat infolge der guten Verkehrsverbindungen und des Ausbaus des Ferienzentrums Burgtiefe im Süden der Insel erheblich zugenommen.
Adelheid Rasch/Roderich Felsberg

Fährhafen Puttgarden
Flughöhe: 2 700 m, Aufn.-Datum: 28. 4. 88

5 Holsteinische Schweiz

„Tausend Grüße an Ihr schönes, grünes Holstein, da mag es jetzt unsäglich schön seyn", sandte im Mai 1798 Herder aus Weimar an die Gräfin Louise Stolberg. Immer wieder begeistert die Holsteinische Seenplatte ihre Besucher. Ihren Namen verdankt die Region einem Eutiner Kaufmann, der seinen Gasthof „Hotel Holsteinische Schweiz" nannte (1885) und so dem Fremdenverkehr einen werbewirksamen Begriff schenkte.

Die ostholsteinische Seenlandschaft wurde während der letzten Eiszeit geformt. Eiszungen legten gewaltige Hohlformen an, die den Raum der Seenplatte ausfüllten. Während des Zurückschmelzen des Eises schufen schwächere Vorstöße die bucklige Welt der Moränenlandschaft. Die heutige Landschaft ist durch den Wechsel von Wasser und Land gekennzeichnet. Auch die Knicks, das sind Wallhecken, die nach Aufhebung der Allmende Felder und Koppeln einfriedeten und heute unter Naturschutz stehen, charakterisieren die ostholsteinische Landschaft. Auf den kuppigen Moränen werden überwiegend Raps, Weizen und Zuckerrüben angebaut.

Die beiden großen Orte im Seengebiet, Eutin (17 600 Ew.) auf dem linken Bild und Plön rechts (10 700 Ew.), sind Kreisstädte. Sie gehen auf slawische Siedlungen zurück, waren beide Residenzstädte regionaler Fürstentümer.

Als eigentlicher Gründer Eutins gilt Bischof Gerold, der 1156 dem Ort Marktrecht verlieh. Später entstand hier ein Bischofshof. Die Reformation brachte die

Säkularisierung des geistlichen Fürstentums. Die „Fürstbischöfe" gaben der Stadt den Charakter einer Residenz: Sie bauten u. a. eine Wasserburg und einen Schloßgarten. Eutin war in seiner Glanzzeit Zentrum aufklärerischen und pietistischen Geistes; um 1800 trafen sich hier Graf Stolberg, Johann Heinrich Voß, Claudius, Klopstock, W. v. Humboldt und Tischbein. Als Geburtsort des Komponisten Carl Maria von Weber pflegt Eutin als Festspielstadt auf der Freilichtbühne im Schloßpark am Seeufer ihr kulturelles Erbe.
Am Nordufer des Großen Plöner Sees, der mit 30 km², das größte Binnengewässer Schleswig-Holsteins ist, liegt Plön. Graf Adolf II von Schauenberg legte 1158, nach dem Verlust seiner Burg und Marktsiedlung Lübeck an Heinrich den Löwen, einen neuen Stützpunkt an. Als Plön 1622–1761 Residenz des Herzogtums Schleswig-Holstein-Sonderburg-Plön war, wurde das herzogliche Schloß im Stil italienischer Spätrenaissance auf einer Moränenkuppe angelegt, Stadt und Landschaft beherrschend. 1868 wurde es preußische Kadettenanstalt, später in der Weimarer Republik Staatliche Bildungsanstalt und während des Nationalsozialismus Nationalpolitische Erziehungsanstalt. Heute ist es eine Internatsschule.

Dank ihrer hervorragenden landschaftlichen Lage sind die Orte der Holsteinischen Schweiz vielbesuchte Fremdenverkehrs- und Luftkurorte. Das Angebot ist vielseitig. Eine besondere touristische Attraktion ist die 5-Seen-Fahrt. Die Nähe Plöns zur Landeshauptstadt Kiel macht die Stadt auch zu einem begehrten Wohnort. *Adelheid Rasch*

links: Eutin zwischen dem Kl. (l.) und Gr. (r.) Eutiner See
Flughöhe: 650 m, Aufn.-Datum: 13. 6. 88

rechts: Blick über Plön in die Holsteinische Seenplatte
Flughöhe: 650 m, Aufn.-Datum: 13. 6. 88

Lübeck

Lübeck wurde 1987 in die Weltliste für erhaltenswerte Kulturgüter aufgenommen, denn es hat bis heute die eindrucksvolle Geschlossenheit seines mittelalterlichen Stadtbildes bewahrt.
Vor uns liegt die von Wasser eingerahmte Altstadt. Im Osten befindet sich die aufgestaute Wakenitz sowie der Elbe-Lübeck-Kanal. Im Westen fließt die Trave, die mäandrierend die stadtnahen Häfen mit der Ostsee verbindet. An der unteren Trave befinden sich Hafenanlagen mit sieben Seehafenbecken und teils seehafenorientierten Industriebetrieben. Rechts außerhalb des Bildes liegt das Seebad Lübeck-Travemünde mit einem leistungsfähigen Fährhafen. Im Hintergrund des Bildes reicht der Blick über die Lübecker Bucht bis nach Neustadt. Zwischen Ostsee und Trave sieht man den Hemmelsdorfer See, ein Eiszungenbecken, das heute durch Strandwälle zu einem See abgeschlossen ist. Die Vogelfluglinie schließt mit Straße und Schiene Lübeck an den überregionalen Verkehr an. Die Autobahn Hamburg Puttgarden ist deutlich zu erkennen. Trotzdem ist die Zonenrandlage für die wirtschaftliche Entwicklung dieser Region hemmend.

Das Stadtgebiet umfaßt 214 km^2, davon nimmt die Altstadt 0,7 Prozent ein. Sie ist eine Insel, 1000 m breit und 2000 m lang, auf einem Höhenrücken gelegen, der dem buckligen Panzer einer Schildkröte gleicht. 1143 gründete Graf Adolf II von Schauenburg eine Marktsiedlung, die sich schnell zu einem bedeutenden Handelsposten für den Ostseeraum entwickelte. Durch die Verleihung der Reichsunmittelbarkeit (1226), die günstige geographische Lage und die Förderung der Kolonisation im Osten stieg Lübeck zur „Königin der Hanse" auf.

Die damalige Stadtplanung nutzte die morphologischen Gegebenheiten: Den Höhenrücken durchziehen zwei parallele Hauptstraßen, von denen die Nebenstraßen zu Trave und Wakenitz rechtwinklig hinabführen. Auf dem Höhenrücken liegen u. a. der Dom im Süden, im Zentrum die gewaltige Marienkirche, davor die Gebäudegruppe des gotischen Rathauses, im Norden St. Jakobi und das Burgtor. Im Westen der Altstadt ragen die kegelförmigen Türme des Holstentores heraus.

Die einzelnen Bereiche des Altstadtgebietes wurden durch die unterschiedlichen sozialen Schichten geprägt. Das Kaufmannsviertel zwischen St. Marien und Trave zeigt schöne Giebelhäuser; an der Obertrave, im Südosten des Domviertels, wohnten die Flußschiffer; östlich der Längsachse siedelten sich Gewerbetreibende, Kleinbürger und Handwerker an, wie Hausformen und Straßennamen belegen.

Das Senkrechtbild zeigt den nördlichen Teil der Altstadt von Lübeck. An der westlichen Längsachse liegen die Marienkirche, das Rathaus und der an den bunten Ständen erkennbare Marktplatz. Die Gebäude befinden sich auf dem höchsten Punkt des Höhenrückens, ein Zeichen bürgerlicher Macht und Selbstdarstellung.

Noch heute sind grau-braune Dachflächen, Flachdächer, Parkplätze und -häuser in der inneren Stadt Zeugen der Zerstörung; ein Fünftel der Altstadt wurden in einer Bombennacht 1942 vernichtet. Nach der Phase des Wiederaufbaus begannen in den 70er Jahren Sanierungsmaßnahmen, denn die Altstadt war von Verfall und Funktionswandel gekennzeichnet: Gewerbetreibende hatten ihre Betriebe verlegt, gutsituierte Bevölkerungsschichten die Enge der Altstadt verlassen, zurückgeblieben waren sozial Schwache in überwiegend schlecht ausgestatteten Wohnungen; Einzelhandel und Dienstleistungen hatten sich angesiedelt und Verkehr angezogen, der den Wohnwert beeinträchtigte und die Bausubstanz angriff. Nach dem Städtebauförderungsgesetz wurden Sanierungsgebiete festgelegt. Umfangreiche öffentliche Investitionen retten große Objekte wie z. B. das Heiligen-Geist-Hospital bei der Jakobikirche; dazu erhöhen zahlreiche Privatsanierungen den städtebaulichen Wert der Altstadt. Deutlich zu sehen ist die inzwischen von Schuppen u. a. größtenteils entkernte Blockstruktur mit Giebelhausbebauung. In verschiedenen Gebieten schließen sich an die sanierten Vorderhäuser Wohngänge – eine Lübecker Besonderheit – und Wohnhöfe an.

Der Rang als Weltkulturerbe beruht auf dem Gesamtaufbau der Altstadt, der die alte Nutzungs- und Sozialtopografie widerspiegelt.

Die städtebaulichen Ziele von heute müssen die Nutzungsinteressen „Kulturdenkmal", „Zentrum" und „Wohnen" so vereinbaren, daß die auf den Menschen bezogene Maßstäblichkeit erhalten bleibt.

Adelheid Rasch

links: Altstadt und Hafen von Lübeck
Flughöhe: 800 m, Aufn.-Datum: 13. 6. 88

rechts: Der Nordteil der Altstadt von Lübeck
Flughöhe: 800 m, Aufn.-Datum: 13. 6. 88

7 Das Elbtal bei Geesthacht

Schönheit und Reiz dieser Landschaft werden von dem bewaldeten Steilhang bestimmt, der sich am oberen Bildteil aus der Flußniederung erhebt. Die Elbe ist landschaftsbestimmend; sie bildet hier die Grenze zwischen den Bundesländern Schleswig-Holstein und Niedersachsen. Der Fluß ist in der Höhe der Stadt Geesthacht 300 m breit. Im Zuge der Flußregulierung hatte man schon 1850 durch den Bau von Buhnen versucht, die Fließgeschwindigkeit zu erhöhen und über eine Ausräumung des Flußbettes für die Schiffahrt bessere Bedingungen zu erreichen. Nach der Vertiefung des Hamburger Hafenbeckens auf 12 m konnte nur eine Stauanlage konstante Wasserstände schaffen. Unterhalb Geesthachts wurde ein Wehr gebaut, um in der Oberelbe einen Wasserstand von 4 m über NN zu garantieren. Die Buhnen, an der Unterelbe sichtbar, sind im oberen Teil des Flusses überschwemmt. Die Stauanlage, 1960 fertiggestellt, trennt die von den Gezeiten abhängige Unterelbe von der tidefreien Oberelbe.

Einerseits schuf das Wehr die Voraussetzungen für Anlagen der Energiewirtschaft, denn Pumpspeicher und *Kernkraftwerk* benötigen den *hohen Wasserstand;* andererseits ermöglicht dieser der Binnenschiffahrt, die Industriegebiete Berlins, Niedersachsens, die der DDR und der CSSR mit wirtschaftlicher Frachtladung zu erreichen. Parallel zum Fluß mußte für den Schiffsverkehr ein Kanal mit einer Schleuse gebaut werden, die in ihren zwei Kammern vier Europaschiffe von je 1350 t Tragfähigkeit aufnehmen kann. Neben dem Güterverkehr, bei dem vorwiegend Mineralöl, Erz, Getreide, Futter- und Düngemittel sowie Baustoffe transportiert werden, nutzen Sportfahrzeuge und die Fahrgastschiffahrt die Schleuse. Der Kanal begradigt die Uferlinie; an ihm liegt auch die Einfahrt zum Geesthachter Hafen. Östlich der Stadt befindet sich das mit einem Ringdamm eingedeichte Hochbekken des Pumpspeicherwerks inmitten eines großen Waldgeländes, das sich vom Geestplateau über den Steilhang bis ans Elbufer erstreckt. Der Höhenunterschied von 80 m wird zur Stromerzeugung genutzt. Die Hamburgische Electricitäts-Werke AG (HEW) nahm das Pumpspeicherwerk 1958 in Betrieb. Es wird zum Ausgleich der tagsüber im Hamburger

Versorgungsgebiet auftretenden Belastungsspitzen eingesetzt. Bei Bedarf läßt man das Wasser aus dem Speicher durch die 612 m langen Rohre in die Turbinen stürzen; Wasserkraft wird so in elektrische Energie umgewandelt und sofort zum Verbraucher geliefert. Die Wassermenge reicht aus, um in viereinhalb Stunden 580 000 kWh zu liefern. In lastschwachen Zeiten, während der Nacht, wird der Speicher mit kostengünstiger Energie aus Grundlast-Kraftwerken wieder gefüllt. Das Kraftwerk arbeitet vollautomatisch. Standortentscheidend für das Pumpspeicherwerk war die Reliefenergie des Geesthanges.
Knapp einen Kilometer flußaufwärts befindet sich das Kernkraftwerk Krümmel, das die Elbe als Kühlwasserlieferant benutzt, worauf die langen, hellen Streifen im Fluß hinweisen.

Die Versorgungsunternehmen HEW und die Nordwestdeutsche Kraftwerke AG haben 1983 das 1260 MW-Kernkraftwerk fertiggestellt. Als Betriebsgelände wurde ein Teil des Areals einer ehemaligen Sprengstoffabrik im Ortsteil Krümmel gewählt. Alfred Nobel erfand hier 1867 das Dynamit. Ein anderer Teil beherbergt das GKSS-Forschungszentrum, gerade am rechten Bildrand noch erkennbar. GKSS betreibt Forschung und Entwicklung für öffentliche Aufgaben und im Vorfeld der Industrie, und zwar auf den Gebieten Reaktorsicherheits- und Materialforschung, Unterwassertechnik, Umwelt- und Klimaforschung sowie Umwelttechnik.
Die Stadt Geesthacht erstreckt sich auf einer Terrasse des Elbe-Urstromtales und auf der Geesthochfläche. Getrennt sind Ober- und Unterstadt durch den 60–80 m hohen bewaldeten Steilhang. Der Ort,

1924 zur Stadt erklärt, gehörte bis 1937 zu Hamburg. Aus der Industriearbeitersiedlung ist heute eine Gemeinde (25 000 Einwohner) geworden, die am Rande des Hamburger Einzugsgebietes ihre Eigenständigkeit behauptet. Zwischen Kanal und ausgedehnten Wohnvierteln der Unterstadt befindet sich das weitläufige Industrie- und Gewerbegebiet, erkenntlich an den großen Dachflächen.
Auffallend sind die langgestreckten Gebäude einer Teppichfabrik, die auf der Fläche des ehemaligen Zweigwerks der Dynamit Nobel AG steht. Ein zweiter bedeutender Wirtschaftsbetrieb der Stadt, eine Maschinenfabrik, liegt östlich, in Höhe des Speicherbeckens.
Das südliche Ufer wird elbabwärts von den Marschhufendörfern Tespe, Obermarschacht, Untermarschacht und Rönne mit ihren schmalen, langgestreckten Flurstücken bestimmt. Die landwirtschaftliche Nutzung ist intensiv, neben Ackerbau und Viehzucht wird Obst- und Gemüseanbau für den Absatzmarkt Hamburg betrieben. Das Weideland liegt in der hochwassergefährdeten Flußaue vor dem Deich, der nördlich der Straße als helle Linie zu erkennen ist. Die Getreideflächen liegen hinter dem Deich, der bei der Besiedlung Leitlinie und Verkehrsweg war. Heute trennt die Elbuferstraße Hofgebäude und Gemarkung voneinander. Besitzteilung und Zersiedlung haben Funktion und Erscheinungsbild der Dörfer verändert.
Verkehrsverbindend kreuzt die B 404 die Elbuferstraße und führt über Wehr- und Schleusenanlage nach Nordwesten zum Autobahnzubringer nach Hamburg und schafft damit regional und überregional schnellere Wege.
Am Waldrand, unterhalb des Steilhangs, verläuft die B 5, die bis Anfang der achtziger Jahre mitten durch die Stadt den Transitverkehr Hamburg–Berlin bewältigen mußte. Seitdem die Autobahn über die Grenzkontrollstelle Gudow diese Funktion übernommen hat, ist die B 5 merklich entlastet.
Das ursprüngliche Landschaftsbild des Elbtales wurde durch die Flußregulierungsmaßnahme, die Kanalanlage, durch Energieversorgungsbetriebe, Wohn- und Industrieansiedlungen und durch Verkehrswege zum Teil stark verändert.
So schuf sich der Mensch im Süden eine landwirtschaftliche Produktionsfläche und auf der hochwassersicheren Seite der Elbe seine Wohn- und Industrieansiedlungen sowie Naherholungsgebiete und hat damit die natürlichen Gegebenheiten für sich vorteilhaft genutzt.
Adelheid Rasch/Roderich Felsberg

Geesthacht an der Elbe
Flughöhe: 3 200 m, Aufn.-Datum: 10. 10. 87

Hamburg

NORD

Dem Ausufern der Verstädterung kann Natur auch Grenzen setzen. In Hamburg sind diese Grenzen die Ufer der Alster und der Elbe. Seit alters her ist die Alster aufgestaut und bildet eine langgezogene Wasserfläche, früher Schutzzone nach Norden, später winters wie sommers Schauplatz vielfältiger Vergnügungen. Seitdem es eine Brücke zwischen Ost- und Westufer gibt („Lombardsbrücke") unterscheiden die Hamburger von der Außen- die Binnenalster: Diese liegt innerhalb des Wallrings der Befestigungsanlagen aus dem 17. Jahrhundert, deren Spuren im Westen noch an den begrünten „Wallanlagen" mit „Planten un Blomen" zu erkennen sind, im Osten an der Linienführung der Eisenbahn. Dieser Halbkreis mit einem Durchmesser von fast zwei Kilometern macht heute die City aus. Das Alter der Anlage zeigt sich trotz Zerstörungen (Brand 1842, Bombenkrieg 1943) und Neubauten (z. B. Ost-West-Straße 1959) an der Führung von Straßen und Kanälen (hamburgisch: Fleete), die Alster und Elbe verbinden. An der südlichen Grenze gibt es eine eigentümliche Symbiose zwischen Stadt und Fluß: die Speicherstadt, zwei

Hamburg, Altstadt und Alster,
Flughöhe: 3 200 m, Aufn.-Datum: 10.10.87

Häuserzeilen, gut einen Kilometer lang, aus rotem Backstein, 100 Jahre alt, ohne große Lebenserwartung. Einst die Breitseite des Überseehandels, jetzt im Windschatten der Container-Schiffe.
Die vom Geschäft der Speicherstadt verdrängten Bewohner mußten sich auf einen langen Weg machen, um neue Wohnungen zu finden. Unmittelbar vor den Toren der Stadt war bis zur Jahrhundertwende schon kräftig gebaut worden, nur nicht für sie. Über die beiden alten Vor-

städte St. Pauli im Westen und St. Georg hinaus waren in der zweiten Hälfte des 19. Jahrhunderts „Vororte" im Landgebiet auf beiden Seiten der Alster erschlossen worden. In Rotherbaum, nordwestlich von der Stadt, wurde die engbebaute Gegend beiderseits der Verkehrsader Grindelallee das bevorzugte Wohngebiet der jüdischen Bevölkerung; nach dem Krieg begann sich hier die Universität in zentraler Lage auszubreiten. Nördlich davon entstanden Ende des 19. Jahrhunderts in parkähnlicher Lage mehrere Karrees mit vornehmen Stadthäusern im englischen Stil. Östlich der Außenalster wurde Großgrundbesitz in Uhlenhorst parzelliert, um repräsentative Etagenhäuser für die neuen Wohnbedürfnisse des Bürgertums zu errichten. Aus den kleinen Dörfern waren innerhalb weniger Jahrzehnte große Vororte mit Zigtausenden Bewohnern geworden, während die „Innenstadt" ihre Wohnfunktion verlor. Besondere Aufmerksamkeit richtete die öffentliche Bauplanung auf die Einfassung des Juwels der Hamburger, die Außenalster: Vorschriften sorgten für die Erhaltung eines Grüngürtels, so daß den großbürgerlichen Schlössern am Harvestehuder Weg (rechtes Ufer), an der Schönen Aussicht und Bellevue (linkes Ufer) der freie Blick blieb. Inzwischen haben sich hier viele Konsulate niedergelassen und Geschäftshäuser, Banken, Versicherungen und Verlage eingekauft.

Der Luftbildausschnitt rechts zeigt die Anfang der 70er Jahre gebaute Großwohnsiedlung Steilshoop im mittleren Norden Hamburgs, nur 8 km von der Innenstadt entfernt; umgeben im N vom ausgedehnten Parkgelände des Ohlsdorfer Friedhofs und des Bramfelder Sees, im O von Kleingartengelände; nur im S bzw. SW schließen sich ein Gewerbegebiet und Wohnblöcke an. Um so deutlicher fallen die raumgreifenden Strukturen der 4- bis 10-geschossigen Hochhausringe von Steilshoop auf; jeder umschließt einen 12000 m² großen Innenhof. Deutlich wird die gute Verkehrsanbindung der Großwohnsiedlung: im W und O je eine große N–S-Straße, verbunden durch die neuangelegte Steilshooper Allee, die im W u.a. zum 2,5 km entfernten City-Entlastungszentrum „City Nord" führt (in der SW-Bildecke angeschnitten). Im W erkennt man auch die zwei etwa N–S verlaufenden, sich kurz berührenden U- und S-Bahn-Linien. Immer noch nicht gebaut ist die seit langem geplante U-Bahn-Strecke, die von S (Innenstadt) ins Zentrum Steilshoops und weiter nach Bramfeld führen soll. Damit wäre dann die Verkehrsanbindung optimal – und das ist auch einer der Gründe für die Standortwahl für das Wohnungsbauprojekt gewesen. 1969 bestand trotz stagnierender Gesamteinwohnerzahl Hamburgs noch immer ein Bedarf von 50000 Wohnungen. Die Wohnsiedlung mit ihren 24000 Einwohnern wurde auf einem ehemaligen Schrebergartengelände errichtet, das im Gefolge des Zweiten Weltkrieges mit 1800 Behelfsheimen ohne Kanalisation bebaut worden war; deren 1900 Bewohner mußten 1969 umgesiedelt werden; zugleich entstanden 500 neue Kleingärten (NW, O).

Die 20 Wohnringe und die Hauptfußgängerstraße folgen in ihrer Anordnung einem sanften Höhenrücken. Die Zentralzone enthält: Einkaufszentrum und Ladenzeilen, evangelische Kirche mit Gemeinde- und Jugendhaus, Ärztehaus, Wochenmarkt; im N die Gesamtschule mit Haus der Jugend, Elternschule, Kindergarten, Volkshochschule, Öffentlicher Bücherhalle und Sportanlagen. Grundschulen befinden sich an der NW- und NE-Ecke. Das zugrundeliegende Konzept heißt: „Urbanes Wohnen" und „Enge Straßen – weite Höfe", d.h. eine städtische Gesamtgestalt und privates Wohnen sollten zugleich verwirklicht werden. Durch die großen Höfe wird insgesamt ein relativ hoher Anteil an Grünflächen erreicht (57 von 175 ha Gesamtfläche). Wenn trotz der gelungenen Gesamtplanung Steilshoop z.T. als städtisches Problemgebiet angesehen wird, so liegt es daran, daß bei der Belegung leider nicht die Hamburger Durchschnittssozialstruktur entstand, sondern dort zu 90% Sozialmieter und unverhältnismäßig viele soziale Problemfälle eine Wohnung zugewiesen bekamen.

Joachim Paschen/Imme Ferger-Gerlach

Hamburg, Wohnsiedlung Steilshoop
Flughöhe: 3200 m, Aufn.-Datum: 10.10.87

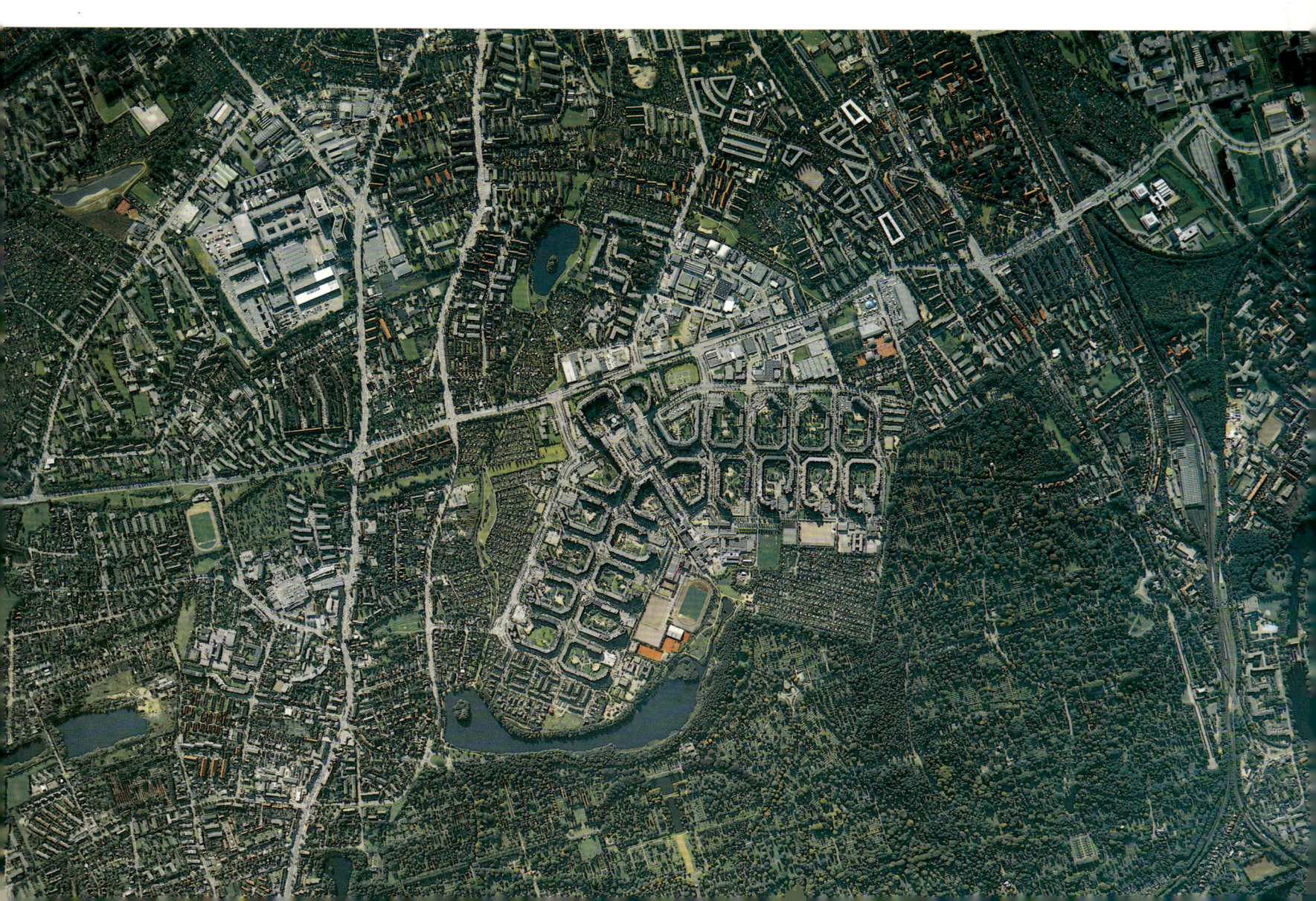

Hafenstadt Hamburg – Hamburg, Stadt mit Hafen? Wie immer man diese Frage heute beantworten will, unbestritten bleibt, daß der größte deutsche Hafen als Brennpunkt des internationalen Güteraustausches nach wie vor für das Wirtschaftsleben nicht nur der Hansestadt bedeutend ist.
Verglichen mit seinem Ursprung im 12. Jahrhundert in einem Mündungsarm der Alster (Nikolaifleet, an seinem fast S-förmigen Verlauf in der heutigen City erkennbar) hat er mit rund 87 qkm ein gigantisches Ausmaß erreicht. Das Luftbild erfaßt nur etwa die Hälfte dieser Fläche. Im Laufe seiner 800jährigen Geschichte mußte er sich immer wieder neuen Anforderungen stellen, um im Wettbewerb mit anderen Nordseehäfen (Antwerpen, Rotterdam) konkurrieren zu können. Die Sicherung einer leistungsfähigen Verkehrsinfrastruktur war und ist daher besonders wichtig.
So kann der Hamburger Hafen durch die Vertiefung des Fahrwassers auf 13,5 m unter Seekarten-Null von den großen Containerschiffen der 3. Generation und, unter Ausnutzung der Tidewelle, von Massengutfrachtern bis zu 100 000 tdw angelaufen werden. Eine der längsten Radarketten und ein erfahrener Lotsendienst machen den Weg in den Hamburger Hafen zu einem der sichersten der Welt.

Durch sechs Autobahnanschlußstellen ist der Hafen in das internationale Schnellstraßennetz integriert. Die E3, die das im westlichen Bereich gelegene Container-Zentrum Waltershof streift, ist im Bild zu sehen. Sie unterquert die Norderelbe in den drei Röhren des neuen Elbtunnels. Eine vierte ist geplant. Der Köhlbrand teilt das Hafengebiet in einen östlichen und einen westlichen Bereich. Er wird von der 1974 dem Verkehr übergebenen Köhlbrand-Hochbrücke überspannt. Sie schafft eine schnelle Straßenverbindung beider Hafenteile. In der Bildmitte sind die Richtungsgleise eines der drei Haupthafenbahnhöfe zu erkennen. Durch die Hafen-

9 Der Hamburger Hafen

Panoramabild aus 4 Aufnahmen

11 Wattenmeer zwischen Elbe und Weser

Zwischen den Ästuaren von Elbe und Weser liegt ein mehr als 500 km² großes Wattgebiet, das durch die Einwirkung von Tideströmung und Seegang permanenter morphologischer Umgestaltung unterliegt. Vor allem die Wattströme und Priele verändern sehr häufig ihre Position.
Die beiden Luftbilder zeigen Teilausschnitte des lagestabileren und höher über SKN herausragenden Scharhörner und Neuwerker Wattgebietes. Die Inseln liegen ca. 17 bzw. 9 km vor der Cuxhavener Nordseeküste am Südrand der Elbemündung.
In diesem Teil der Deutschen Bucht beträgt der mittlere Tidenhub etwa 3 m. Bei Niedrigwasser sind nur noch die tiefen Priele und Wattströme wassergefüllt. Abgetrocknete Wattflächen zeigen auf den Luftbildern einen helleren Farbton, noch überflutete Wattflächen und die wassergefüllten Rinnen sind je nach Wassertiefe dunkler getönt.
Die Aufnahme von Scharhörn zeigt das Watt ca. ¾ Std. vor Niedrigwasser. Scharhörn ist als Sandplate entstanden, auf der sich seit den 30er Jahren dieses Jahrhunderts, durch anthropogene Eingriffnahme (Bepflanzungen, Sandfangeinrichtungen) ausgelöst, eine Düne bilden konnte. Der grüne Farbton verdeutlicht den durch Vegetation stabilisierten Teil Scharhörns. An der NW- und N-Seite nagt die Brandung an der Düneninsel, Material wird erodiert, so daß sich die Strandlinie scharf gegen das Watt abhebt. In der Übergangszone vom Watt in das tiefere Wasser der Elbe (rechts) dominiert bei mittlerer Tide der ostwärtsgerichtete Flutstrom. Der daraus resultierende Sedimenttransport mit anschließender Akkumulation trägt zum Aufbau einer vom Inselkern nach E vorgreifenden Sandzunge bei. In diesem Bereich verursachen die zur Aufnahmezeit wehenden nordöstlichen Winde einen westwärts gerichteten äolischen Sandtransport, der an dem hellen Farbton des Sandschleiers an der Wattoberfläche erkennbar ist.
Wenig südwestlich der Inselmitte steht die Betriebsbaracke für die Anlagen der Windmeßstation Scharhörn. In den Sommermonaten dient diese zusätzlich einem Vogelwärter als Unterkunft.
Die Strömungsverhältnisse bewirken nördlich von Scharhörn die Bildung kleinerer Sandhaken. Im W und NE der Insel verursachen dagegen die wechselnden Sedimenttransportrichtungen die Überlagerung von zwei sich kreuzenden, NW-SE- bzw. SW-NE streichenden Sandwellensystemen.
Die wenig gegliederte Wattoberfläche im mittleren Bildteil liegt etwa um 3 m über SKN. Bei Hochwasser erreicht die Wassertiefe nur wenige dm, und die Überflutung ist nur von kurzer Dauer. Strömung und Seegang sind hier zu gering, um das Gebiet nachhaltig morphologisch zu gestalten. Als deutliches Lineament zieht von Scharhörn aus nach SE der Wattwanderweg zur Insel Neuwerk (ca. 8 km) über die Wattwasserscheide.
Auf der Aufnahme von Neuwerk und den umgebenden Wattflächen, ca. 1¼ Std. vor Niedrigwasser, ist das Watt schon weitgehend trockengefallen. Am rechten Bildrand reicht die Wattrinne der Eitzenbalje in das Aufnahmegebiet hinein. Die Wattrinnen sind die Zonen im Watt mit dem größten Sedimentumsatz. In den dunklen Rinnen sind an den hellen langgestreckten Strukturen die Sandfahnen zu erkennen. Das Südende der Eitzenbalje fächert in mehrere Priele auf, die bis zur Wattwasserscheide vorgreifen. Im linken oberen Bildrand sind die Ausläufer der Hundebalje zu sehen, über die Neuwerk bei Hochwasser mit dem Schiff zu erreichen ist. Der Schiffsanleger befindet sich an der SW-Spitze der Insel. Im NE grenzt das Wattgebiet Kleiner Vogelsand an Neuwerk, deutlich ist ein N–S orientiertes Sandwellensystem mit Luv-Leehang-Asymmetrie in Flutstromrichtung, ausgebildet. Südlich von Neuwerk sind die um ca. 2 m über SKN liegenden Wattflächen durch Rippelfelder strukturiert.

Insel Scharhörn und das Scharhörner Watt
Flughöhe: 3000 m, Aufn.-Datum: 20. 8. 87

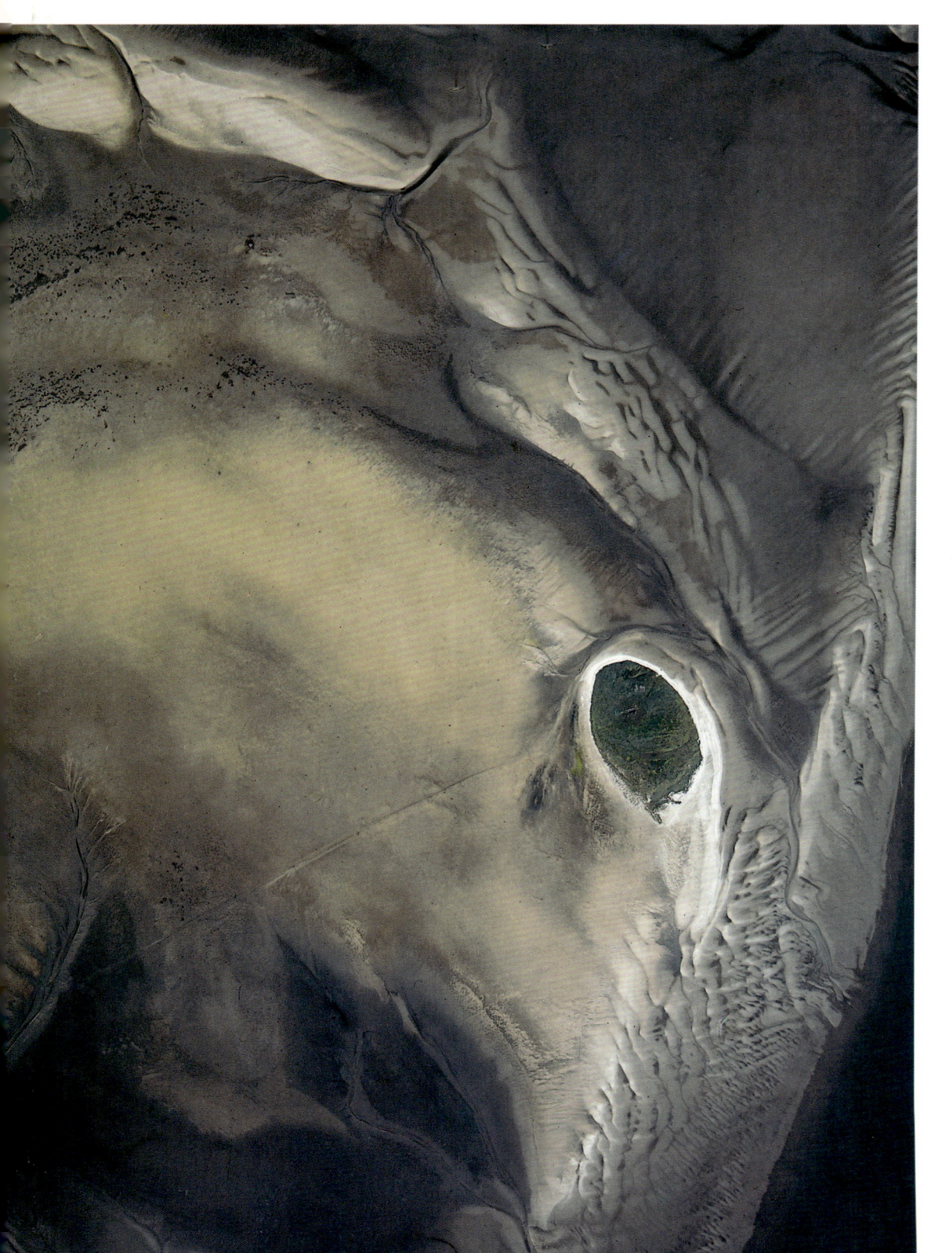

NORD

Die Insel Neuwerk hat eine etwa 700jährige Besiedlungsgeschichte. Bedeutendstes Bauwerk ist der seit 1310 auf einer Warft im S der Insel stehende Neuwerker Turm. Innerhalb des sturmflutsicheren Ringdeiches wird die Insel von mehreren Betrieben landwirtschaftlich genutzt. Im N und E schließt sich an den Ringdeich der Außengroden an. Gegen die Watten ist dieses ausschließlich als Grünland genutzte Vorland durch Uferschutzwerke (helle Linie) und einen Sommerdeich begrenzt. Steigt der Wasserstand über das mittlere Tidehochwasser an, was häufig im Winterhalbjahr während Sturmfluten vorkommt, heißt es im Vorland „Land unter".

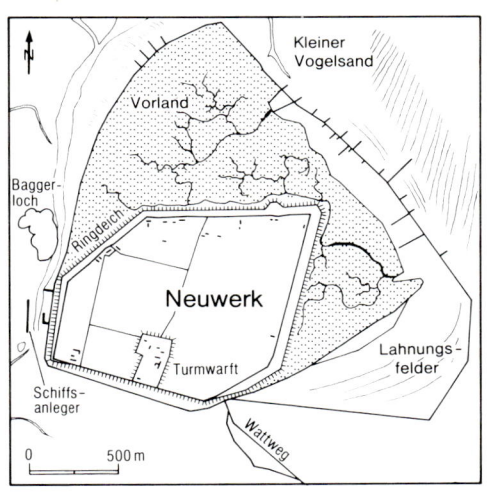

*Insel Neuwerk und der Kleine Vogelsand
Flughöhe: 3000 m, Aufn.-Datum: 20. 8. 87*

Ein schmaler Streifen am nordöstlichen Vorland und die östlich anschließende Ecke sind ehemalige Lahnungsfelder. Nördlich des Schiffsanlegers ist an dem dunklen Farbton ein wassergefülltes Baggerloch zu erkennen. Hier wurde Sand für die künstliche Aufspülung vor den Deichen entnommen. Von der SE-Kante Neuwerks führt der Wattwanderweg über die Wattwasserscheide zur Küste (ca. 8–10 km). (SKN = Seekartennull = NN-1,60 m)

Andreas Schüller

Baltrum

Baltrum, kleinste der Ostfriesischen Inseln, Fläche etwa 7 km² (die Angaben reichen von 6,5 bis 9 km², denn welcher Wasserstand begrenzt in einem Gezeitenmeer eine Insel?) – so steht es in den Nachschlagewerken. Zwischen Norderney im W und Langeoog im O gelegen, ist sie ein Glied der wie eine Perlenkette aufgereihten Inseln vom niederländischen Texel bis Wangerooge nahe dem Jadebusen. Vor den Inseln liegt die offene See, hinter ihnen das Wattenmeer. Zwischen den Inseln haben Flut- und Ebbstrom tiefe Rinnen in das Watt gegraben, die Baljen. Zwischen der im Bild befindlichen Ostspitze von Norderney und Baltrum liegt die Balje „Wichter Ee", an der Ostseite der Insel begrenzt ein sandiger Haken die Accumer Ee.

Die West- und Ostfriesischen Inseln haben keinen eiszeitlichen Inselkern. Sie entstanden erst während der nacheiszeitlichen Meerestransgression innerhalb der letzten Jahrtausende, sie wuchsen am Außenrand des Wattsockels als Düneninseln „aus dem Meere". Der römische Gelehrte Plinius (57 n. Chr.) nennt 23 Inseln im germanischen Nordmeer. Falls diese Zahl überhaupt genau ist: Es waren mit Sicherheit nicht die Inseln, wie sie heute vor uns liegen.

Wie kam es zur Bildung von Düneninseln auf Meeresablagerungen? Hier am Außenrande des Wattsockels überkreuzen sich zwei Strömungssysteme: die W-O gerichtete Winddrift und die N-S bzw. S-N ziehende Gezeitenströmung. In ihrem Kreuzungsbereich „behindern" sie einander und schaffen die Bedingungen zur Ablagerung des mittreibenden Sandes zu „Sandplaten", die mit der vorherrschenden Strömung langsam wandern. Bei Niedrigwasser fallen sie trocken. Nun kann der Wind den Sand zu ersten Dünen zusammenwehen. Auf ihnen siedelt sich Vege-

tation an und befestigt sie. Aus der Sandanwehung vom Strand in die Dünen wachsen Dünensysteme und bilden Düneninseln.
Die Sandwanderung mit der Strömung geht jedoch weiter. Sie wird durch die Konzentration des Gezeitenstromes auf die engen Durchlässe der Baljen verstärkt, erodiert die Westspitzen der Düneninseln und drückt die vor der Küste wandernden Sände im Halbbogen nach außen. Dies ist vor der Wichter Ee am Brandungsstreifen deutlich erkennbar. Erst weiter östlich nähern sich die Sände dem Strand und „landen an". Dem schmalen, durch Buhnen und ein Dünendeckwerk von 1,4 km Länge geschützten Strand am Westkopf der Insel steht ein nach O hin zunehmend breiter, durch Sandanlandung „überernäherter" Strand gegenüber.
Die Insel wandert. Sie verlor in den letzten drei Jahrhunderten im W etwa 3,7 km und wuchs im O um ca. 2,2 km an Dünenfläche (siehe Skizze). Das frühere Westdorf ist untergegangen, vor dem NW-Strand finden sich noch Siedlungsspuren. Das heutige Westdorf (das ehemalige Mitteldorf) liegt im Schutz der Küstenbefestigung. Nur noch das Ostdorf ist durch einen natürlichen Dünengürtel gesichert. Raum im Wandel – im Wattmeer wird er greifbar.

Gerold Richter

Die Ostfriesische Düneninsel Baltrum
Flughöhe: 2 600 m, Aufn.-Datum: 14. 4. 88

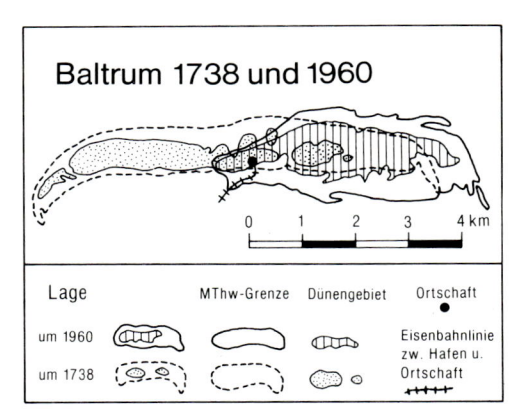

13 Dangast am Jadebusen

Vorhandensein von Tide, dem täglich zweimaligen Wechsel zwischen Ebbe und Flut, verdeutlicht den Betrachtern beider Aufnahmen von Dangast die Lage an der Nordseeküste. Im linken Bild reicht das Meer bis an die Küstenlinie. Die Ebbe hat im rechten Bild die Flut abgelöst und den Blick auf die Besonderheiten des Wattenmeeres freigegeben. Der zeitliche Unterschied zwischen beiden Aufnahmen beträgt aber nicht nur eine Tide, sondern sechzehn Jahre.

Das wird besonders deutlich an der unterschiedlichen Flächennutzung, hauptsächlich innerorts und im Strandbereich. Die im August 1971 noch ackerbaulich bewirtschafteten Flächen sind im Ort bis zum August 1987 verschwunden, im gesamten Bildausschnitt ebenfalls deutlich verringert. Innerorts wurden die Flächen mit neuen Straßen und Häusern bebaut. Die Einwohnerzahlen sind während des Zeitraumes von 500 auf 720 gestiegen, Haupteinnahmequelle ist jetzt noch deutlicher der Fremdenverkehr, während Landwirtschaft und Fischfang immer mehr an Bedeutung verlieren. Zwar lassen sich die amtlichen Zahlen im Vergleichszeitraum nur schlecht auswerten, da die Erhebungsgrundlagen häufig geändert wurden, aber ein Ansteigen der Gästezahlen und die Veränderungen in den Betriebsstrukturen hin zu Ferienwohnungen, Ferienhäusern und Camping sind ableitbar. Während die Gästezahlen in der gesamten Bundesrepublik rückläufig sind, steigen sie in Dangast und anderen Küstenbadeorten seit ein paar Jahren noch beständig an. Nach dem Niedersächsischen Küstenprogramm, das 1955 in Kraft trat, wurden zwar zunächst hauptsächlich Küsten- und Inselschutz, dann aber auch Maßnahmen hinter dem Deich gefördert. Dazu gehörte neben dem Ausbau der Infrastruktur die Förderung des Fremdenverkehrs. Im Rahmen solcher Maßnahmen wurde in Dangast das Campingplatz-Angebot erweitert: Der neben dem Waldstück gelegene Platz wurde modernisiert, und fast das gesamte strandnahe Gelände östlich dieses Platzes ist als Campinggelände zu erkennen. Zwischen den Campingplätzen entstand strandnah ein tideunabhängiges Schwimmbad. Natur, Wattwanderungen, Wassersport, Baden und andere Freizeitangebote, Ruhe, Idylle am kleinen Fischerhafen und das Wandeln auf den Spuren der expressionistischen Maler der „Brücke", die hier gegen 1910 fast eine Künsterlerkolonie gegründet hätten, aber besonders die günstigen

Dangast im Jahre 1971
Flughöhe: 2700 m, Aufn.-Datum: 18. 8. 71

Übernachtungsangebote machen den Ort sowohl für Naherholung als auch für den Urlaub im Reizklima attraktiv.
Konzentriert man den Blick auf jeweils ein Bild, kann man sich näher mit den naturräumlichen Gegebenheiten dieses Küstenstriches vertraut machen, der typische Elemente des Marschlandes enthält, aber überdies viele Indizien für die Vielseitigkeit dieser Küstenlandschaft bietet. Wallhecken, Baumgruppen und das kleine Küstenwäldchen sind beispielsweise für die Marsch untypisch, sie deuten auf eine andere Landschaftsform hin: Eine Geestinsel wird markiert. Die Geest ist neben den Marschen Hauptbestandteil des Tieflandes, von dem Niedersachsen zu vier Fünfteln eingenommen wird. Hier bei Dangast berührt die Geestinsel direkt das Meer, auf den freien Flächen schimmert deutlich der sandige Geestboden durch. Bei höherem Wasserstand spült die Brandung Sand aus dem Kliff, das die Linie des Ufers im Bereich des kleinen Wäldchens bildet. Die Wogen verdriften den Sand in östlicher Richtung und werfen ihn dort zu einem Strandwall auf. Dieser Vorteil des natürlichen Sandstrandes gegenüber der ansonsten schlickigen Marschenküste prädestinierte Dangast für

Dangast im Jahre 1987
Flughöhe: 2800 m, Aufn.-Datum: 20. 8. 87

die Rolle des ersten festländischen Seebades an der deutschen Nordseeküste. Etwa zeitgleich mit Norderney um 1797 eingerichtet, verlor es gegenüber den Inselbädern später wieder an Bedeutung. Auf die trockene, hochgelegene Geest deutet auch schon der Namensbestandteil „gast" hin. Vor dem Dangaster Geestrükken kamen sogar die verheerenden, großen mittelalterlichen Sturmfluten zum Halten, während sie sich westlich und östlich weit ins Land hineinfraßen. Erst damals entstanden durch den Verlust von viel Marschenland die großen Buchten der Nordseeküste, so wie hier der Jadebusen. Seitdem haben die Menschen dem Meer durch Eindeichungen große Landstücke wieder abringen können: Koog, Groden oder Polder genanntes, hoch aufgeschlicktes, fruchtbares Neuland der Marsch. Heute rentiert sich hoher Aufwand der Gewinnung des – wenn auch sehr fruchtbaren – Neulandes nicht mehr; am Jadebusen ist sie sogar schon seit 1853, der Gründung Wilhelmshavens, im größeren Umfang nicht mehr erlaubt. Der Jadebusen mußte die Funktion als Spülbecken für das Freihalten der Hafeneinfahrt und des Jadefahrwassers übernehmen. Der normale Tidenhub von 3,70 m bewegt enorme Wassermengen; an der gesamten Nordseeküste sind durchschnittlich 2,50 m Tidenhub zu verzeichnen. Heute wird der Jadebusen von einem acht Meter hohen, am Fuß 55 m breiten Deich umschlossen und auch vor Sturmfluten sicher geschützt.

Bei Dangast erkennt man dort, wo Geest und Meer aufeinandertreffen, die einzige Unterbrechung der Deichlinie. Westlich des Ortes sind der neue Seedeich und das 1955 neu gebaute Siel erkennbar. Der vom neuen Seedeich und dem alten Schaudeich gebildete Polder wird vom breiten Binnentief durchflossen, in das das links im Bild gerade noch sichtbare Schöpfwerk Petershörn die Entwässerung des gesamten Binnenlandes ab Wiesmoor abpumpt. Jenseits des Siels ist bei Ebbe das typisch geäderte Entwässerungssystem des Wattenmeeres sichtbar. Ausgehend von den Entwässerungsgräben des Vorlandes, den Grüppen, sammeln sich die abfließenden Wasser zu Prielen, hier im Dangaster Außentief. Im Deichvorland erkennt man die durch Grüppen erzeugte Streifenstruktur. Östlich von Dangast ist die Vorlandgrenze nicht geradlinig. Der aufgeschlickte Bereich wird hier zusätzlich durch ins Watt verlaufende Lahnungen vor der Abtragung durch die starke küstenparallele Strömung bewahrt. Direkt hinter dem Deich, auf dem nährstoffreichen, hoch aufgeschlickten Marschneuland sieht man Ackerland, während ansonsten in den Marschen die Nutzung als Grünland überwiegt.

Der Schutz des Deichvorlandes gilt aber nicht nur dem Küstenschutz, seine Bedeutung als einzigartiger Lebensraum findet immer mehr Beachtung. Pflanzen, die den unterschiedlich hohen Salzgehalt des Bodens vertragen, wie Schlickgras, Queller, Andel, Rotschwingel u. a., bilden den Lebensraum „Salzwiese". Die Salzwiese bietet bedrohten Wat- und Wasservögeln, so den Ringelgänsen, Rast-, Nist- und Nahrungsbereiche. Im Jadebusen stand das Vorland in vergangenen Jahren bereits unter Naturschutz. Andeuten lassen sich hier nur die verschiedenartigen Interessenkonflikte zwischen Naturschutz, Wunsch nach landwirtschaftlicher Nutzung durch Beweidung und den Ansprüchen des Fremdenverkehrs. Ob die seit 1. 1. 86 in Kraft gesetzte Verordnung „Nationalpark Niedersächsisches Wattenmeer" nur den Fremdenverkehr beeinträchtigen wird oder die einzigartige Natur des Jadebusens vom Seehundlebensraum bis zum Außendeichsmoor bei Sehestedt zu erhalten vermag, wird der zukünftige Wandel zeigen!   *Gudrun Bruns*

14 Bremerhaven

In einzigartiger Klarheit offenbart das Luftbild die historischen und rezenten Standortfaktoren: den Weserknick, der das Fahrwasser an den Prallhang des Bremerhavener Ufers leitet und die Geestemündung, die hier den Zugang in das Hinterland offenhält, durch den einst die nach N und S ausgreifenden Häfen ihren Anschluß ans Meer erhielten. Diese Faktoren sind heute fast bedeutungslos: Die traditionellen Häfen im N werden anders genutzt als früher, die Kais des Fischereihafens im S sind nach der Reduzierung der Fischereiflotte verwaist, ausgenommen die Bereiche der Seebeck- und Schichauwerft. Mit dem Strukturwandel in der Weltschiffahrt, der Heranbildung neuer Verkehrssysteme, dem Roll-on/roll-off-, Lash- und vor allem dem Containerverkehr (erster Container 1961 in Brhv.) wurden die fast in Vergessenheit geratenen Häfen im äußersten N in der Nähe der 14 m tiefen Fahrwasserrinne wieder aufgewertet. Dies ist heute der entscheidende Standortvorteil! Beiderseits der Achse Nordschleuse–Nordhafen liegen die nahezu größengleichen Areale des Autoumschlags im SO und Containerumschlags im NW. Die Südkaje des Nordhafens wurde schon 1964 für den Ro/Ro-Verkehr und den rasch zunehmenden Autoumschlag umgerüstet: deutlich erkennbar die dichtgedrängten Autoreihen, dahinter ein vierstöckiges „Autoregal" (ca. 60000 qm für ca. 4000 Autos). Der Autoumschlag hat inzwischen den Bereich des Kaiserhafens I und II erfaßt und völlig umgewandelt: Die alten Stückgutschuppen sind verschwunden und haben ausgedehnten Autostellflächen Platz gemacht. Auch hier wird der Rückraum von riesigen, bis zu fünfstöckigen Stellschuppen geprägt. Diese Expansion greift auf den Fischereihafen im SW der Stadt über. Dort haben sich Autoumrüster etabliert. Arbeitsteilig sind die Funktionen stark differenziert: Im Kaiserhafen werden die Autoimporte, im Nordhafen die Exporte abgewickelt (1987: Imp. 356796, Exp. 357387 Autos). Eingezwängt dazwischen liegt die Erzumschlagsanlage, die durch ein langes Förderband mit den Erzlagerflächen verbunden ist (Rötung der Dächer). Das Kernstück der Neuentwicklung ist jedoch der Containerterminal „Wilhelm Kaisen" im alten Deichvorland, dessen über 2 km lange Kaje unmittelbar am Stromstrich liegt. Deutlich erkennbar sind 12 der insg. 18 Ladebrücken. Den Schiffen der sog. „ersten Generation" (ca 14000 t, ca 730 Container) im Nordatlantikverkehr genügte ab 1961 noch der Nordhafen (1. Ausbaustufe des Terminals). Auch die Schiffe der „zweiten Generation" (ca 26000 t, 1600 Cont.), welche die Australienroute erschlossen, nahmen nach Erweiterung der Stellflächen (2. Stufe) noch den Weg durch die Nordschleuse. Im April 1971 war der erste Liegeplatz an der Stromkaje (3. St.) fertiggestellt. Die Schiffe der „dritten Generation" (58000 t, 3100 Cont.) öffneten den Containerverkehr für Südafrika und Ostasien und leichtern an der Stromkaje. Die vollgestellten Containerflächen sind durch 6-gleisige Bahnanlagen „mittig" gegliedert. Auch der Rückraum dieses Hafenbereichs wird durch große Pack- und Lagerschuppen geprägt. Die Weitläufigkeit im Grundriß, die Zerdehnung des Geländes durch den unstillbaren Bedarf an Stell- und Verkehrsflächen ist der charakteristische Eindruck dieser neuen Hafenlandschaft. *Dieter Strohmeyer*

Die Hafenanlagen von Bremerhaven
Flughöhe: 3100 m, Aufn.-Datum: 20. 8. 87

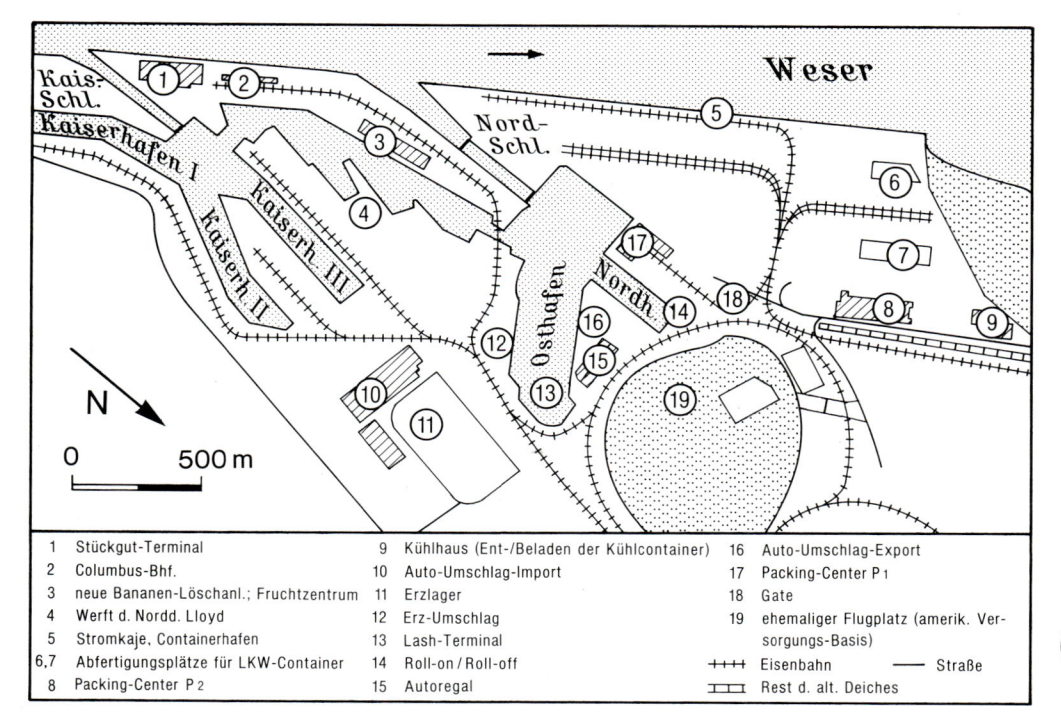

1 Stückgut-Terminal	9 Kühlhaus (Ent-/Beladen der Kühlcontainer)	16 Auto-Umschlag-Export
2 Columbus-Bhf.	10 Auto-Umschlag-Import	17 Packing-Center P1
3 neue Bananen-Löschanl.; Fruchtzentrum	11 Erzlager	18 Gate
4 Werft d. Nordd. Lloyd	12 Erz-Umschlag	19 ehemaliger Flugplatz (amerik. Versorgungs-Basis)
5 Stromkaje, Containerhafen	13 Lash-Terminal	
6,7 Abfertigungsplätze für LKW-Container	14 Roll-on / Roll-off	++++ Eisenbahn — Straße
8 Packing-Center P2	15 Autoregal	⊥⊥⊥ Rest d. alt. Deiches

Das Luftbild zeigt einen Ausschnitt der östlichen und südöstlichen Stadtteile. Drei Merkmale treten hervor: der große Anteil an Grünflächen, die Durchmischung von älteren Wohn- und Gewerbegebieten sowie die fortschreitende Erschließung peripherer, bisher landwirtschaftlich genutzter Areale für neue Wohn- und Gewerbeanlagen. Rückläufige Einwohnerzahlen, Probleme der Wirtschaftsstruktur, veränderte Flächenansprüche und Forderungen des Naturschutzes führten seit Ende der 70er Jahre zu einer Neuorientierung der Stadtplanung. Althaussanierung, Verkehrsberuhigung in Wohnstraßen, Ausbau von Stadtteilzentren und Eigenheimbau als Maßnahmen zur Steigerung der Wohnqualität sowie Neuansiedlung von Gewerbe und Industrie zur Beseitigung von Arbeitsplatzdefiziten haben inzwischen Vorrang. Besondere Bedeutung kommt auch ökologischen Freiräumen und dem Freizeitwert der Stadt zu.

Das größte zusammenhängende Naherholungs- und Freizeitgebiet (etwa 260 ha) bilden der Bürgerpark, schon 1866 angelegt, der Stadtwald jenseits der Hamburger Bahnlinie und dahinter das Gelände am Universitätssee (unt. lk. Bildrand), das seit 1970 mit Badestrand, Spielwiesen und Campingplatz geschaffen wurde. Diese schnell erreichbare „grüne Lunge" erstreckt sich von der A 27 bis in die Nähe der Innenstadt. Östlich und westlich schließen Kleingartenkolonien an. Solche finden sich an vielen Stellen, z.B. an der Werderbrücke und zwischen Weser und Werdersee. Dieser wurde nach der Hochwasserkatastrophe von 1981, deren Spuren (Zerstörung von Kleingärten und Akkerfluren) südlich des Weserwehrs noch zu erkennen sind, über die Brückenrampe hinaus erweitert. Er ist Attraktion einer ebenfalls innenstadtnahen Freizeitzone, die auf dem rechten Weserufer durch die Pauliner Marsch mit Stadion, Freibad und vielen Vereinssportplätzen ergänzt wird. Im Stadtteil Schwachhausen (östlich des Bürgerparks) sieht man aufgelockerte Bauweise und reichen Baumbestand. Die älteren Wohnquartiere mit freistehenden Villen und „Bremer Häusern" in Blockbebauung entstanden zwischen 1890 und 1939. In den nördlichen und östlichen Abschnitten wurden nach 1948 auf noch freien Flächen moderne Wohnblocks und Einfamilienhäuser errichtet, teils im Rahmen des sozialen Wohnungsbaus. Flächenbedarf und Standortqualität führten in jüngster Zeit auch schon zur baulichen Nutzung begrünter Straßenblockinnenräume. Trotz der zunehmenden Nutzung der Häuser nahe des Zentrums für den tertiären Sektor überwiegt in Schwachhausen die Wohnfunktion.

Entlang der Weserdüne, zwischen Fluß und Bahntrasse nach Hannover/Osnabrück, liegen die östliche Vorstadt und Hastedt. Nach Osten hin drängen sich mehr und mehr öffentliche Einrichtungen (Zentralkrankenhaus, TÜV, Anlagen der Bundespost etc.), mittelständisches Gewerbe und Industrie in die Wohnsiedlungen. Im Bereich des Hemelinger Binnenschiffhafens, dessen Einfahrten am oberen Bildrand zu erkennen sind, und weiter östlich befindet sich einer der fünf industriellen Standortkomplexe Bremens. Die teils starke Durchmischung von Wohn- und Gewerbeflächen resultiert aus dem frühen Zuzug – etwa seit 1854 – von Industrie und Arbeitskräften. Heute liefert dieser verkehrsgünstige Standort mehr als 20% der Arbeitsplätze im sekundären Sektor (Fahrzeug- und Maschinenbau, Elektrotechnik, Silberwarenproduktion). Dazu hat Daimler-Benz (nicht mehr im Bild) seit der Übernahme der ehemaligen Borgward- und Hanomag-Henschel-Werke und der Expansion der Fertigungsstätten zu Beginn der 80er Jahre erheblich beigetragen. Für Betriebserweiterungen und Neuansiedlungen fanden Flächenumnutzungen statt, und zur Entlastung der Anwohner von Emissionen und Lärm, vor allem des Schwerlastverkehrs, wurden umfangreiche Baumaßnahmen eingeleitet.

Ende der 60er Jahre mußten an der A 27 Marschwiesen dem Neubau der Universität weichen, die 1971/72 ihre Arbeit aufnahm und damit die Ausbildungskapazität

15 Bremen
Wandel der Stadtlandschaft

Panoramabild aus 4 Aufnahmen

17 Oldenburg/O.

Die Stadt an der Hunte hat rund 140000 Ew. „Großstadt im Grünen" wird sie genannt. Von den rund 103 km² Stadtfläche stehen etwa 50% unter land- und forstwirtschaftlicher Nutzung. Die Grünzone der Wallanlagen, welche die Altstadt umschließt, setzt sich im Schloßgarten mit seinem prächtigen Baum- und Rhododendren-Bestand fort. Neben den Wiesen an den Dobbenteichen erscheint das Everstenholz. Durch das Vorherrschen von Ein- und Zweifamilienhäusern mit ihren Gärten erscheinen im Luftbild auch alle Wohnviertel rund um die Altstadt mit Ausnahme des Bahnhofsviertels gut durchgrünt. Die Ursache dafür ist in der Stadtentwicklung zu suchen.

Keimzelle der Stadt war die 1108 erstmalig erwähnte „Aldenburg" am Huntenübergang der Friesischen Heerstraße. An ihrer Stelle steht heute das Schloß der Oldenburger Grafen aus dem 17. Jh. Davor entstand eine Markt- und Handwerkersiedlung, die bis zu dem gebogenen Straßenzug zwischen Staatstheater und Hafen reichte. Der Verleihung des Stadtrechts 1345 folgte die Erweiterung auf die Fläche der heutigen Altstadt und ihre Umwallung.

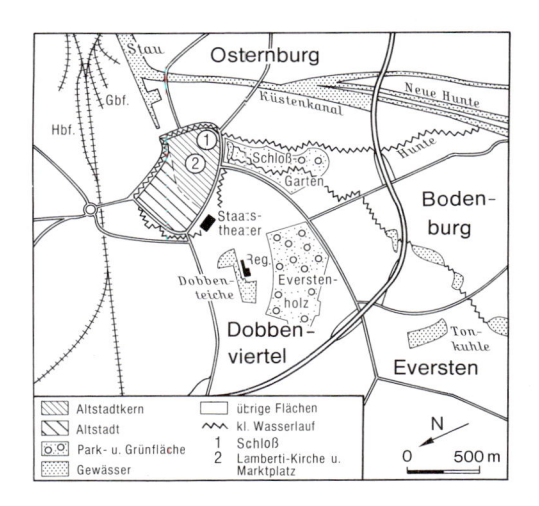

links: Stadt Oldenburg/O.
Flughöhe: 3100 m, Aufn.-Datum: 20. 8. 87

rechts: Das Zwischenahner Meer und
Bad Zwischenahn
Flughöhe: 3100 m, Aufn.-Datum: 20. 8. 87

Die erste Blüte als Residenz, Hafen- und Handelstadt endete 1667 mit dem Übergang der Grafschaft durch Erbfolge an die dänische Krone. Zu einer neuerlichen Aufwertung kam es erst, als die Stadt 1773 wieder Residenz des vergrößerten Herzogtums (seit 1815 des Großherzogtums) Oldenburg wurde. Viele repräsentative Bauten zeugen neben dem Schloß von der Bedeutung der Hauptstadtfunktion, wie die Landesbibliothek (1792), das Staatsarchiv (1846), das Staatstheater (1892/93) und die in der Zeit um den ersten Weltkrieg entstandenen Regierungsgebäude am Dobben. Oldenburg wurde zur Beamten- und Garnisonsstadt, aber auch zum beliebten Ruhesitz von Pensionären. Mit diesen neuen Funktionen begann ein rasches Anwachsen der Bevölkerung von 9400 Ew. (1821) über 25 300 Ew. (1871) auf 79 000 Ew. (1939). Das Villen- und Regierungsviertel um den Dobben entstand seit 1866. Mit dem Anschluß an das Eisenbahnnetz und dem Bau eines Vorläufers des heutigen Küstenkanals wuchsen auf der gegenüberliegenden Seite der Altstadt das Bahnhofs- und Hafenviertel.

Dem weiteren Wachstum locker bebauter Wohnviertel ins Umland wurde zwischen 1922 und 1933 durch umfangreiche Eingemeindungen (z. B. von Eversten und Osternburg) Rechnung getragen.
Der zweite Weltkrieg brachte den Zustrom von etwa 40 000 Flüchtlingen in die fast unzerstörte Stadt. Der Bevölkerungszuwachs von 79 000 Ew. (1939) auf 123 000 Ew. (1950) ließ locker bebaute Wohnviertel stärker in die Fläche wachsen als je zuvor.
Schon in der Gründerzeit war die Industrialisierung weitgehend an der Residenzstadt vorbeigegangen. Heute besteht zwar eine bunte Palette verschiedener Industrien, doch ist Oldenburg keine Industriestadt. Von den rund 54 000 Erwerbstätigen waren 1970 nur 28% im produzierenden Gewerbe, aber 71% im Bereich der Dienstleistungen tätig. Wachstum und Leben der Stadt liegen in ihrer hohen Zentralität begründet. Von der Bedeutung als beliebte Einkaufsstadt zeugt die Tatsache, daß die mittelalterliche Innenstadt nahezu vollständig von einer 1967 eingerichteten Fußgängerzone mit einem überraschend umfangreichen und differenzierten Angebot an Waren und Dienstleistungen eingenommen wird. Der Durchgangsverkehr wird über zwei Ringstraßen um das Zentrum herumgeführt. Beide, der Wallring um die Innenstadt und der äußere Autobahnring sind im Bild klar zu erkennen.

Oldenburgs bekanntestes Naherholungsgebiet ist das Gebiet um das Zwischenahner Meer, nur ca. 10 km im NW der Stadt gelegen (rechtes Bild). Der Flachsee liegt in der Ammerländer Geest, hat eine Fläche von 5,25 km² und eine Spiegelhöhe von 5,7 m NN. Seine Entstehung wird mit Ablaugungsvorgängen eines darunterliegenden Salzstockes erklärt.
Bad Zwischenahn bietet mit seinen Kureinrichtungen am Seeufer und mit den hinter der Eisenbahnstrecke Oldenburg-Leer entstandenen Gewerbebetrieben (bekannte Fleisch- und Wurstwarenindustrie) mehr nichtlandwirtschaftliche Arbeitsplätze als die Kreisstadt Westerstede. 1964 wurde es staatlich anerkanntes Moorheilbad, 1980 wurden 90 000 Gäste gemeldet. Die hohe Wohnqualität des Seeufers hatte eine Zersiedlung der Landschaft zur Folge, die an der Kleinparzellierung, den Häuserzeilen und Bootsstegen sichtbar wird. Der Zugang zum Seeufer wurde dadurch stark eingeschränkt. Zum Ausgleich soll neben dem Kurpark am See und den älteren Erholungseinrichtungen (Bad, Bootshafen) eine Freizeitanlage beitragen, die am Ausfluß der Aue aus dem See entstand (rechte obere See-Ecke).

Gerold Richter

NORD

Geest zwischen Weser und Ems

Sie bietet ein schönes Bild nordwestdeutscher Agrarlandschaft, diese Gegend zwischen Mittelland-Kanal und Dümmersee: Streusiedlungen und freundliche Dörfer, gepflegte Felder und Weiden. Im Vordergrund die Geestplatte im SO von Haldem, dahinter der bewaldete Stemweder Berg, schließlich die Niedermoorflächen um den 16 km² großen Dümmer-See, von denen vor allem der Ochsen-Bruch links vor dem See im Bild ist.
Der See hat kein großes Wasservolumen, denn er ist im Durchschnitt nur 1,5 m tief. Schon um 1860 sollte er trockengelegt werden und landwirtschaftlichen Nutzflächen weichen. Der Protest der Anlieger verhinderte es damals. Wie es scheint, droht dem Seegebiet, das seit 1966 den Titel „Europareservat" und seit 1976 den eines „Feuchtgebietes internationaler Bedeutung" trägt, heute Gefahr von anderer Seite: durch die zunehmende Eutrophierung, die Belastung oder sogar Überlastung des Systems Boden und Wasser im Einzugsgebiet des Sees.
Es gab eine Zeit, da schauten die Bauern aus der „fetten" Marsch auf die aus der „mageren" Geest herab. In der Tat waren hier die Bedingungen landwirtschaftlicher Produktion nicht rosig: nährstoffarme, oft saure und podsolige Böden auf den Geestplatten, Entwässerungsschwierigkeiten in den Tälern, Flugsande und siedlungsfeindliche Moore.
Seit einigen Jahrzehnten hat im südoldenburgischen Raum Cloppenburg-Vechta eine Entwicklung zur spezialisierten Veredlungswirtschaft der Schweinemast und Hühnerhaltung eingesetzt, welche die Landwirtschaft der Marschen an Intensität in den Schatten stellt. Das Zauberwort heißt „bodenunabhängige Veredelungswirtschaft". Wurde traditionell im bäuerlichen Betrieb nur das an Vieh aufgezogen, was auch von der eigenen Scholle ernährt werden konnte, so bildete nun der Zukauf von Futter die Grundlage für eine Aufstockung der tierischen Produktion. In vielen Betrieben löste sich dabei die direkte Beziehung zwischen der pflanzlichen Produktion und der Tierhaltung: Man verkauft das auf ihren Flächen erzeugte Getreide und kauft im Gegenzug fertiges Mischfutter.
Ganz so bodenunabhängig ist diese Veredlungswirtschaft allerdings nicht. Aufgrund der Steuergesetze können landwirtschaftliche Betriebe mit größerer Fläche die Tierhaltung in weiterem Umfang betreiben als kleine, ohne als Gewerbebetrieb zu gelten. Fast noch wichtiger ist die Verfügung über große Ackerflächen für die Unterbringung von Gülle und Dung. Beides lieferte den Anreiz zur Aufstockung des Betriebs. So stieg denn auch die Zahl der landwirtschaftlichen Betriebe mit > 50 ha landwirtschaftlicher Nutzfläche in Südoldenburg durch Zukauf von Pacht von 1949 bis 1970 um rund 200% (gegenüber 24% im Durchschnitt der Bundesrepublik).
Südoldenburg wurde seit etwa 1960 zu einem der Zentren tierischer Veredlungswirtschaft in der Bundesrepublik. Der durchschnittliche Tierbesatz je km² war 1972 im Kreis Vechta bei Mastschweinen sechsmal, bei Masthähnchen zehnmal und bei Legehennen sechsundzwanzigmal höher als im Bundesdurchschnitt. Vom Kleinbetrieb bis zur Agrarindustrie ist alles vorhanden.
Der Grundstein zu dieser Entwicklung wurde allerdings schon viel früher gelegt. Seit der Erschließung durch die Eisenbahn (1875–98) und mit dem Import von Kunstdünger wurde die Inwertsetzung auch der leistungsschwachen Geest- und Moorböden möglich. Die Lage an der Bahnstrecke zwischen den Unterweserhäfen und dem aufstrebenden Ruhrgebiet als Absatzraum ließ bald die Schweinemast aufkommen. Die Futtermittelbasis wurde durch Gerste aus Rußland und Dorschmehl von der Küste verbreitet. Weltkriege, Inflation und Wirtschaftskrise unterbrachen die Entwicklung. Seit etwa 1950 setzte sie verstärkt wieder ein. Innovationen in der Betriebstechnik trugen wesentlich dazu bei, die Entwicklung der Tierhaltung bis zum Boom zu steigern: Die Lösung züchterischer und seuchenhygienischer Probleme, die Einführung der Futterkette, bei der Hühnerhaltung der Übergang von der Bodenhaltung zur Käfighaltung und automatische Eiersammelbänder, die Einrichtung der Schwemmentmistung und die Vergüllung der Abfallstoffe, Verarbeitungsanlagen und Kühlkette – dies alles führte über die Rationalisierung bis zur Massentierhaltung. Massentierhaltung – die Kriterien sind die Konzentrierung vieler Tiere auf engem Raum, hochwertiges Futter und häufiger Generationswechsel, Mechanisierung von Versorgung und Entsorgung bei möglichst geringem Einsatz von Arbeitskraft. Der Betrieb kann landwirtschaftlicher oder gewerblicher Natur sein, als Abgrenzungskriterium gilt die Tierzahl: Bei Zuchtsauen 50, bei Mastschweinen 400, bei Legehennen 5000 und bei Masthähnchen 10000 (WINDHORST 1975). Die Entwicklung der Massentierhaltung auf Hühner und Schweine im Regierungsbezirk Weser-Ems zeigen die Zahlen der Tabelle.
Während die Produktion von Eiern und Hähnchen längst eine Domäne der Massentierhaltung ist, hat sich diese Betriebsform bei der Schweinezucht bislang nicht so eindeutig durchgesetzt. Hier können die bäuerlichen Mittelbetriebe offensichtlich noch ganz gut mithalten.
Die Folgen dieser Umstrukturierung wurden bald im Landschaftsbild sichtbar. Die „Vergetreidung" der Fluren war die logische Antwort auf die Suche nach einer arbeitsextensiven Feldnutzung, welche sich mit der arbeitsintensiven Stallwirtschaft nicht nur vertrug, sondern ihr zuarbeitete. Der Mais erlangte mehr und mehr Bedeutung, weil er ein hohes Nährstoffangebot verlangt und auch eine Überdüngung verträgt. So breitete sich der Maisbau dort aus, wo sich die Veredlungswirtschaft konzentriert.
Bei aller Leistung, die hinter dieser Entwicklung steht, arbeitet das System vor- und nachgeordneter Produktionsschritte und voneinander abhängiger Betriebe zwar immer rationeller, wird aber auch immer anfälliger gegenüber Preiseinbrüchen des Endprodukts auf dem EG-Markt. Eines der Hauptprobleme in Ballungsgebieten der Tierhaltung ist das der Entsorgung. WINDHORST (1975) rechnet für den Kreis Vechta mit einem Gülle-Aufkommen von durchschnittlich 34 m³/ha, DASSAU (1988) für das Gebiet um den Dümmersee mit ca. 53 m³/ha. Solche Mengen sind mit vertretbaren Kosten nicht über weitere Entfernungen zu transportieren, müssen also möglichst im Produktionsgebiet auf die Flächen gebracht werden. Neben der Geruchsbelästigung droht eine Überdüngung und Eutrophierung, gegen welche die Naturschutzverbände und Teile der nicht in der Landwirtschaft tätigen Bevölkerung des Raumes Front machen. Der Staat versucht, den unterschiedlichen Interessen durch die Gülleverordnung und das Abfallbeseitigungsgesetz gerecht zu werden. Solange jedoch eine effektive Überwachung fehlt – und schwarze Schafe gibt es in jeder Berufsgruppe – kann die Schädigung der Umwelt nicht völlig verhindert werden. Dies ist offenbar der Preis jeder Konzentration bestimmter Wirtschaftsformen auf engem Raum.
Sind Landwirtschaft und Landschaftsschutz miteinander vereinbar oder birgt dieser Zusammenhang ein ständiges Konfliktpotential? Bei Radio Eriwan würde die Antwort auf BEIDE FRAGEN wohl lauten: Im Prinzip ja ...

Gerold Richter

Hühner- und Schweinehaltung im Reg.-Bez. Weser-Ems. Anteil der Massentierhaltung

	Gesamtzahl in Tausend		davon Massentierhaltung	
	1971	1986	1971	1986
Zuchtsauen	317	514	7%	46%
Mastschweine	1561	2865	15%	53%
Legehennen	7441	12432	73%	95%
Masthühner	6076	8999	92%	98%

Blick über den Stemweder Berg zum Dümmersee
Flughöhe: 1500 m, Aufn.-Datum: 13.6.88

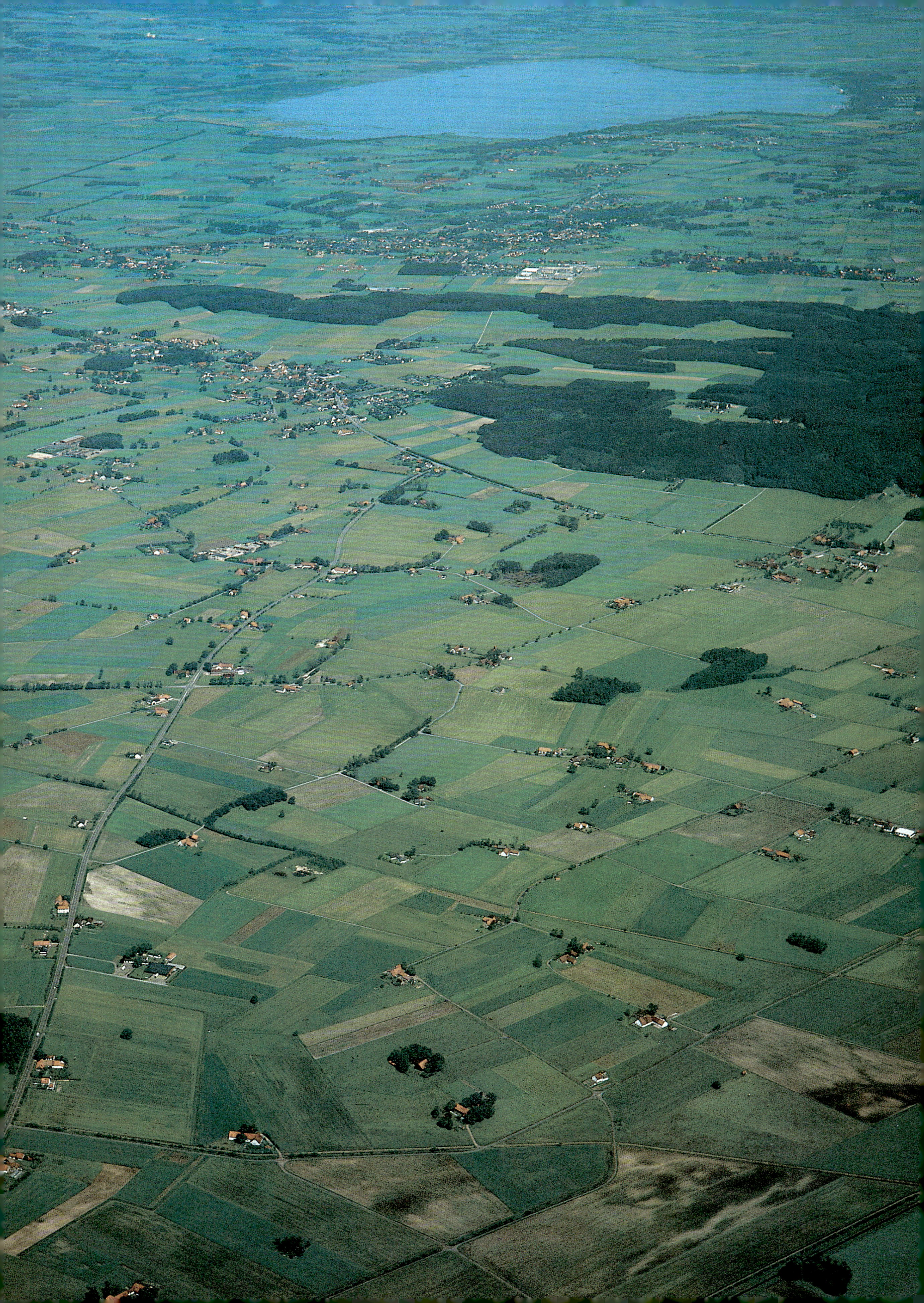

Im Hümmling

Im nordwestlichen Niedersachsen liegt im Winkel von Ems und Hase ein Gebiet, das um das Jahr 1800 von einem Reisenden mit folgenden Worten beschrieben wurde: „ein deutsches Sibirien, wo die Natur mit einem Seitenblick vorüberging, als sie ihre Schätze über die Erde aussäete, und endlich eine Hand voll Buchweizensamen mitleidig zur Seite warf". Gemeint ist der Hümmling, der damals seinen Bewohnern nur eine karge Existenz bot. Sein Landschaftsbild war geprägt von baumlosen Heideflächen. Der einst umfangreiche Waldbestand war erheblich reduziert. An vielen Stellen lag der Sandboden offen, keine Vegetationsschicht schützte ihn vor der Ausblasung durch den Wind. Schafzucht und „ewiger Roggenbau" bildeten die Grundlage der Landwirtschaft, und beide hatten die Entwicklung der Kulturlandschaft radikal bestimmt. Am Ende des 17. Jahrhunderts war der Eichenbestand so sehr geschrumpft, daß eine Eichelmast nicht mehr möglich war. Anstelle der Schweine wurden die anspruchsloseren Schafe gehalten, die mit ihrem intensiven Verbiß die Ausbreitung der Heidevegetation noch mehr begünstigten. Aber auch die im gesamten Nordwestdeutschland übliche Form des Ackerbaus auf dem sogenannten Esch bedingte die verheerenden Zerstörungen von Boden und Vegetation. Der ständige Roggenanbau war hier nur möglich, wenn dem Boden geregelt Nährstoffe zugeführt wurden. Dies geschah mit Heideplaggen, die als Streu in den Viehställen benutzt und dann als Dung auf die Äcker gebracht wurden. In der Regel mußte für eine Ackerfläche das Vierzigfache an Heidefläche zur Verfügung stehen. Dort, wo dieses Flächenverhältnis ungünstiger war, konnte sich die Heide nicht mehr regenerieren: Im gleichen Maße wie der Esch durch den Plag-

*links: Sögel, Hauptort im Hümmling
Flughöhe: 2000 m, Aufn.-Datum: 18. 10. 87*

*rechts: Jagdschloß Clemenswerth bei Sögel,
eine Aufnahme fast aus Wipfelhöhe, März 1988*

gendung erhöht wurde, vollzog sich der ökologische Raubbau der Heide. Der Auftrieb der Schafherden vollendete den Verwüstungsprozeß. Zurück blieb eine Landschaft mit vegetationsfreien Flächen, mit Flugsandfeldern und Wanderdünen.
Die verkehrsferne Lage und die relativ dünne Besiedlung hatten dem Hümmling aber schon sehr früh eine andere Funktion gegeben: Er wurde zum Großgehege für die hohe Jagd der Fürstbischöfe von Münster. Hirsche und Wildschweine dienten gleichwohl der Lustbarkeit fürstbischöflichen Gefolges wie sie zur Plage der Bauern wurden. Die Trostlosigkeit des Hümmlings und die unkomfortablen Beherbergungsmöglichkeiten müssen auf Dauer für adelige Gemüter nicht zu ertragen gewesen sein: Im Jahre 1736 beschloß der Fürstbischof und Kurfürst Clemens August den Bau eines Jagdschlosses bei dem Dorf Sögel. Mit Entwurf und Bauausführung beauftragte er den westfälischen Barockbaumeister Johann Conrad Schlaun. In zehn Jahren Bauzeit schuf Schlaun ein prachtvolles Schloß in der Form eines Jagdsterns: ein zentrales Gebäude mit acht Pavillons und dazwischenliegenden Waldschneisen in einem 40 ha großen Park. Für die meisten Bewohner der Umgebung bedeutete das Bauvorhaben allerdings eine erhebliche Belastung. Sie waren zu Hand- und Spanndiensten verpflichtet, zu deren Ableistung sie nur unter Androhung und Anwendung herrschaftlicher Gewalt bereit waren. Auf die Entwicklung des Dorfes Sögel scheint sich die Nähe des Schlosses nur wenig ausgewirkt zu haben. Denn ein französischer Gast am kurfürstlichen Hofe beschreibt Sögel mit den Worten: „Achtzehn armselige Strohhütten, schlimmer als die erbärmlichsten in Frankreich, bilden das gesamte Dorf".

Sögel und Clemenswerth heute. Das Senkrechtbild zeigt das räumliche Verhältnis zwischen Dorf und Schloß. Links im Bild ist der geometrisch gestaltete Park mit dem Schloß als Mittelpunkt, rechts davon die ausgedehnte Siedlung zu sehen: Aus dem kümmerlichen Ort des 18. Jahrhunderts ist ein stattlicher Hauptort des Hümmlings mit ca. 5000 Einwohnern geworden. Sögel ist Verwaltungsmittelpunkt, Schulen aller Schulformen befinden sich hier, ebenso ein Kreiskrankenhaus. Leben auf dem Lande heißt hier schon lange nicht mehr Arbeiten in der Landwirtschaft oder Auspendeln in weit entfernte Industrieregionen. Die Landwirtschaft spielt als Erwerbsgrundlage nur noch eine untergeordnete Rolle. Eine gezielte Gewerbeansiedlungspolitik der Gemeinde hat gute Erfolge erzielt. Einige Betriebe mittlerer Größe und verschiedener Branchen haben sich niedergelassen. Am oberen Bildrand wird das Industriegebiet soeben noch angeschnitten. Zu sehen ist eine Möbelfabrik, die mehr als 200 Arbeitsplätze bietet. Sögels Bevölkerung wächst seit Jahren. Ein Grund dafür ist der Zuzug von Pensionären aus den Ballungsgebieten.

Clemenswerth ist zu neuem Leben erwacht: Aus der Herberge für fürstliche Jagdgesellschaften ist ein Kulturzentrum für alle geworden. Das Schloß hat die Jahrhunderte zwar überdauert – aber erst kommunale Initiativen sicherten das historische Kulturgut für die Zukunft. 1968 erwarb der Kreis Aschendorf-Hümmling die Anlage. Umfangreiche Restaurierungsarbeiten waren notwendig, bevor das Schloß neue Funktionen erhalten konnte. Heute befindet sich hier das Emslandmuseum, die Geschäftsstelle des Emsländischen Heimatbundes und in dem ehemaligen Marstall eine kirchliche Jugendbildungsstätte. Die Schloßanlage bietet für viele kulturelle Veranstaltungen im Jahr die eindrucksvolle Kulisse, Clemenswerth heute – das ist für Sögel eine touristische Attraktion, die jährlich mehr als hunderttausend Besucher anzieht und den Hümmling weit über die Region bekannt gemacht hat.
Wolfgang Linke

Das Bourtanger Moor

Einst das größte zusammenhängende Hochmoorgebiet Mitteleuropas und schier unüberwindlicher Grenzsaum zu den Niederlanden – heute eine der jüngsten Kulturlandschaften Deutschlands mit modernster Erölfördertechnik: Für kaum eine andere Landschaft ist die Bezeichnung „Raum im Wandel" so zutreffend wie für das Bourtanger Moor. Abgesehen von der Alten Piccardie, gab es bis Ende des 18. Jh. hier keine einzige Dauersiedlung. Im Inneren des Moores wurden nur die Bachauen von den Bauern der randlich gelegenen alten Geestdörfer zur Sömmerung des Jungviehs genutzt. Die heutige Straße durch Rühlermoor (in der linken unteren Ecke des linken Luftbildes) ist aus einem der damals benutzten Wege ins Moor entstanden.

Erst 1788 ließ der Bischof von Münster die ersten acht Moorkolonien gründen. Es waren Reihensiedlungen, von denen aus langgestreckte Flurstücke (Hufen) ins Moor führten. Auf ihnen betrieben die Siedler eine Moorbrandkultur mit Buchweizenanbau. Auch Rühlermoor ist ein Hufendorf, geht jedoch nicht auf einen planmäßigen Gründungsakt zurück. Anfang des 19. Jh. begannen vielmehr auch die Rühler Geestbauern, quer zum alten Moorweg Hufen für den Buchweizenanbau anzulegen. Nach der Markenteilung im Jahre 1876 konnten sie diese Moorhufen dann an neue Siedler verkaufen, die hauptsächlich aus der alten Moorkolonie Rühlertwist stammten. Die heutige Siedlungsdichte Rühlermoors wurde zwischen den beiden Weltkriegen erreicht. Inzwischen hatte die Deutsche Hochmoorkultur die alte Moorbrandkultur verdrängt.

Neben der Landwirtschaft schickte sich zu dieser Zeit auch die Industrie an, das Moor umzugestalten. Bereits 1860 begann die Abtorfung im Raum Hesepe, setzte im großen Maßstab jedoch erst nach dem 1. Weltkrieg mit dem Abbau durch das Heseper Torfwerk ein. Als 1950 mit der Aufstellung des Emsland-Planes die letzte und wichtigste Phase der Emslanderschließung begann, kaufte das Land Niedersachsen abgetorfte Flächen des Heseper Torfwerkes für die Ansiedlung von Heimatvertriebenen aus den deutschen Ostgebieten an. 1953 wurde der erste Abtorfungsriegel mit den riesigen Tiefpflügen der Fa. Ottomeyer nach den Regeln der Deutschen Sandmischkultur umgebrochen. 1955 wurden die neuen Vollbauernstellen den Siedlern übergeben – die Ortschaft Hesepermoor wurde gegründet.

Immer weiter schritten der Torfabbau und die Kultivierung der Flächen ins Moor voran, so daß in den Jahren 1966 bis 1985 auch die sich im Luftbild weiter nach oben anschließenden Flurstreifen neuen Siedlern zur Verfügung gestellt werden konnten. Diesmal handelte es sich aber nicht um Heimatvertriebene, sondern um Umsiedler – hauptsächlich aus den alten Hochmoorsiedlungen. Daneben wurden die bereits bestehenden Betriebe nach und nach bis auf etwa 25 ha aufgestockt. Die landwirtschaftliche Nutzfläche wird heute überwiegend von Wiesen, Mais- und Futterrübenanbau für die dominierende Milchvieh- und Schweinehaltung eingenommen. Darüber hinaus baut man Stärkekartoffeln und Getreide auf den vielseitig nutzbaren jungen Böden an. Insgesamt bilden die schachbrettartig angelegten Kulturflächen Hesepermoors und die Streusiedlung mit dem kleinen Ortskern (unten links am Bildrand) einen krassen Gegensatz zu dem alten Hufendorf Rühlermoor. Hier sind auch die Voraussetzungen für eine erfolgreiche landwirtschaftliche Tätigkeit deutlich ungünstiger (Hochmoorböden mit abnehmendem Nutzungswert, unwirtschaftliche Hufenflur). Die großen, von tiefen Entwässerungsgräben durchzogenen Flächen des heute voll mechanisierten Torfabbaus sind nach wie vor typisch für das südliche Bourtanger Moor. Auf dem Bild wird bereits der ältere Schwarztorf gestochen, dessen Abnehmer heute die Aktivkohle- und die Torfkoks-Industrie (im niederl. Klazienaveen bzw. in Elisabethfehn) sind. Ein zunehmend größer werdender Anteil des bei Rühlermoor gewonnenen Schwarztorfs wird darüber hinaus – ebenso wie bereits seit Jahrzehnten der Weißtorf – von den Klasmann-Werken in Groß Hesepe für die Verwendung im Gartenbau aufbereitet.

Erdölpumpen (besonders gut zwischen den Abtorfungsfeldern erkennbar) deuten auf die Gewinnung eines weiteren fossilen Rohstoffs hin: Rühlermoor ist derzeit das größte deutsche Erdölfeld. Eine Besonderheit ist die Thermalanlage (etwa in der Bildmitte), in der 300 °C heißer Dampf erzeugt und mit 150 Bar in das Erdinnere gepreßt wird. Mit diesem Dampfflutverfahren will man die Gesamtentölung der deutschen Lagerstätten von 30 % auf 40–45 % steigern. Torf- und Erdölindustrie sind heute wichtige Wirtschaftsfaktoren im Bourtanger Moor, das sich auch in Zukunft verändern wird: Die abgetorften Gebiete werden der Landwirtschaft als Aufstockungs- und Tauschflächen (für die alten benachteiligten Hochmoorsiedlungen oder beim künftigen Bau der A 31) zur

links: Hufensiedlung Rühler Moor
Flughöhe: 1 800 m, Aufn.-Datum: 18. 10. 87

rechts: Siedlung Hesepermoor
Flughöhe: 1 800 m, Aufn.-Datum: 18. 10. 87

Verfügung gestellt werden. Aufforstung und der Versuch, das Moor zu renaturieren, sind die Alternativen. Das ursprüngliche, noch lebende Hochmoor findet man schon jetzt nur noch in einem kleinen Naturschutzgebiet von 0,3 km² Größe.

Detlef Maria Schneider

Lüneburger Heide

Die Namensgeberin der Heidelandschaft, Lüneburg, blickt auf eine über tausendjährige Entwicklungsgeschichte zurück. Heute ist die ehemalige Salz- und Fernhandelsstadt Sitz einer der vier niedersächsischen Bezirksregierungen. Sie ist aber nicht nur Verwaltungsstadt, sondern auch Garnisionsstadt, die neben den zentralen Versorgungseinrichtungen ebenso mittelständische Industriebetriebe wie auch Kuranlagen beherbergt. Seit 1847 die Eisenbahn entstand, wuchs die Stadt erst über die Grenzen des mittelalterlichen Kernes hinaus und hat heute ca. 60 000 Einwohner. Für das Umland ist Lüneburg ein Ort hoher Zentralität.

Im südwestlichen Eckteil der Altstadt gelegen, war die Saline im 11./12. Jahrhundert Grund für das Zusammenwachsen der beiden vorhandenen Orte zur Stadt. Das begehrte Salz machte die Stadt reich und bedeutend. Die alten Backsteinbauten der Bürgerhäuser in der heutigen Altstadt geben wie die riesigen Kirchen Zeugnis von der (ab 1530 nachlassenden) Blütezeit der Salzstadt und deren Fernhandel mit der Hansestadt Lübeck. Die eine Keimzelle zur Stadtentwicklung ist im Südosten an der Ilmenau. Dort befand sich eine Furt über die beiden Arme des Flusses. Die andere bildete der Kalkberg mit der 956 erstmals erwähnten Burg der Sachsenherzöge. Mit der Zerstörung der Burg 1371 manifestierte das Bürgertum seine Macht und konnte die Freiheit der Stadt bis zum Dreißigjährigen Krieg wahren. Nordwestlich der Altstadt ist der Kalkberg – als rundes Waldgebiet gut erkennbar – ein Gipshut im Zentrum des im Untergrund liegenden Zechsteinsalzstok-

*links: Lüneburg, Altstadt, Kalkberg und Saline
Flughöhe: 2200 m, Aufn.-Datum: 13. 6. 88*

*rechts: Heidelandschaft am Wilseder Berg
Flughöhe: 2200 m, Aufn.-Datum: 13. 6. 88*

kes und des heutigen Senkungsgebietes. Von den Absenkungen bedroht, mußten und müssen viele Gebäude der westlichen Altstadt abgerissen werden. Durch den Gipsabbau hat der Kalkberg heute nicht mehr die Höhe, die ihn ehemals zum Burgberg prädestinierte.

Die Salzgewinnung in Lüneburg war eine der Ursachen für die Entstehung der Kulturlandschaft Heide. Weite Baumbestände, die die Geest als natürlicher Bewuchs prägten, wurden abgeholzt und zur Eindampfung der Sole verwendet. Die wechselvolle Entwicklung der Lüneburger Heide läßt sich beim Blick auf das Foto vom Wilseder Berg kaum erahnen: Die hauptsächlich von Wald geprägte Landschaft scheint unangetastet.

Der Blick zurück muß Aufschluß geben; so ist die Lüneburger Heide als Teil der niedersächsischen Geest einzuordnen, ein eiszeitliches Altmoränengebiet, das den größten Teil der norddeutschen Tiefebene ausmacht. Die Gletscher der jüngsten Vereisung, der Weichsel-Eiszeit, haben Niedersachsen nicht erreicht. Die bewegten Reliefformen der Saale-Eiszeit wurden im Weichsel-Periglazial durch Solifluktion stark überformt. Nur in der Lüneburger Heide ist der Formenschatz der glazialen Serie noch eindeutiger erkennbar, da er von einem nochmaligen Eisvorstoß, dem Warthe-Stadium der jüngeren Saale-Eiszeit, überprägt wurde. Der Wilseder Berg, mit 169,2 m höchste Erhebung des niedersächsischen Tieflandes, wird zumeist als durch das Warthe-Stadium erhöhter Endmoränenrücken des Drenthe-Stadiums angesehen. Der Totengrund, die Talform oberhalb der im Bild sichtbaren Gebäude der Ortschaft Sellhorn, ist ein Trockental, durch einen liegengebliebenen Warthe-Toteisblock geformt. Die eiszeitliche Erosion schuf den westlich davon gelegenen Steingrund, ebenfalls ein Trockental mit Heidebewuchs. Die ursprüngliche Vegetation der Geest waren standortgemäße Waldgesellschaften, auf Podsolböden Eichen-Birken-Wälder, auf besseren lehmigeren Eichen-Hainbuchen-Wälder oder Buchenwälder.

Die Kulturlandschaft Heide entstand erst seit der jüngeren Steinzeit. Schafweide und Holzraubbau ließen Calluna-Heide und Wacholder als Sekundärvegetation entstehen, ständig „gepflegt" durch Vieheintrieb, Heidemahd und -abplaggen: Charakteristikum der Heidebauernzeit. Mitte des 19. Jahrhunderts erfolgte mit der Waldbauernzeit eine erneute Kultivierung und Aufforstung mit Kiefern. Für diesen Nutzungswandel waren Holznachfrage der aufkeimenden Industrien, Auflösung der Allmenden, Mineraldüngung und Hackfruchtbau entscheidend. Schaf- und Bienenzucht wurden für die Heidehöfe unrentabel, die Heideflächen schwanden. Die Kiefermonokultur wurde nach den großen Schäden durch Windbruch (1972), Feuersbrünste (1975) und Schädlinge forciert durch ursprüngliche Mischkulturen ersetzt.

Der Erhalt von Heideflächen ist dem 1909 gegründeten Verein Naturschutzpark zu verdanken, der große Flächen, so auch den Wilseder Berg, aufkaufte und vor der planmäßigen Aufforstung rettete. So wird die Lüneburger Heide heute nicht nur waldwirtschaftlich und militärisch genutzt. Heideflächen, Wacholder und die Schafherden als Relikt der Heidebauernzeit, Bau- und Bodendenkmäler ziehen den Fremdenverkehr an und sichern den Einheimischen ein angemessenes Einkommen. Schafställe in regelmäßigen Abständen bieten den Heidschnucken, den natürlichen Pflegern der Heideflächen, Unterschlupf. Da motorisierter Verkehr und Betreten außerhalb der breiten Sandwege untersagt sind, ist der Wilseder Berg zusätzlich Lieferant hochwertigen Trinkwassers. In der Heideblütenzeit kann der Ausflügler die einsame Schönheit der Landschaft erahnen; nichts aber läßt die Mühen beim Erhalten spüren. *Gudrun Bruns*

22 Wolfsburg

Die Entwicklung von der Firma, die mit der Volkswagen-Produktion begann, bis zum multinationalen Konzern begann 1938. Die Stadtentwicklung Wolfsburgs ist eng verquickt mit der Entwicklung dieses Automobilwerkes. Am 1. 7. 1988 ist Wolfsburg ein halbes Jahrhundert alt geworden, eine der wenigen Stadtneugründungen des 20. Jahrhunderts. Als Stadt des Volkswagenwerkes ist sie im Bundesgebiet bekannt.

Nach der Machtergreifung waren durch Kanal- und Autobahnbau Arbeitsplätze geschaffen worden. Jetzt sollte die Bevölkerung am Aufschwung teilhaben. „Kraft durch Freude" sollte der für jedermann erschwingliche PKW bereiten; Porsches Volkswagen-Konstruktion erfüllte die gestellten Anspüche. Die Standortfrage für das Herstellungswerk war schnell gelöst. Das Werk entstand 1938 in der Aller-Ohre-Niederung nordöstlich von Braunschweig. Standortvorteile der „Stadt des KdF-Wagens bei Fallersleben" waren die Fernverkehrsanbindung durch die Eisenbahnlinie Köln-Berlin, Mittellandkanal und die West-Ost-Autobahn A2. Geplant waren Eisenbahn- und Autobahnverbindungen in Nord-Süd-Richtung. Die zentrale Lage im Deutschen Reich war sowohl wehrstrategisch günstig, als auch binnenkolonisatorisch von Vorteil, zumal im Stahlwerk Salzgitter die Bleche für den Karosseriebau hergestellt werden konnten. Der Stadtbauplan des Österreichers Koller sah eine NS-Musterstadt für 90 000 Einwohner vor. Axialstraßen sollten die Stadtmitte hervorheben, in die Landschaft eingefügt sollte die Wohnstadt aus getrennten Stadtteilen bestehen, gekrönt von NSDAP-Prachtbauten auf dem gegenüber dem Werk gelegenem Klieversberg. Doch dazu kam es durch den Kriegsausbruch nicht mehr. Das Werk wurde in die Rüstungsproduktion einbezogen, Fremdarbeiter und Kriegsgefangene waren in Barackenlagern untergebracht, der Bau der Wohnstadt wurde eingestellt. 1945 war das Werk zu zwei Dritteln zerstört.

Durch die Allerbiegung im Osten vom Werksgelände getrennt, ist im Bild die Wolfsburg mit Teilen Alt-Wolfsburgs zu erkennen. Das Weserrenaissanceschloß gab der Stadt 1945 den Namen. Mit der Zonenrandlage waren die ehemaligen Standortvorteile nicht mehr gegeben. Die Zahl der Arbeitssuchenden aus den Flüchtlingsströmen war groß.

Wie durch ein Wunder wurden das Automobilwerk und das Kraftwerk am Mittellandkanal-Hafen wieder aufgebaut, der Wohnungsbau in der heutigen Kernstadt zwischen Kanal und Klieversberg wieder aufgenommen. Man sah eine 30000-Einwohner-Stadt vor. Wegen der rapide expandierenden Autoindustrie war diese Planung schon bald überholt. 1955 wurde Koller als Stadtbaurat zu Hilfe gerufen. Er erweiterte sein ehemaliges Konzept auf Großstadtdimension. Die Beibehaltung des Konzepts der getrennten Stadtteile und der Waldgebiete läßt Wolfsburg von oben gebietsweise wie einen Kurort aussehen. Die Kernstadt erhielt Versorgungseinrichtungen und repräsentative öffentliche Gebäude. Heute führen von den Parkplätzen aus Tunnel unter dem Kanal hindurch zum Werksgelände. Eine Fußgängerzone macht die Innenstadt attraktiver für den Einkaufsbummel. Sport und Kultur werden weit mehr, als für einen Ort dieser Zentralität üblich, gefördert. Die ehemaligen alten Bauerndörfer und geschichtsträchtigen Kleinstädte im Umland erfuhren einen Bedeutungswandel als Wohngemeinden für Berufspendler. Achtzehn ehemals selbständige Dörfer sowie die Kleinstädte Vorsfelde und Fallersleben wurden 1972 eingemeindet. Damit stieg die Bevölkerungszahl um weitere 44000 auf 133000 bei einer Flächenausdehnung von 204 Quadratkilometern. Etwa 10000 ausländische Mitbürger leben in dieser Großstadt. Über 70 Prozent der Erwerbstätigen sind im produzierenden Gewerbe tätig.

Heute hat die Stadt vielfältige Probleme. Bis 1972 wirkte sich die einseitig orientierte Wirtschaftsstruktur – fast jeder Beschäftigte hat direkt oder indirekt mit dem Volkswagenkonzern zu tun – noch nicht in einer negativen Wanderungsbilanz aus. Seit 1973 nimmt die Bevölkerungszahl ab: 1980 zählte man ca. 126000, heute nur noch 124000 Einwohner. Die Beschäftigtenzahlen des Werkes halten sich hingegen um 56000 (1953: 1900; 1975: 46000, davon 18000 Pendler; 1979: 56000). Rationalisierungsmaßnahmen (Halle 54 mit computergesteuerter Fertigung) werden durch Produktionserweiterungen aufgefangen. Durch den Geburtenüberschuß ist Wolfsburg eine sehr junge Stadt. Diese an sich positive Altersstruktur bringt allerdings zusätzliche Probleme. Der Erwerbstätigenanteil an der Wohnbevölkerung und damit der Arbeitsplatzbedarf ist sehr hoch, es droht Jugendarbeitslosigkeit. Zur Überwindung der vielfältigen Probleme setzt man auf Ausweitung der Branchen und auf die Nord-Süd-Verkehrsanbindung.

Gudrun Bruns

NORD

Wolfsburg im Profil vom VW-Werk über den Klieversberg bis -Detmerode und -Westhagen Flughöhe: 2200 m, Aufn.-Datum: 13. 6. 88

23 Braunschweig

Von den mit zahlreichen Um- und Eingemeindungen heutigen 192 Quadratkilometern, die fast 255000 Braunschweigern für ein Oberzentrum angemessenen Lebensraum bieten, zeigt der Luftbildausschnitt einen Streifen ohne die Randbereiche. Ins Auge fällt der begrünte, gezackte Ring der Befestigungsanlagen, die im vorigen Jahrhundert abgetragen wurden und die zusätzlich durch die in den östlichen und westlichen Umflutgraben geteilte Oker markiert werden. Im Bild oberhalb des Wallringes ist der Bahnhof noch zu sehen; das rechts davon gelegene Grüngebiet ist der südlich des Stadtkerns befindliche Bürgerpark. Östlich der Innenstadt liegen die gründerzeitlichen Wohngebiete. Die trotz Randlage vielfältigen Industrieansiedlungen konzentrieren sich westlich. Als Sitz der Bezirksregierung bietet Braunschweig zu über 50 Prozent Arbeitsplätze im Dienstleistungsbereich (Verwaltung, Handel, Hochschulen, Universität u.a.), während in den zahlreichen Branchen des produzierenden Gewerbes 45 Prozent der Beschäftigten arbeiten. Um durch Kapital und Arbeitsplätze Wirtschaftskraft und Attraktivität zu erhöhen, versucht die Stadt verstärkt, zukunftsträchtige Industrien zu umwerben, besonders Mikroelektronik und Biotechnologie. Denn wie alle norddeutschen Großstädte leidet sie unter negativer Wanderungsbilanz, gegen die das Image der sympathischen Großstadt mit viel Grün, Fußgängerzone, vielseitigen Freizeit-, Sport- und Kulturangeboten und Naherholungsgebieten nichts ausrichten konnte. Die zweite Zielrichtung der Wirtschaftsförderung visiert den Fremdenverkehr an. Die vorhandenen Möglichkeiten für Tagungen und Kongresse sollen genutzt werden. Auf den Fremdenverkehr gerichtet, wirbt die Stadt mit ihrer reichen Geschichte. Traditionsinseln in der Innenstadt zeugen davon.

An der Okerfurt war die Keimzelle der späteren Stadt, ein Marktort, Stapel- und Umschlagplatz (Wik) an wichtigen Fernhandelswegen vor der Mittelgebirgsschwelle im frühen Mittelalter entstanden. Der Aufschwung begann, als Heinrich der Löwe in der zweiten Hälfte des 12. Jahrhunderts den Ort zur Residenz machte. 1250 wurden die fünf Weichbilde (Stadtteile) von einer Mauer umzogen. Während der Blütezeit des Handels, von 1283 bis 1671, befreite sich das Bürgertum von den Welfen-Herzögen und war „Freie Hansestadt".

Erst mit dem Eisenbahnzeitalter verlor Braunschweig gegenüber Hannover an Bedeutung. Seit 1824 waren die Einwohnerzahlen geringer als die von Hannover. Die Stadt Braunschweig war nun kein Fernverkehrsknotenpunkt mehr. Zwar gab es hier vor 150 Jahren die erste Staatsbahn, nämlich nach Wolfenbüttel, aber Braunschweig liegt heute 20 km abseits der Hauptlinie Berlin–Köln. Mittellandkanal und Autobahn brachten dann zwar den Ost-West-Anschluß, aber die Teilung Deutschlands führte zur Randlage im Wirtschaftsraum der EG.   *Gudrun Bruns*

Braunschweig im NO-SW Profil von der Wabenkamp-Siedlung und -Gliesmarode über die Altstadt bis zur Westtangente
Flughöhe: 2200 m, Aufn.-Datum: 13. 6. 88

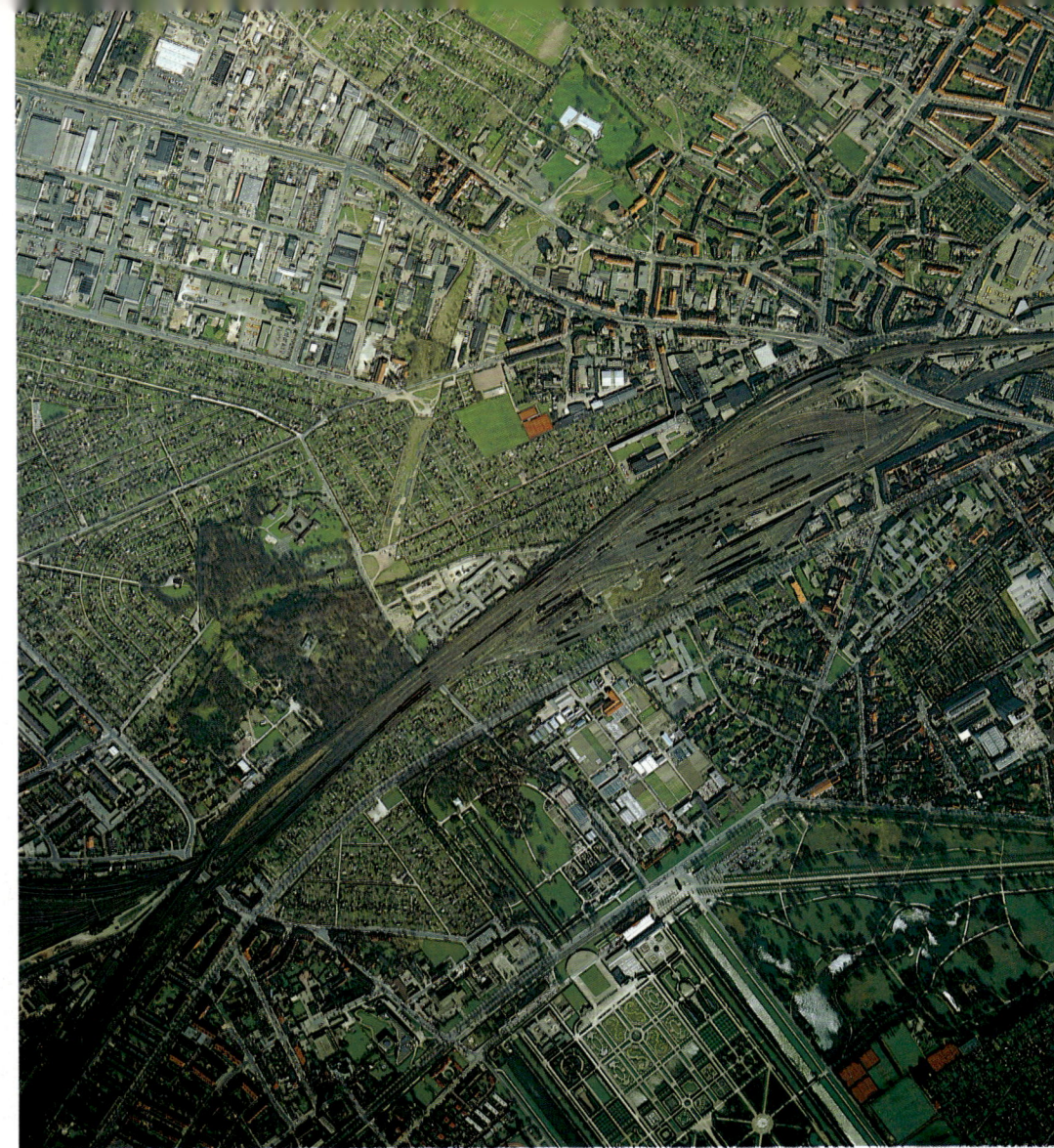

24 Die Landeshauptstadt Hannover

NORD

Die auf dem Flug vom Nordwestrand zum südöstlichen Stadtrand aufgenommenen Bilder lassen auf den ersten Blick Indizien für die drei Hauptattribute Hannovers erkennen: Landeshauptstadt, Stadt im Grünen und Messestadt. Als Knotenpunkt im nationalen und internationalen Verkehrsnetz und als niedersächsisches Wirtschafts- und Verwaltungszentrum entwickelte sich aus der ehemaligen Residenzstadt das heutige Oberzentrum.

Das langgestreckte Riesenrechteck des Volkswagen-Transporterwerkes im Stadtteil Stöcken nimmt fast den gesamten unteren Abschnitt der ersten Aufnahme ein. Gut erkennbar sind die Gleisanlagen der Bahnlinie, der unser Flug über die Stadt folgt. Am oberen Bildrand ist ein Abschnitt der Autobahn Dortmund–Berlin erkennbar, durch das Stadtwaldgebiet der Mecklenheide getrennt vom Mittellandkanal und dem Nordhafen. Gut unterscheidbar von ziegelfarben bedachten Wohngebäuden sind die Grautöne der Flachdächer von Gewerbe-, Fabrik- und Hafenanlagen. Wohnbereichsnahe Waldstücke, landwirtschaftlich und gartenbaulich genutzte Flächen sowie Grünanlagen sind prägend für das gesamte Stadtgebiet.

Die Gleisanlagen des Rangierbahnhofs Hannover-Hainholz unterteilen die zweite Aufnahme mit den Stadtteilen Herrenhausen und Nordstadt im unteren, Hainholz und Burg im oberen Bereich. Hier sind schon die Hauptlinien der Bundesbahn von Norden und Westen, sowie der Zubringer vom Stöckener Industriegebiet vorher zusammengelaufen. Während die eigentliche Bahnlinie zum im nächsten Bild zentralen Hauptbahnhof weiterführt, schließt sich dem Rangierbahnhof erst einmal der Hauptgüterbahnhof an. Die Nutzung der Flächen durch Wohngebäude tritt in diesem Stadtausschnitt deutlich in den Hintergrund. Besonders am Rangierbahnhof und an der Ausfallstraße ist die gewerbliche Nutzung bestimmend, gut erkennbar ein großes Gewerbegebiet am linken oberen Bildrand. Den deutlich größten Flächenanteil nimmt allerdings das Stadtgrün ein. In Herrenhausen wird man durch die historischen Gärten und Parks an herrschaftliche Vergangenheit Hannovers erinnert. Noch während des Dreißigjährigen Krieges nahm das Hannoversche Herrscherhaus aus Sicherheitsgründen in der aus der mittelalterlichen Marktsiedlung entstandenen Stadt Residenz. Von dieser Zeit an entwickelte sich Hannover vom Fürsten- und Kurfürstentum zum Königreich unter Ernst August, bis es 1866 von Preußen annektiert wurde. Während dieser höfischen Zeit entstanden viele der heute noch vorhandenen Prunkbauten, Gärten und Parks. Internationaler Bekanntheit erfreuen sich die Herrenhäuser Gärten, von denen der Große Garten als einer der wenigen erhalten gebliebenen Barockgärten Europas Besucherströme anlockt und Schauplatz vieler Feste ist; er fällt am unteren Bildrand durch seinen geometrischen Formenschatz auf. Daneben ist — ebenfalls nur im Ausschnitt — der parkähnliche Georgengarten mit der schnurgeraden Herrenhäuser Allee und den kleinen Teichen sichtbar. Ebenso ein Landschaftspark ist der außerhalb des Bildes gelegene Welfengarten hinter der Technischen Universität. Der vierte der Gärten ist vom Typ eines Sammlungsgartens: der Berggarten oberhalb des Großen Garten. Kleingartenkolonien, ein Waldstück und Sportanlagen sind weitere innerstädtische Grünflächen von Erholungs- und Freizeitwert; die meisten von ihnen werden schon durch Grünzüge miteinander verbunden, meistens ausgestattet mit Rad- und Fußwegen. Radwege werden auch im innerstädtischen Verkehrsnetz ausgebaut oder angelegt.

Stadtprägende Bedeutung hat die bis an den Kern heranreichende Eilenriede, von der ein kleiner Teil im dritten Bild zu sehen ist. Sie ist einer der ältesten und größten Stadtwälder Europas. In der Spitze ist gerade noch der Gebäudekomplex der Hochschule für Musik und Theater zu erkennen. Am linken unteren Bildrand reicht die Spitze des Georgengarten an den Ring der Straßen, der die Innenstadt vom Durchgangsverkehr freihält. Von den Wohngebieten der Nordstadt und der List hebt sich mit seinen Flachdächern das Büro- und Geschäftsviertel ab. Um den Hauptbahnhof herum kam es schon früh zur Citybildung. Nach der fast völligen Zerstörung der Innenstadt im Zweiten Weltkrieg wurde die Chance eines geplanten Neuaufbaus genutzt. Zentrum des vorbildlichen Netzes für den privaten, besonders aber den öffentlichen Verkehr sind Bahnhof und Kröpke. Zwei Umstände machten aber schon Anfang der Siebziger neue Maßnahmen zur Entlastung der City nötig: die Abwanderungsbewegungen aufgrund der geänderten Wohnbedürfnisse in das Umland und der unerwartet hohe Motorisierungsgrad. Die meisten Versorgungseinrichtungen und die Arbeitsplätze im Dienstleistungsbereich machen aber tägliches Pendeln nötig. Fast alle City-Straßen wurden Fußgängerzonen, eine unterirdische Fußgängerzone und unterirdische Trassenführung der Stadtbahn wurden geplant und in Bau genommen. Schon Mitte der achtziger Jahre wurde mit Fertigstellung der ersten Stadtbahntunnel auch die Passerelle eingeweiht; sie verbindet die City mit der Fußgängerzone Lister Meile und verläuft unter Bahnhofstraße, Ernst-August-Platz, Hauptbahnhof und dem zentralen Omnibusbahnhof am Raschplatz. Ziel des Stadtentwicklungsplanes ist neben der Erhaltung der Wirtschaftskraft und Arbeitsmöglichkeiten die Erhöhung der Attraktivität Hannovers für die Bewohner und das Umland. Stadtqualität soll den prognostizierten weiteren Einwohnerzahlenschwund (heute 520000) mindern. Bildungs-, Einkaufs-, Park- und Arbeitsmöglichkeiten in der City werden durch kulturelle Angebote und zahlreiche Veranstaltungen zur Belebung der Innenstadt ergänzt.

Die vierte Aufnahme zeigt das Messegelände kurz vor Beginn der Hannover-Messe-Industrie 1988. Das Attribut Messestadt trägt Hannover schon seit 1947, seit 1987 ist die Hannover-Messe wegen der Expansion der Mikroelektronik geteilt in die CeBIT im März und die Industriemesse im April jeden Jahres. Diese Teilung symbolisiert den durch die neuen Technologien bedingten, gravierenden Strukturwandel aller Wirtschaftsbereiche. Die Hannover-Messe war Motor für den raschen Wiederaufbau, gab und gibt Impulse nicht nur für die wirtschaftliche Entwicklung der Stadt. Die Verkehrsgunst (Leinetal, Vor-Mittelgebirgsschwelle) und Kapitalkonzentration der Residenzstadt ließen aus der frühen heimischen Grundstoffindustrie eine vielfältige Veredelungsindustrie hervorgehen, bis dann in der Nachkriegszeit die einseitige Ausrichtung auf die Automobilindustrie erfolgte; heute treten Standortfaktoren in den Hintergrund, und die Wirtschaft des Oberzentrums Hannover leidet unter der Benachteiligung des Nordens.

Gudrun Bruns

links: VW-Transporterwerk H.-Stöcken
halblinks: H.-Hainholz u. -Herrenhausen
halbrechts: City um den Hauptbahnhof
rechts: Messegelände
Flughöhe: 2400 m, Aufn.-Datum: 15. 4. 88

Goslar und Okertalsperre

Goslar ist seit jeher die bedeutendste der Harzrandstädte. Der mittelalterliche Stadtbereich ist an seinem ovalen Grundriß auszumachen. Der sie fast völlig umschließende Grüngürtel kennzeichnet die Lage der alten Befestigungsanlagen. Jeweils halbkreisförmig ist die Altstadt in der rechten Bildhälfte von jüngerer Wohnbebauung umschlossen, während in der linken eine geringere Bebauungsdichte und Waldflächen den Anstieg zum Harz indirekt erkennen lassen.

Die wirtschaftliche, kulturelle und politische Entwicklung der Stadt ist fast ausschließlich auf die 968 entdeckten silberreichen Erzvorkommen des Rammelsbergs zurückzuführen, der nur wenige Kilometer südlich der Stadt liegt. Durch die Silbergewinnung wurde Goslar um das Jahr 1000 Kaiserstadt und die berühmteste Residenz im Reich. Viele Reichstage und Synoden wurden hier abgehalten. Bereits 1108 war der Bau des ovalen Mauerrings und der innerhalb gelegenen „Marktstadt" abgeschlossen. Die Stadt trat 1280 der Hanse bei, erhielt die Territorialhoheit und Reichsfreiheit und wurde Freie Reichsstadt. Um 1500 war Goslar eine mittelalterliche Großstadt mit 12 000 Einwohnern und eine der bedeutendsten und reichsten Städte in Europa. 19 Erzgruben und 26 Schmelzhütten waren in Betrieb. Von dieser mittelalterlichen Blütezeit zeugen die Stadtbefestigung, die prächtigen Bürger- und Gildehäuser, das spätgotische Rathaus und die Kaiserpfalz.
Die Blütezeit von Goslar endete jäh 1552, als der Rammelsberg und große Teile der Harzwälder an den Herzog von Braunschweig abgetreten werden mußten. Die

links: Die Altstadt von Goslar
Flughöhe: 2200 m, Aufn.-Datum: 13. 6. 88

rechts: Die Okertalsperre
Flughöhe: 2200 m, Aufn.-Datum: 13. 6. 88

Einwohnerzahl sank auf 5480 im Jahre 1802.
Erst in der Gründerzeit setzte mit der Entdeckung neuer Silbervorkommen, der Eröffnung der Eisenbahnlinie Hannover–Leipzig und der Ansiedlung von Industriebetrieben eine neue Wachstumsphase ein. Die Ausweitung der Siedlungsfläche zeugt davon. Die Stadt hat heute ca. 49000 Einwohner. Über 1000 Arbeitsplätze gingen 1988 infolge der Schließung des Rammelsbergs und der Zinkhütte in Oker verloren. Dagegen gewinnt der Fremdenverkehr immer mehr an Bedeutung. Goslar mit seinem einzigartigen Stadtbild übt als „Tor zum Harz" eine starke Anziehungskraft aus.

Etwa sieben Kilometer von Goslar entfernt liegt die *Okertalsperre*. Sie besitzt ein Fassungsvermögen von 47 Mio. m³, eine Wasserfläche von 233 ha und eine Länge von mehr als 4 km. Die Voraussetzungen für den Bau der Talsperre 1956 waren günstig. Die Niederschläge im Westharz sind hoch (ca. 1500 mm/Jahr) und das obere Okertal als hochgelegenes Becken mit zahlreichen Quellbächen weist ein großes Wassereinzugsgebiet auf. In der linken unteren Ecke des Bildes ist die 67 m hohe Staumauer erkennbar, oberhalb derer die Täler „Weiße Wasser" und „Bramke" in einem „hydrographischen Knoten" in die Oker münden. Dadurch weist die Okertalsperre ein anderes Bild als die oft gradlinigen Talsperren auf. Insgesamt 6 große Talsperren gibt es im Harz. Sie dienen dem Hochwasserschutz, als Reservoir für trockene Jahresabschnitte, zur Regulierung des Grundwassers und zur Trinkwasserversorgung.

Joachim Alexander

Kleinstädte in Nordhessen

Die Anlage von Burgen und die Gründung von Städten waren im Mittelalter wichtige Instrumente der Territorialpolitik: Grenzen wurden gesichert, Verkehrsverbindungen geschützt und Herrschaftsansprüche mit Mauern und Türmen manifestiert. Nordhessen lag dabei im Spannungsfeld der Machtansprüche der Erzbischöfe von Mainz, der Bischöfe von Paderborn und der Landgrafen von Hessen. Dazu kam das Wirken kleiner Territorialherren wie Grafen und Edelleute. Nordhessen ist deshalb reich an Burgen und Kleinstädten. Letztere überlebten die Jahrhunderte trotz aller Kriegswirren. Brannten sie ab, so wurden sie von ihren Bewohnern meistens im ursprünglichen Ausmaß wieder aufgebaut. Über ihre Grenzen wuchsen diese Ackerbürgerstädte nur selten hinaus. Bis zum Ende des 2. Weltkrieges änderte sich hieran im wesentlichen nichts. Dann setzten Entwicklungen ein, die diese Städte in Funktion und Ausprägung recht unterschiedlich wandelten.

In der Aufnahme von Zierenberg markieren die roten Dächer deutlich Grundriß und Gliederung der 1290 durch den hessischen Landgrafen gegründeten Stadt. Begünstigt durch die Lage im Tal konnten die Neubaugebiete so angelegt werden, daß sie die Altstadt von allen Seiten umgeben und zum Mittelpunkt machen. Vor 1939 hatte Zierenberg ca. 1700, zu Beginn der 50er Jahre ca. 2200, und heute sind es ca. 4100 Einwohner. Die erste Ausweitung war bedingt durch den Zustrom von Vertriebenen. Dann erfolgten kontinuierlich Zuzüge, die als Ergebnis einer auf Wachstum abzielenden Kommunalpolitik zu verstehen sind. Die Ortserweiterungen

*links oben: Zierenberg im NW von Kassel
Flughöhe: 2200 m, Aufn.-Datum: 13. 6. 88*

*links unten: Trendelburg an der Diemel
Flughöhe: 2400 m, Aufn.-Datum: 13. 6. 88*

erfolgten seit Beginn der 50er bis weit in die 70er Jahre hinein. Diese Entwicklung erfuhr aber auch einige Rückschläge. Am Schreckenberg verhinderten Erdrutschungen eine vollständige Überbauung. Dieser Bereich wird heute als Park genutzt (links unten i. B.). Den größten Rückschlag erlitt das Wachstumstreben der Gemeinde aber 1974: Auf dem heute noch freien Bereich oberhalb der Bildmitte war eine Trabantenstadt für 30000 Bewohner geplant. Die Ausführung dieses gigantomanischen Planes verging mit dem Konkurs der Bauträgerfirma im Zuge des (Bau-)Wirtschaftskollapses jener Zeit. Zierenberg verfügt über nur wenige Arbeitsplätze im produzierenden Bereich, obwohl ein Gewerbegebiet ausgewiesen ist. Hier (linker oberer Bildrand) ist lediglich ein Betrieb der Kunststoffverarbeitung mit 80 Beschäftigten angesiedelt. Der Großteil der Erwerbstätigen pendelt aus: Zierenberg hat die Funktion einer Wohnstadt für den ca. 20 km entfernten Kasseler Wirtschaftsraum.

Amöneburg und Trendelburg haben vergleichbare Grundbedingungen ihrer Entwicklung. Da ist zunächst die topographische Lage. Beide heben sich durch ihre Höhenlage deutlich von ihrer Umgebung ab: Amöneburg liegt auf einer Basaltkuppe, Trendelburg auf einem Sporn der Diemel. Beide Plätze wurden befestigt, um eine benachbarte Flußfurt kontrollieren und die Funktion eines landesherrlichen Stützpunktes ausüben zu können. Dem Bau der Burg folgte in beiden Fällen die Gründung der Stadt, deren mittelalterliche Ausdehnung bis weit in das 20. Jh. erhalten blieb. Wie Zierenberg sind Amöneburg und Trendelburg Ackerbürgerstädte. Endogene Impulse des Wachstums konnte es daher nicht geben. Da bei beiden die Lage auf dem Berg die Ausdeh-

*rechts: Amöneburg östlich von Marburg
Flughöhe: 600 m, Aufn.-Datum: 14. 6. 88*

nung einschränkt, sind Ortserweiterungen nur im Tal möglich. In Trendelburg führte die Ansiedlung von Vertriebenen und eine früh durchgeführte Flurbereinigung zur Bebauung im Tal. Auf der gegenüberliegenden Diemelseite wurde ein kleines Neubaugebiet ausgewiesen und Aussiedlerhöfe angelegt (rechter Bildrand). In Amöneburg wird die Stadt seit etwa 1950 außerhalb des Berges erweitert. Auch hier sind Neubaubereiche und Aussiedlerhöfe zu sehen. Arbeitsplätze sind in beiden Städten rar: Mehr als 80% der Beschäftigten müssen auspendeln.

Alle drei Städte erhoffen sich Wachstumsimpulse vom Tourismus. Ihre landschaftliche Einbettung und der Reiz ihrer historischen Bausubstanz bieten hierfür gute Voraussetzungen. Die staatliche Anerkennung als Luftkurorte haben sie alle schon erhalten.

Wolfgang Linke

Bergbau in Hessen

Im abgebildeten Steinbruch wird Basalt übertage abgebaut, der als Naturstein (Hart- und Werkstein) für den Tiefbau verwandt wird. Er gehört zu einer Vielzahl von ähnlichen Steinbrüchen, die fast flächendeckend über die gesamte Bundesrepublik Deutschland verteilt sind und die Versorgung der Volkswirtschaft mit diesem wichtigen Rohstoff sichern. Ihre Produktion betrug 1982 in der gesamten Republik 124,5 Mio t.
Demgegenüber weist die Halde der Kalisalzgrube Neuhof auf den Untertage-Bergbau hin, der die Kalisetzflöze Thüringen und Hessen ca. 450 m unter Flur abbaut. Ihre Produktion ist auf wenige Gruben konzentriert. Die jährliche Gesamtproduktion an Kali betrug 1984 2,6 Mio t. Damit ist die Bundesrepublik Deutschland weltweit das viertgrößte Förderland von Kali hinter der DDR auf Platz 3, Kanada 2 und UdSSR 1 (Gesamtproduktion weltweit 1985 28,9 Mio t).
Schlägt man eine Zeitung auf und liest einen Artikel über mineralische Rohstoffe, dann ist oft das Zitat zur Hand, die Bundesrepublik Deutschland sei ein „rohstoffarmes Land". Diese Aussage beruht darauf, daß man unter Rohstoffen im öffentlichen Bewußtsein vor allem Erze, Erdöl und Kohle versteht, wie das vor ca. 50 Jahren der Fall war.
Seit dieser Zeit hat sich jedoch ein rasanter Wandel vollzogen. War 1953 noch die Förderung der nichtmetallischen und metallischen Rohstoffe wertmäßig etwa gleich groß, so beträgt der Förderwert der nichtmetallischen Rohstoffe mehr als das doppelte der metallischen (Abb. 1).
Das öffentliche Bewußtsein der Bedeutung der Steine- und Erdenlagerstätten steht in krassem Gegensatz zu der wirtschaftlichen Rangfolge, wie sich aus der sogenannten Rohstoffschlange entnehmen läßt (Abb. 2).
Danach nehmen die Hart- und Werksteine (Bild unten), Sand und Kies, Zementkalk und Ton die Plätze 3–6 der Weltrangliste hinter Erdöl und Kohle ein, Erdgas folgt erst auf Platz 8, Steinsalz auf Platz 19 und Kalisalz auf Platz 23.
Die Bundesrepublik Deutschland ist somit hinsichtlich der Massenrohstoffe, der Stein- und Kalisalze, der Stein- und Braunkohlen sogar ein „rohstoffreiches Land", nur engen andere Nutzungsansprüche an den Raum die Verfügbarkeit ein. Der Salzbergbau bei Fulda unterliegt der Bergaufsicht, der Basaltsteinbruch bei Homberg dagegen der Gewerbeaufsicht. Dies erzeugt eine verwirrende Vielfalt der Kompetenzen im Genehmigungsbereich einschließlich der Beteiligung der Gemeinden. Die Genehmigung zum Abbau von Massen-Rohstoffen wird geregelt im Baugenehmigungsverfahren, im Verfahren nach den Naturschutzgesetzen, nach den Wassergesetzen und im Verfahren nach dem Bundes-Immissionsschutzgesetz, alles Gesetze, die eine Einschränkung der Abbautätigkeit, nicht die Sicherung der Rohstoffversorgung zum Ziel haben.
Es existiert also für den Anspruch auf Gewinnung der oberflächennahen Massenrohstoffe keine öffentlich-rechtliche Absicherung durch ein einheitliches Verfahren wie bei anderen Nutzungsansprüchen an die Fläche.
Diese Tatsache beruht u. a. darauf, daß der schnelle Wandel im Verbrauch unterschiedlicher Rohstoffe nicht ins öffentliche Bewußtsein gedrungen ist, wie der falsche, aber immer wiederholte Satz vom „rohstoffarmen Land Bundesrepublik Deutschland" beweist. Noch bis in die fünfziger Jahre war es üblich, daß jede Gemeinde kleine Steinbrüche oder Entnahmestellen von Material für Bauzwecke besaß. Sie waren also ohne großen Transportaufwand herbeizuschaffen.
Diese Ortsgebundenheit drückt sich noch heute in der Transportkostenempfindlichkeit dieser Güter der Massenrohstoffe aus, da oft schon nach 10–15 km der

links: Basaltbruch bei Homberg/Ohm-Gebirge
Flughöhe: 600 m, Aufn.-Datum: 14. 6. 88

rechts: Kalisalzgrube Neuhof bei Fulda
Flughöhe: 600 m, Aufn.-Datum: 14. 6. 88

Preis des transportierten Rohstoffes erreicht ist.

Der Bergbau auf oberflächennahe, mineralische Rohstoffe hat mit vielen Flächennutzungsansprüchen (Wasserschutz, Land- und Forstwirtschaft, Siedlungs-, Industrie- und Verkehrswegeflächen) zu kämpfen, während der Abbau untertage auf Salz davon unbehelligt ist. Lediglich die Halde mit den nicht verwertbaren Restsalzen bleibt als neues Element im ‚Landschaftsbild' zurück. Der Abbau von oberflächennahen mineralischen Rohstoffen benötigt jedoch Flächen dort, wo die Rohstoffe auftreten. Es entstehen Steinbrüche, die heute als Narben oder Eingriffe in der ‚Landschaft' verteufelt werden, weshalb ihr Abbau immer weiteren Restriktionen unterliegt. Dabei ist die Fläche für alle Steinbrüche etc. in Hessen 0.19% der Gesamtfläche Hessens (Bundesdurchschnitt: 0,20%). Die abgebaute Fläche geht nicht verloren, denn sie kann je nach Verhältnissen anderen Nutzungen zugeführt werden.

In den verschiedenen Bundesländern gab und gibt es jedoch unterschiedliche Strategien zur Sicherung der Massenrohstoffe. In Hessen ist das Hessische Landesamt für Bodenforschung in Wiesbaden für die Erarbeitung der Grundlagen zur Planung verantwortlich.

Es werden zwei Gesichtspunkte eingebracht, nämlich Rohstoffsicherung und Rohstoffvorsorge.

Das Instrument der Rohstoffsicherung in Hessen ist die Ausweisung von Vorranggebieten. Die verbindlichen Regionalen Raumordnungspläne in Hessen unterscheiden danach zwei Arten von Vorranggebieten für Rohstoff-Lagerstätten:

a) Vorranggebiete oberflächennahe Lagerstätten
b) Vorranggebiete für den Abbau oberflächennaher Lagerstätten

Demnach werden diese Planungsgrundlagen als behördenverbindliche Anweisungen für die Bauleitpläne weitergegeben. Im Falle der Nutzungskonflikte kommt es zu einer Abwägung. Planungshoheit besitzt jedoch die einzelne Gemeinde, womit der Willkür Tür und Tor geöffnet wird.

Jörg F. W. Negendank

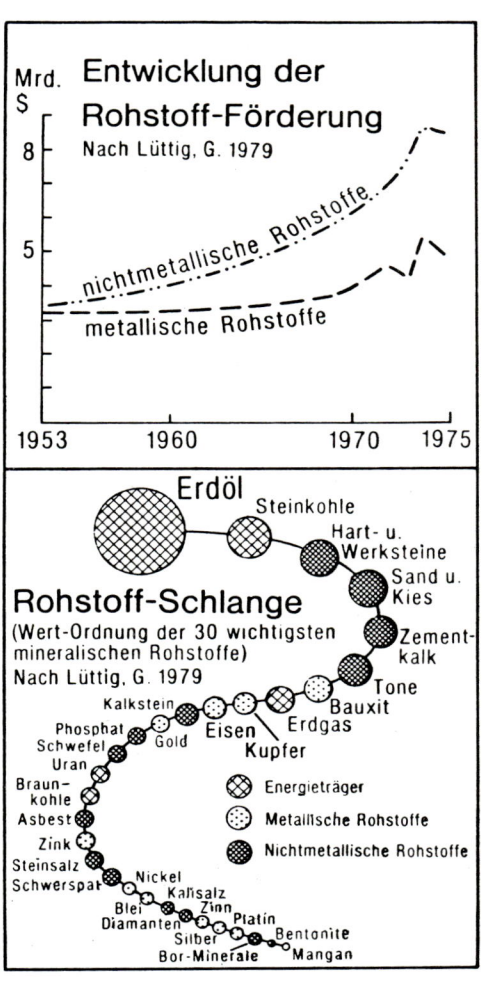

Ländliche Siedlungen in Ostwestfalen

Konstanz und Wandel im ländlichen Raum – die Dörfer Eichholz und Dörenhagen können Beispiele sein. Mit der Gemarkung von Eichholz wird eine Teillandschaft aus dem Weserbergland, mit Dörenhagen ein Ausschnitt der Paderborner Hochfläche wiedergegeben. Prägend für beide Bildausschnitte ist der hohe Anteil landwirtschaftlicher Nutzflächen.

Eichholz liegt in der Mitte des Steinheimer Beckens – ein Bereich, dessen naturräumliche Ausstattung den Ackerbau stark begünstigt. Auf einer z. T. über einen Meter mächtigen Lößschicht haben sich fruchtbare Böden gebildet, deren Bodengüte bei 80 Bonitierungspunkten liegt. Unterlagert wird der Löß von wasserstauenden Ton- und Mergelschichten des Keupers, die die Entwicklung eines ausgeprägten Gewässernetzes bedingten. Hohe Bodenfruchtbarkeit und die Vielzahl der Wasserläufe kennzeichnen das Becken als „Feuchtbörde". Mit dem Heubach (Bildmitte) und der Emmer (rechter Bildrand) werden zwei Gewässer vom Bildausschnitt erfaßt.

Optischer Mittelpunkt des Bildes ist die Siedlung Eichholz. An einer Straßenachse gruppieren sich beidseitig die Häuser. Links und rechts davon verlaufen in einem geschlossenen Bogen zwei Straßen, an denen sich große Höfe aufreihen. Das Erscheinungsbild verweist auf eine geplante Anlage. Jedoch geschah die Gründung nicht – wie das Grundwort -holz nahelegt – in historischer, sondern erst in

NORD

links: Eichholz südlich Steinheim
Flughöhe: 2500 m, Aufn.-Datum: 1. 10. 87

rechts: Dörenhagen südöstlich Paderborn
Flughöhe: 2550 m, Aufn.-Datum: 1. 10. 87

jüngster Zeit: Die Existenz des Dorfes ist eine Konsequenz des letzten Krieges. Mit der Anlage von 24 Vollerwerbshöfen mit je 10 ha Betriebsfläche und 21 Nebenerwerbshöfen wurde hier 1953 für 380 Ostvertriebene eine Heimat geschaffen. Das Land stammte von den Rittergütern Vorder- und Hintereichholz. Nach der Bodenreform von 1953 blieben beide als Restgüter bestehen. Ihre Gebäude sind links der Siedlung beiderseits des Heubachs zu sehen. Politische Autonomie erhielt die Vertriebenensiedlung aber erst 1964, um sie sechs Jahre später durch die Gebietsreform wieder zu verlieren: Eichholz wurde ein Ortsteil der am oberen Bildrand angeschnittenen Stadt Steinheim.

Auch für Dörenhagen gilt dieser Verlust der politischen Autonomie. Mit anderen Dörfern wurde es 1975 zu einer Großgemeinde zusammengeschlossen. Aber anders als Eichholz ist Dörenhagen eine historische Gründung. Im 13. Jahrhundert wurde das Dorf durch den Paderborner Bischof angelegt, wobei die schon bestehenden Siedlungen Eggeringhausen (Bildmitte) und Busch (unten im Bild) als Ortsteile einbezogen wurden. Dörenhagen gehört zu den „trockenen" Dörfern auf der Hochfläche. Im Bild ist kein Wasserlauf zu sehen. Der aus klüftigen Kalkschichten bestehende Untergrund läßt alle Niederschläge versickern. Die Böden sind flachgründig, steinig und im Vergleich zu den Böden um Eichholz weniger fruchtbar. Nur an zwei Stellen werden kleine Neubaubereiche sichtbar. Seit mehr als 30 Jahren ist die Einwohnerzahl nahezu konstant, während benachbarte Gemeinden stetig wachsen. Und wie in Eichholz lebt der Großteil der Bevölkerung nach wie vor von der Landwirtschaft. *Wolfgang Linke*

29 Städte in Westfalen

Soest, Hansestadt am Hellweg
Flughöhe: 2000 m, Aufn.-Datum: 26. 9. 86

Soest und Minden gehören zu den ältesten und historisch bedeutendsten Städten Westfalens. Mehr als zehn Jahrhunderte haben in ihnen unverwechselbare Spuren hinterlassen. Im Luftbildvergleich läßt sich die topografische Entwicklung beider Städte anschaulich nachvollziehen.
Die ‚villa sozat', 836 erstmals urkundlich erwähnt, verfügte im Schnittpunkt wichtiger Fernhandelswege über günstige Wachstumsbedingungen. Die urbane Urzelle, ein karolingischer Königshof in Form eines länglichen Rechtecks, ist auch heute noch deutlich im Zentrum der Stadt auszumachen. Philipp von Heinsberg, als Kölner Erzbischof Stadtherr von Soest, setzte dem urbanen Aufschwung im 12. Jahrhundert ein ehrgeiziges Ziel. Die annähernd runde, noch heute in großen Teilen erhaltene und im Bild gut erkennbare Mauer erweiterte die Stadt auf eine Fläche von 102 Hektar. Durch den Niedergang des hansischen Fernhandels verlor sie im 16. Jahrhundert das tragende Fundament ihrer Wirtschaftskraft. Die Gärten und Grünflächen, die ihr in manchen Teilen einen fast dörflichen Charakter verleihen, erinnern noch heute an ein nicht zum Abschluß gekommenes Wachstum. Erst um die Mitte des 19. Jahrhunderts vermochte Soest mit der Anbindung an das entstehende Eisenbahnnetz an seine historische Rolle als Handels- und Fernhandelsstadt anzuknüpfen. Eine Generation später begann die Stadt auch über

den mittelalterlichen Mauerkranz hinauszuwachsen.
Mindens städtische und städtebauliche Entwicklung nahm einen anderen Verlauf. Um das Jahr 800 von Karl dem Großen zum Bischofssitz erhoben, entwickelte sich die am linken Weserufer gelegene Ansiedlung, deren Kristallisationspunkt die Domimmunität war. Die eigentliche Kaufmannstadt breitete sich mit Straßenmarkt und Rathaus nach Westen aus. Daran schloß sich die ebenfalls noch mittelalterliche Oberstadt an. Bald wurde die nördlich des Domes unmittelbar am Flußufer gelegene Fischersiedlung einbezogen. Gegen Ende des 12. Jahrhunderts wuchsen die verschiedenen Siedlungskerne zur eigentlichen „Stadt" zusammen. Die damals erreichte Flächenausdehnung blieb bis ins 19. Jahrhundert hinein nahezu unverändert. Seit dem Spätmittelalter ordnete Minden als Landeshauptstadt des gleichnamigen Fürstbistums seine weitere Entwicklung fortifikatorischen Notwendigkeiten unter. Die immer wieder modernisierte Festung wurde der Stadt zum Schicksal, auch und gerade, nachdem sie 1648 an Preußen gefallen war. Die Umrisse des jüngsten, zu Beginn des 19. Jahrhunderts angelegten Verteidigungsgürtels mit seinen Bastionen, Forts und Kasematten links der Weser sowie

Minden, Festungsstadt an der Weser
Flughöhe: 2400 m, Aufn.-Datum: 1. 10. 87

NORD

der Brückenkopf am rechten Flußufer und die 1847 ergänzte Bahnhofsbefestigung sind im Bild zu sehen. Anders als in Soest, wo die Schienenstraße die alte Stadt direkt berührte, ließ die Eisenbahn Minden in gebührendem Abstand liegen. Alle diese Faktoren bewirkten ein vergleichsweise spätes Einsetzen der Industrialisierung. Erst der 1938 fertiggestellte Mittellandkanal, der die Weser nördlich von Minden überquert, schuf die Voraussetzungen für eine Ansiedlung auch größerer Industriebetriebe.   *Volker Jakob*

NORD

30 Das Beckumer Zementrevier

Im südöstlichen Teil des Münsterlandes liegt inmitten einer agrarisch geprägten Umgebung eines der größten Zementreviere Europas: eine Konzentration von Kalksteinbrüchen, Fabrikanlagen, Ödland und Rekultivierungsflächen auf engstem Raum. Die bestimmende Dynamik besteht in der rasch voranschreitenden Landschaftszerstörung durch den Kalkabbau und in dem planerischen Bemühen, die ausgebeuteten Areale in neue Nutzungskonzepte einzubringen. Wegen der Geringmächtigkeit der nutzbaren Kalkschichten (ca. 20 m) verursacht die Rohstoffgewinnung einen erheblichen Landschaftsverbrauch – rund 1500 ha bisher insgesamt und ca. 24 ha pro Jahr gegenwärtig. Zurück bleiben die Spuren eines extensiven Tagebaus: weite Flächen mit großen Hohlräumen, deren Massenverluste es auszugleichen gilt. Durch Maßnahmen der Rekultivierung werden aus diesen Abgrabungsflächen neue Wohn- oder Gewerbegebiete, Naherholungsräume oder Freizeitanlagen, Acker- oder Waldflächen. Obwohl die Aufnahmedaten der beiden Luftbilder nur 15 Jahre auseinanderliegen, lassen sich dennoch einige bemerkenswerte Ergebnisse der Umgestaltung des Raumes aufweisen. Die Aufnahme des Jahres 1971 zeigt in der linken oberen Bildecke einen Teil des mittelalterlichen Grundrisses der Stadt Beckum. Entlang der Ausfallstraßen hatte sich die Stadt infolge der guten wirtschaftlichen Entwicklung der Zementindustrie seit der Mitte des vorherigen Jahrhunderts erheblich ausgeweitet. In der rechten oberen Bildecke werden zwei wichtige Formen der Folgenutzung ehemaliger Abbauflächen

NORD

links: Nordost-Teil von Beckum 1971
Flughöhe: 2400 m, Aufn.-Datum: 7. 7. 71

rechts: Nordost-Teil von Beckum 1986
Flughöhe: 2000 m, Aufn.-Datum: 26. 9. 86

deutlich: Verfüllung und Wiederaufforstung oder Nutzung als Wasserfläche. Ein Vergleich mit der Aufnahme aus dem Jahre 1986 bestätigt dieses. Die Anzahl der wassergefüllten Steinbrüche und Waldareale hat sich erheblich vergrößert. Auch das Tempo der Landschaftszerstörung läßt sich mit dem Aufnahmeintervall erfassen. Auf der linken Bildseite befinden sich aufgelassene, wassergefüllte Steinbrüche. Ein Vergleich mit der älteren Aufnahme zeigt, daß der Abbau hier 1971 gerade erst begonnen hat. Auf der rechten Seite am oberen Bildrand sind große Abgrabungsflächen zu sehen, die 1971 noch nicht so ausgedehnt vorhanden waren. Die Vielgestaltigkeit der Rekultivierungsmaßnahmen zeigt sich am deutlichsten im oberen rechten Bildquadranten. Hier wurde ein ca. 30 ha großes Areal von der Stadt Beckum gekauft, um es zu einem stadtnahen Erholungsgebiet umzugestalten. In der Anlage liegt eine Werkssiedlung, deren lineare Reihung der Häuser und Gartenparzellen gut erkennbar ist. Die Aufforstung der verfüllten Bereiche hatte schon 1971 begonnen. Als Kernstück des Naherholungsgebietes wurden die Wasserflächen belassen, ergänzt durch Grünanlagen mit Rundwanderwegen. Komplettiert wird dieses Freizeitareal durch eine Tennisanlage. Der Rest des ehemaligen Steinbruchs wird als Ackerfläche genutzt. Der Rekultivierungsplan der Stadt Beckum sieht aber auch noch eine andere Form der Folgenutzung vor: Bis heute sind mehr als 9 ha Abbaugelände mit Absicht nicht rekultiviert, sondern der natürlichen Sukzession von Pflanzengesellschaften überlassen worden – Naturschutzgebiete auf ehemals zerstörter Landschaft.

Wolfgang Linke

Wandel der Anbaustruktur

In der Agrarlandschaft Nordwestdeutschlands hat sich in den letzten zwanzig Jahren ein grundlegender Wandel vollzogen: Wo früher vielfältige Kulturen das Aussehen der Agrarlandschaft abwechslungsreich gestalteten, beherrscht heute die Monotonie des Maisanbaus das Bild. Lag sein Anteil an der Ackerfläche in Westfalen-Lippe im Jahre 1965 noch bei 0,5%, betrug er 1975 schon 6,4% und wiederum zehn Jahre später 23,4%. Besonders auf den leichten, sandigen Böden des Westmünsterlandes ist der Maisanbau großflächig verbreitet. In einigen Gemarkungen nimmt er hier mehr als 50% der gesamten Anbaufläche ein. Auch das Acker/Grünland-Verhältnis hat sich durch diese Entwicklung stark verändert: Wo immer es möglich war, wurde Grünland umgebrochen und als Ackerland genutzt. Der im Luftbild gezeigte Ausschnitt aus der Gemarkung Lette ist für die Entwicklung repräsentativ. Neben den hellen Flächen der abgeernteten Getreidefelder heben sich die dunkelgrünen Maisfelder deutlich ab. Hinter diesem physiognomischen Wandel stehen tiefgreifende Veränderungen in der Struktur der bäuerlichen Betriebe. Der hohe Anteil der Flächen mit Maisanbau und die Stallneubauten auf den Höfen zeigen an, daß die Betriebe zur Massentierhaltung mit Mais als Futterbasis übergegangen sind. Das erweiterte Nutzungsspektrum der Maispflanze bietet den Landwirten gegenüber den traditionellen Anbaupflanzen erhebliche Vorteile. Sortenzucht und spezielle Ernteverfahren ermöglichen heute die Nutzung der Maispflanze nicht nur als hochwertiges Futter für

links: Maisbau bei Lette, Krs. Coesfeld
Flughöhe: 2100 m, Aufn.-Datum: 21. 8. 87

rechts: Flachsbau bei Spenge, Krs. Herford
Flughöhe: 600 m, Aufn.-Datum: 1. 9. 87

NORD

die Rinder-, sondern auch für die Schweinemast. Bei der Massenhaltung von Schweinen bietet der Mais überdies den Vorteil, daß die anfallende Gülle in großen Mengen als Dünger auf den Anbauflächen genutzt werden kann. Weitere Vorteile liegen in der Ertragssicherheit, in dem geringen Arbeitsaufwand bei Aussaat, Schädlingsbekämpfung, Ernte und Silierung. Die Konzentration von Maisanbau und Massentierhaltung verursacht enorme ökologische Probleme. Die schwerwiegendsten sind die Nitrat- und Phosphatanreicherung im Grundwasser durch die Überproduktion der Gülle und der Verlust der ökologisch wertvollen Feuchtgebiete durch den Umbruch von Grünland. In hängigen Lagen bedingt der Maisanbau zudem eine erhöhte Bodenerosion durch Abspülung.

Das zweite Luftbild zeigt einen Ausschnitt aus dem Ravensberger Hügelland. Anders als im Westmünsterland hat hier die Landwirtschaft auf den Lößböden ihren Schwerpunkt im Getreide- und Hackfruchtanbau. Der Hof links oben zeigt mit der Reihung von Vorratssilos die typische Ausstattung eines auf Getreideanbau spezialisierten Betriebes. Im Zentrum des Bildes befindet sich ein Feld mit einer dunkeloliven Farbe, an dessen Rändern soeben die Ernte begonnen hat. Seit mehreren Jahrzehnten wird hier wieder Flachs geerntet. Jahrhundertelang bildeten Flachsanbau und -verarbeitung in weiten Regionen Deutschlands die Existenzbasis für viele Menschen – wie auch ganz besonders im Ravensberger Land. Unter der Konkurrenz der Baumwolle ging der Flachsanbau im 19. Jahrhundert immer mehr zurück und wurde in den 50er Jahren dieses Jahrhunderts völlig aufgegeben. Die Wiedereinführung als Nutzpflanze geschieht nun in einem bundesweiten Modellversuch, und man hofft, einigen Ackerbaubetrieben eine lohnende Anbaualternative zu bieten. In der EG werden derzeit jährlich ca. 70000 ha Flachs angebaut – vornehmlich in Belgien und Frankreich – und mit erheblichen Zuschüssen aus der Gemeinschaftskasse gefördert. Eine Wiedereinführung des Flachsanbaus in der Bundesrepublik setzt daher eine Neuregelung der Quotenverteilung voraus. Aber auch Betriebe für die technisch sehr aufwendige Weiterverarbeitung der Rohpflanze zur spinnfähigen Faser fehlen noch. Das technische Wissen dazu liegt, wie die Beschriftung an der Raufmaschine zeigt, in Belgien.

Wolfgang Linke

Münster

Münster in Westfalen vertritt den Typ einer historischen, radial gewachsenen Stadt, die trotz stärkster Kriegszerstörungen wesentliche geschichtliche Stadtgestaltungscharakteristika bewahrt hat. Im Umland der Metropole lag ein Kranz kleiner Gemeinden, die 1975 im Rahmen der kommunalen Neugliederung dem Stadtgebiet von Münster zugeschlagen worden sind. Der Fläche nach ist Münster seitdem mit 302,14 qkm nach Köln die zweitgrößte Stadt in Nordrhein-Westfalen.

In beiden Luftbildern fällt zunächst das grüne „Promenadenband" auf, das die mittelalterliche und frühneuzeitliche Stadtbefestigung markiert. Bis in das 19. Jahrhundert hinein blieb die Wohnbebauung in diesen Grenzen. Anders als in vielen anderen deutschen Städten ist dieser Grünring nicht dem motorisierten Verkehr zum Opfer gefallen, sondern blieb Fußgängern und Radfahrern vorbehalten. Gesichert und stellenweise kreuzungsfrei ausgebaut, ist die Promenade im für Fahrradfahrer freundlichen Münster ein vielgenutzter Radwegering um die Altstadt. Bereits in den zwanziger Jahren dieses Jahrhunderts starben die empfindlichen Ulmen an der Promenade ab und wurden durch schnellwüchsige Silberlinden ersetzt, die als besonders stadtklimafest galten. Den heutigen Bedingungen sind auch diese Bäume nur noch z. T. gewachsen. Ob eine Baumsanierung oder das kostengünstigere, – alle zwanzig Jahre sich wiederholende, den Alleecharakter erhaltende –, Fällen und Neuanpflanzen die Lösung sind, darüber herrscht zwischen Verwaltung und Bürgern noch keine Einigkeit. Sehr deutlich sind im Senkrechtluftbild Partien von Bäumen unterschiedlichen Alters zu erkennen.
An der Bildunterkante des Senkrechtbildes ist das Grabensystem der um 1661

vom Landesherrn Fürstbischof Bernhard von Galen erbauten Zitadelle zu erkennen. Diese Beobachtungen läßt auf zwei, die Geschichte der Stadt bestimmende Mächte schließen: Bischof und Kaufleute, Fürstbischof und selbstbewußtes Bürgertum, Kirche und weltliche Kommunalmacht. 1767–1787 wurde an der Stelle der Zitadelle von Johann Conrad Schlaun Deutschlands spätestes Residenz- und Barockschloß errichtet, das seit 1816 – Münster wurde unter preußischer Verwaltung Hauptstadt der Provinz Westfalen – als Sitz des Oberpräsidenten und des kommandierenden Generals diente. Seit 1954 ist das Schloß Hauptverwaltungsgebäude der Universität. Mehreren Wandlungen unterworfen war auch der dem Schloß zur Stadt hin vorgelagerte Hindenburgplatz. Ursprünglich verlief hier die Stadtbefestigung. Es folgte beim Zitadellenbau das freizuhaltende Glacis (Schlußfeld) zur Stadt hin. Schließlich wurde dieses Gebiet als Exerzierplatz genutzt und ist heute weitgehend frei zugängliche Parkfläche für die Universität und die City. Ein fast ausschließlich von der Universität genutzter Sektor reicht bis zum Domplatz (Horsteberg). Hier begann kurz vor 800 mit einem Kloster (= Monasterium → Münster) die kirchliche und ab dem 10. Jh. mit einer Kaufmannssiedlung bei St. Lamberti die weltliche Gemeindeentwicklung der Stadt. Ende des 19. Jh.s wurde nach dem Vorbild des Freiburger Münsters der an Höhe alles im Stadtgebiet überragende neugotische Lambertikirchturm errichtet, auf dem bis heute ein Türmer seinen Dienst tut. Vom Domplatz bis zum Bahnhof reicht die City von Münster mit vielen Dienstleistungseinrichtungen („der Schreibtisch Westfalens").

Auf dem Schrägluftbild ist der Aasee (ca. 40 ha Wasserfläche; 2200 m Länge) und seine Umgebung zu sehen. 1936 in einem ersten und 1972–75 in einem zweiten Bauabschnitt geschaffen, ist der Aasee zusammen mit verschiedenen Freizeiteinrichtungen das attraktivste Erholungsgebiet der Stadt. Noch innerhalb der Altstadt beginnt dieser Freizeitsektor („Westerholtsche Wiese" als Reitturnierplatz; hier ist die kanalisierte Aa gut zu sehen). Er erstreckt sich bis zu landwirtschaftlich genutzten Flächen am Rande der Stadt. Links des Aasees wird oben das in rückspringenden Fassadenabschnitten gestaltete Gebäude der Landesbank (1976) sichtbar, das auf dem Gelände des alten Zoologischen Gartens errichtet worden ist. Davor liegt der Zentralfriedhof, an den sich, unterbrochen vom 2. Tangentenring, die Wohnsiedlung und das frei zugängliche Sportgelände „Sentruper Höhe" anschließen. Zwischen Sportanlagen und Aasee wurde von 1960

links: Altstadt, Schloß und Zitadelle
Flughöhe: 2400 m, Aufn.-Datum: 30. 9. 87

bis 1964 das aus einer Bürgerinitiative entstandene Mühlenhofmuseum errichtet und seitdem weiter ausgebaut. Teilweise in das Waldgelände am unteren Bildrand hineinragend, wurde 1973 der Allwetterzoo mit Delphinarium geschaffen. 1982 übergab man das in unmittelbarer Nachbarschaft liegende Westfälische Museum für Naturkunde mit Planetarium der Öffentlichkeit, das meistbesuchte naturwissenschaftliche Museum der Bundesrepublik. An das rechte Aaseeufer reicht die Bebauung näher heran. Die Gebäude in Altstadtnähe sind von der Universität genutzt (Studentenwohnheime, alte Mensa, ehemalige Pädagogische Hochschule).

rechts: Blick über Aasee und Zentrum
Flughöhe: 2400 m, Aufn.-Datum: 30. 9. 87

Mit den drei markanten Hochhäusern ist die Grenze zur Aaaseestadt gegeben, die ab 1960 als erste große Stadterweiterung der Nachkriegszeit in unterschiedlichsten Wohn- und Eigentumsformen realisiert worden ist (für 6000–7000 Bewohner).

Hermann-Josef Höper

NORD

Denkmalschutz

Als letztes Bundesland erließ Nordrhein-Westfalen am 11. März 1980 ein Denkmalschutzgesetz, das den Denkmalbegriff allerdings weit faßt. Außer den traditionellen Denkmälern berücksichtigt es die Arbeitswelt, städtebauliche Bezüge und Entwicklungen. Damit trägt das Denkmalschutzgesetz den Besonderheiten des hochindustrialisierten und -verdichteten Landes an Rhein und Ruhr Rechnung. Bis Ende 1986 waren bereits 39000 der ca. 120000 Denkmäler Nordrhein-Westfalens in die Denkmallisten der Gemeinden eingetragen. Etwa ein Sechstel der eingetragenen Denkmäler gehören zum Landesteil Westfalen – eine der Regionen Deutschlands mit langer denkmalpflegerischer Tradition. Maßgeblich wurde die Denkmalpflege hier vom 1904 in Soest gegründeten Bund Heimatschutz gefördert, aus dem der Westfälische Heimatbund, später auch der Deutsche Bund Heimatschutz hervorgingen. Ein Schwerpunkt ihrer Arbeit lag schon früh im Bereich der ländlichen Denkmalpflege.
Lange vor Verabschiedung des Denkmalschutzgesetzes gab es 1967 erste Empfehlungen zum Schutz von Technischen Kulturdenkmälern. Das 1970 von der Landesregierung verfaßte „Nordrhein-Westfalen-Programm '75" setzte die Erhaltung der Bauwerke zum Ziel, „die für die technische und wirtschaftliche Entwicklung unseres Landes charakteristisch sind". Von den zunächst ausersehenen 14 Objekten stammten 11 aus Westfalen.
Für die damals nicht dazuzählende Ravensberger Spinnerei in Bielefeld sahen Planungen aus dem Jahr 1958 eine vierspurige Nord–Süd-Tangente vor, die von der Kreuzung am mittleren, rechten Bildrand ausgehen und durch das im Park gelegene symmetrisch gegliederte Hauptgebäude verlaufen sollte. Gleichzeitig war beabsichtigt, die vor dem Rochdale-Park liegende Heeper Straße, Bildmitte links bis zur Kreuzung rechts, quer durch die Anlagen der Ravensberger Spinnerei zu führen. Die sich diesen Plänen widersetzenden Bürger gründeten die 1986 mit dem Deutschen Preis für Denkmalpflege ausgezeichnete „Bürgerinitiative Ravensberger Spinnerei" und erreichten deren Erhalt. Beistand leistete der Landeskonservator, der 1972 in seinem Gutachten die Bedeutung der Leinengarnspinnerei für die Architektur und Geschichte der denkmalarmen Stadt Bielefeld hervorhob. 1976 entwickelten Planer eine Verkehrsführung, die dem Denkmalschutz Berücksichtigung verschaffte. Im folgenden Jahr beschloß der Rat der Stadt Bielefeld die Sanierung und Wiederherstellung der seit 1971 stillgelegten Fabrikgebäude. Das Hauptgebäude wurde 1986 als „Haus der Weiterbildung" wieder eröffnet. Die nun umgenutzte Spinnerei beherbergt heute die Volkshochschule, die Stadtbildstelle und die Geschäftsstelle des Verbands Deutscher Schriftsteller. Das gesamte Gelände und die Gebäude werden unter denkmalpflegerischen Auflagen zum Ravensberger Park umgestaltet. Statt eines Verkehrsknotenpunktes entstehen hier weitere Freizeit-, Kultur- und Bildungseinrichtungen inmitten der Bielefelder Innenstadt.
Wegen der architektonischen Gestaltung bezeichnen viele die ab 1855 nach Plänen von Ferdinand Kaselowsky gebaute Ravensberger Spinnerei oft als „Fabrikschloß", das an die Stelle des fürstlichen Schlosses tritt und die sich wandelnden Machtverhältnisse eindrucksvoll demonstriert.
Ein Beispiel für die vorindustriellen Verhältnisse liefert das ab 1643 vom Kapuziner Michael van Gent erbaute Schloß Raesfeld. Seit 1170 stand hier eine im Laufe der Zeit erweiterte Turmburg. Der Vater des Auftraggebers Alexander II. von Velen war Ende des 16. Jahrhunderts in den Besitz der von hessischen Söldnern im Drei-

Ravensberger Spinnerei in Bielefeld
Flughöhe: 500 m, März 1988

ßigjährigen Krieg zerstörten Burg gelangt. In diesem Krieg erwarb Alexander II. Reichtum und Ruhm als „Wallenstein des Münsterlandes". Von den ursprünglich vier, um einen Innenhof gruppierten Flügeln der von 1733 an für rund 200 Jahre leerstehenden Hauptburg auf der Gräfteninsel existieren noch zwei. Die beiden anderen wurden im 19. Jahrhundert abgerissen. Für die Vorburg faßte Michael van Gent zwei schon bestehende Gebäude zu einem Komplex zusammen, der in Höhe des Türmchens leicht abknickt. Der Vorburg waren zwei Bastionen vorgelagert. Zur ehemals von einem umfangreichen Gräftensystem umschlossenen Anlage, bei der der eigenwillige Turmhelm der Hauptburg in der Südecke und der „Sterndeuterturm", das Observatorium Alexanders, im Südosten der Vorburg auffallen, gehören noch die Schloßkapelle St. Sebastian und die kleinparzellige Freiheit Raesfeld. Schloß und Freiheit Raesfeld bilden „eine städtebauliche Einheit, die durch ihre Ungestörtheit sehr selten ist".

Im 2. Weltkrieg erwarb der „Handwerkerverein Schloß Raesfeld e.V." die schon in den dreißiger Jahren erstmals restaurierte Hauptburg, um diese als Weiterbildungsstätte fortzunutzen. Nach einer erneuten Restaurierung 1950/51 ist Schloß Raesfeld

Wasserschloß Raesfeld im Münsterland
Flughöhe: 600 m, Aufn.-Datum: 5. 7. 87

Sitz der „Akademie des Handwerks", die 1984 auch die Vorburg erwarb. Diese wird nach einer grundlegenden Sanierung als „Fortbildungszentrum für handwerkliche Denkmalpflege" genutzt.
Raesfeld und Ravensberg sind zwei in manchem widersprüchliche und doch prägnante Beispiele der vielfältigen Möglichkeiten der Denkmalpflege in Westfalen, die noch lange Gegenwarts- und Zukunftsaufgabe bleiben wird.

Jürgen Klaukien

34 Dortmund

Das Luftbild zeigt einen Ausschnitt der Westfalenmetropole Dortmund entlang der von W nach O verlaufenden B 1. Am oberen Bildrand schließt mittig die Altstadt an. Das aufgenommene Gebiet liegt somit zwischen dem zu Beginn des 19. Jhs. noch als Landstädtchen charakterisierten Dortmund und dem Schwerindustriezentrum Hörde, wo das Vorkommen von Kohle im 19. Jh. das Betreiben von 50 Kleinzechen erlaubte. 1839 wurde die Hermannshütte gegründet, ein Puddel- und Walzwerk. Nach mehreren Fusionen und Entflechtungen bestehen heute noch das Hochofenwerk Dortmund-Hörde und östlich davon die Stahlhütte. Der im Bild gezeigte Raum lag im Spannungsfeld zwischen landwirtschaftlich genutzten Flächen, den sich ausbreitenden Wohn-, Einkaufs- und Verwaltungsbereichen von Dortmund und den Arbeitsplätzen in der Kohle- und Stahlindustrie von Hörde. Neuorientierung und Wandel im Wirtschaftsleben fanden hier ihren Niederschlag. So zeigt das Luftbild Schwerindustrie, Industriebrache, am ehemaligen Stadtrand eingerichtete Friedhöfe, Park- und Kleingartenanlagen, Sportstätten, Mietskasernen im NW und SO, Eigenheime im O und repräsentative Gebäude mit auffallenden Umrissen beiderseits der B 1.
Die Stadtplanung berücksichtigte das Gebiet erst nach dem 1. Weltkrieg. 1920 wurde mit dem Bau einer Allee begonnen, der heutigen B 1, welche die durch das Stadtzentrum führende alte Hellweglinie ablöste. Die Straße ist eine wichtige Route für den überörtlichen Verkehr. Zur Entlastung ist jüngst eine Untertunnelung für den Durchgangsverkehr in diesem Abschnitt ins Gespräch gekommen.
Mit der Allee wurde ein Volkspark eingerichtet, auf den die Kleingartenanlagen und die Sportstätten bei der 1952 neu er-

öffneten Westfalenhalle zurückgehen. Das 1974 zur Fußballweltmeisterschaft fertiggestellte Westfalenstadion rundet dieses Freizeitensemble ab. Keimzelle des östlich anschließenden Westfalenparks – eingerichtet zur Bundesgartenschau 1959 – war der bereits 1885 der Öffentlichkeit übergebene „Kaiser-Wilhelm-Hain".

Nördlich der B 1 entstanden bis zum 2. Weltkrieg mehrstöckige Mietskasernen. In den 50er Jahren als überholt angesehen, ist man sich heute der Qualität der Quartiere wieder bewußt. Ruhige, vor Straßenlärm geschützte und begrünbare Innenhöfe sowie kurze Anfahrtswege zu städtischen Einrichtungen lassen diese Wohnungen wieder attraktiv erscheinen. Eng verbunden mit diesem Viertel sind die Kleingartenanlagen.

1969 nahm die vorwiegend technisch ausgerichtete Universität ihren Betrieb auf. Sie sorgte für einen Innovationsschub und eine Ausweitung des tertiären Sektors. Ansiedlungsschwerpunkt sind die Grundstücke beiderseits der B 1. Hier errichteten und errichten Verwaltungen der Stadt, EDV-Konzerne und vor allem Versicherungen ihre repräsentativen Bürogebäude, wodurch ein großes Potential an Arbeitsplätzen vor allem für Frauen entsteht.

Lange Zeit waren Bergbau, Stahlerzeugung und das Brauwesen die wirtschaftlichen Stützen der Stadt. Der Bergbau ist inzwischen weiter nach N gewandert, die Stahlproduktion ist geschrumpft. Erhalten blieb die Bedeutung des Brauwesens. Aber auch hier blieb der Wandel nicht aus: Statt zahlloser Kleinbetriebe blieben sechs Großbetriebe bestehen. Die wirtschaftliche Bedeutung des tertiären Sektors wird weiter zunehmen.

Dortmund von der Westfalenhalle bis Hörde
Flughöhe: 2000 m, Aufn.-Datum: 26. 9. 86

NORD

Hermann-Josef Höper

35 Bergbau und Energiegewinnung im Ruhrgebiet

Das Senkrechtbild zeigt einen von Kohleabbau und Energiewirtschaft geprägten Ausschnitt aus dem nördlichen Ruhrgebiet: ein Kohlekraftwerk mit hohen Abgasschloten, Kohlelagern und den markanten Kühltürmen, eine große Abraumhalde, Schienenstränge von Betriebsbahnen und eine Kokerei. Und dazu Lagertanks der Petroindustrie, ein Schrebergarten und – gewissermaßen als Einrahmung dieses industriellen Großkomplexes – landwirtschaftliche Betriebsflächen.

Hervorgegangen ist das Kraftwerk aus dem Eigenenergiebetrieb der Zeche Scholven: Seit 1930 wurde das kleine Zechenkraftwerk in einzelnen Baustadien zu dem heutigen Großkraftwerk ausgebaut. Kern der Anlage sind fünf kohlebefeuerte Blöcke mit einer Gesamtleistung von 2220 MW. Die beiden Kühltürme im oberen Bildteil zeigen keine Wasserdampffahne: Zum Zeitpunkt der Aufnahme waren die zugehörigen Kraftwerkblöcke nicht in Betrieb. Die Tanklager rechts der Kühltürme verweisen auf die andere Brennstoffbasis dieser Blöcke. Sie werden mit schwerem Heizöl befeuert, und ihre Leistung von jeweils 714 MW wird nur zur Deckung der Spitzenlast genutzt. Die letzte Erweiterung der Anlage wurde mit dem Bau des Wärmekraftwerks Buer abgeschlossen. Es befindet sich im unteren Bildteil links neben den Kraftwerkblöcken. Da dieses Kraftwerk im Verfahren der Kraft-Wärme-Kopplung arbeitet, benötigt es keinen Kühlturm. Die Abwärme wird in das Fern-

NORD

wärmeverbundnetz eingespeist. Bei dem Betrieb der kohlegefeuerten Blöcke fallen täglich bis zu 2500 t Flugasche an. Sie wird zu 99% von den Elektrofiltern der Rauchkammern abgeschieden. Sie wird ebenso als Baumaterial verwendet wie der bei der Rauchgasentschwefelung entstehende Gips.

Die Verstromung der Steinkohle bietet dem heimischen Bergbau eine vertraglich gesicherte wirtschaftliche Basis: Über 50% der derzeitigen Fördermenge werden in Kraftwerken verbraucht. Die gegenwärtige Diskussion um die Nutzung der Kernkraft und der hohe Entwicklungsstand der Steinkohlekraftwerke lassen die Kohle als sichere und relativ umweltfreundliche Primärenergiequelle erscheinen. Diese feste Position in der Energiepolitik setzt eine zukunftsorientierte Planung voraus. Dabei sind zwei geologisch bedingte Erfordernisse zu erfüllen: das Eindringen in immer größere Tiefen und die Verlagerung des Abbaus nach Norden. Die gegenwärtig bergtechnisch beherrschbar Abbautiefe liegt bei 1500 m. Damit wäre ein Abbau der Kohle bis zu der Linie Wesel-Drensteinfurt als Nordgrenze möglich. Dem Bergbau stände damit eine Lagerstättenreserve zur Verfügung, deren Nutzung weit in das nächste Jahrhundert führte. Der Abbau in den Nordfeldern verlagert den Bergbau in das südliche Münsterland. Damit wird ein geographischer Raum erfaßt, der bisher noch wenig von industriellen Nutzungsansprüchen berührt worden ist. Es ist eine überwiegend agrarisch geprägte Kulturlandschaft mit mehr als 2000 schutzwürdigen Biotopen, mit weiträumigen grundwasserabhängigen Bereichen und einer Anzahl naturnah erhaltener Fließ- u. Stillgewässer. Auch befinden sich hier kulturhistorisch bedeutende Baudenkmale: Schloßanlagen, Wasserburgen, Kirchen und historische Ortskerne. Ihre Bestandssicherung als Baudenkmale muß ebenso in den Planungen enthalten sein wie der Naturschutz. Der Bergbau versucht, mit Anschlußbergwerken den Flächenbedarf an der Oberfläche gering zu halten. Von bestehenden Bergwerken aus wird in den Nordfeldern abgebaut. Dort werden nur Schächte für die Bewetterung und Personenbeförderung abgeteuft, und die oberirdischen Anlagen werden – wie bei dem Seilfahrtschacht Haus Aden 7 gut erkennbar – landschaftspflegerisch gestaltet. Aber welche Auswirkungen der großflächige Abbau trotz Blasversatz auf Landschaft und Kulturdenkmale haben wird, ist heftig umstritten. *Wolfgang Linke*

links u. rechts oben: Kohlekraftwerk Scholven rechts unten: Seilfahrtschacht Haus Aden 7 bei Lünen

Senkrechtbild: Flughöhe 2000 m, Aufn.-Datum: 26.9.86
Schrägbilder: Flughöhe 600 m, Aufn.-Datum: März 88

Strukturwandel im Ruhrgebiet

Seit Jahrzehnten ist das Ruhrgebiet, einer der größten industriellen Ballungsräume Europas, einem tiefgreifenden Strukturwandel unterworfen. Rund 150 Jahre lang prägten Kohle und Stahl diese Industrieregion zwischen Ruhr, Emscher und Lippe. Der Strukturwandel wurde im Jahr 1957 mit der Bergbaukrise eingeleitet. Sie verstärkte sich in den 60er Jahren und hält in ihrer Tendenz bis heute an: Preiswerte Importkohle sowie Energiealternativen (Erdöl, Erdgas, Kernenergie) verdrängten die heimische Kohle aus traditionellen Marktbereichen.

Ein Grund der strukturellen Kohlekrise liegt im Energiesektor. Ein zweiter Grund findet sich jedoch auch in den Strukturproblemen der Stahlindustrie, die eine verringerte Steinkohleabnahme zur Folge haben. Seit Mitte der 70er Jahre bewirken weltweite Überkapazitäten, insbesondere beim Massenstahl, bei gleichzeitig sinkender Nachfrage große Umstrukturierungs- und Anpassungsprobleme. Der Stahlverbrauch wurde durch Einsatz anderer Werkstoffe reduziert, gleichzeitig produzieren viele Staaten zu deutlich günstigeren Preisen. Stichworte wie Krupp/Rheinhausen oder Thyssen-Henrichshütte/Hattingen sind in der öffentlichen Diskussion, mittelfristig sind im Stahlbereich 35–40 000 Arbeitsplätze gefährdet. Da sich im Ruhrgebiet zahlreiche Unternehmen auf die Zulieferung des Bergbaus und der Stahlindustrie spezialisiert haben, sorgt der Strukturwandel auch in diesen Branchen für erhebliche Anpassungsprobleme.

Kohle und Stahl bestimmten mit ihrer einstigen Wirtschaftskraft jedoch auch die räumliche Struktur des Ruhrgebietes. Industriekomplexe wie Zechenstandorte, Kokereien und Stahlwerke nahmen große Flächen in Anspruch. Die Verkehrsinfrastruktur wurde an diesen Industriestandorten ausgerichtet und diente ihrerseits oft als Leitlinie der Siedlungsentwicklung. Um zusätzlich angeworbene Arbeitskräfte besser unterbringen zu können, errichteten die Kohle- und Stahlgesellschaften eigene Wohnsiedlungen (Kolonien) in direkter Nachbarschaft zu den Werksgebäuden. Sie bildeten – zusammen mit den Werksanlagen – oftmals den Kristallisationspunkt der weiteren städtebaulichen Entwicklung.

Die „Henrichshütte" in Hattingen, seit 1974 im Besitz des Thyssen-Konzerns, verdankt ihren Namen dem Grafen Henrich zu Stolberg-Wernigerode, der im Jahre 1854 das Werk gründete. Zwei Jahre später wurde der erste Hochofen angeblasen. Trotz verschiedener Standortnachteile (ungünstige Verkehrsinfrastruktur usw.) konnte die „Henrichshütte" im Ruhrtal expandieren, da man rechtzeitig begann, sich nicht auf Massenstahl, sondern die Herstellung spezieller Stahlprodukte zu konzentrieren.

Das Luftbild gestattet einen eindrucksvollen Überblick über den nahezu gesamten Werkskomplex der „Henrichshütte". Große flächenextensive Hallen kennzeichnen das räumliche Erscheinungsbild. Die untere Bildhälfte bestimmt das Walzwerk, ihm schließen sich nach Norden in zwei Komplexen der Schmiedebetrieb und weitere Verarbeitungsanlagen an.

Die nördliche Begrenzung des Firmengeländes erfolgt durch die Ruhr. Neben dem Walzwerk ist am linken Bildrand das Dampfkraftwerk zu erkennen, am rechten Bildrand lassen sich die Stranggießanlage und nördlich davon das Stahlwerk sowie die Stahlgießerei als zwei weitere Hallenkomplexe differenzieren. Ebenfalls gut abzugrenzen ist in der nördlichen Bildhälfte das Schrott- und Schlackenlager.

Doch auch Thyssen schreibt aufgrund des internationalen Drucks in der Stahlproduktion rote Zahlen und so beschloß der Konzern, die Stahlproduktion in der „Henrichshütte" einzustellen und an anderer

NORD

Stelle zu konzentrieren: Am 18. Dezember 1987 wurde der letzte Hochofen in der Hattinger „Henrichshütte" stillgelegt. Es folgte der Abbau von insgesamt 2900 Arbeitsplätzen. Erhalten bleibt zunächst die Weiterverarbeitung mit ihrer spezialisierten Produktpalette, sie sichert ca. 1500 Arbeitsplätze. In den 60er Jahren arbeiteten noch über 10000 Beschäftigte in der „Henrichshütte". Diese Zahlen verdeutlichen beispielhaft die gravierenden wirtschaftlichen und sozialen Auswirkungen des Strukturwandels im Montanbereich.

Ein wichtiges Element des industriellen Strukturwandels im Ruhrgebiet bilden die Industrie- und Gewerbeparks. Seit einigen Jahren wird diese Konzeption zunehmend erweitert durch die Errichtung von Technologieparks. Das Luftbild zeigt den Industriepark „Unna". Drei Komponenten prägen das Bild: – die umfangreiche Verkehrsanbindung durch Schiene und Straße (so u. a. an die BAB 44 nördlich des Industrieparks), – die planmäßige Erschließung des Geländes durch ein Wegenetz, – die Mischung verschiedener Gebäudegrößen. Letzteres deutet auf eine Ansiedlung klein- und mittelständisch strukturierter Betriebe. Neben großen Niederlassungen z. B. der Automobilbranche, die jedoch nur Verteilungsfunktion haben, sind im Industriepark „Unna" vor allem Unternehmen des Maschinen- und Apparatebaus, der Feinmechanik, der Chemie sowie der Stahl- und Kunststoffverarbeitung vertreten.

Der Beschluß zur Errichtung des Industrie- und Gewerbegebietes „Unna" wurde Ende der 60er Jahre gefaßt. Im Jahr 1970 folgte die Erstellung der ersten Betriebsgebäude. Träger des Industrieparks ist die Wirtschaftsförderungsgesellschaft des Kreises Unna. Sie berät ansiedlungswillige Firmen auch in Fragen der Standortanalyse, der Finanzierung und der Ausschöpfung öffentlicher Förderungsmöglichkeiten. Wenn auch bisher nicht alle Flächen besetzt werden konnten, läßt sich trotzdem ein positives Zwischenresümee ziehen: Ca. 90 Betriebe unterschiedlicher Größe wurden bisher angesiedelt, nach dem endgültigen Ausbau des Industrieparks werden etwa 2000–2500 Arbeitsplätze zur Verfügung stehen.

Martin Greifenberg

links: Industriepark Unna
Flughöhe: 2200 m, Aufn.-Datum: 1. 10. 87

rechts: Die Henrichshütte in Hattingen/Ruhr
Flughöhe: 600 m, Aufn.-Datum: März 88

Die Stadt Wuppertal wird in ihrer Struktur, ihrem Verlauf und auch ihrer Größe durch die tektonisch vorgezeichnete Senkungszone der Wupper-Ennepe Mulde geprägt. Die von Vohwinkel mit dem Sonnborner Kreuz am linken Bildrand bis Oberbarmen mit der Endstation der Wuppertaler Schwebebahn am rechten Bildrand reichende Bildsequenz verdeutlicht dabei den Charakter als Bandstadt in besonderer Weise. Dies wird aber noch zusätzlich durch die vorwiegend parallel zur Talachse verlaufenden Verkehrsanlagen des Eisenbahn- und Straßenverkehrs betont. Der Untergrund der von West-Südwest nach Ost-Nordost verlaufenden Mulde baut sich aus mitteldevonischem Massenkalk auf, der von Wuppertal bis nach Warstein und Brilon zu verfolgen ist und als Saumriff eines nördlich gelegenen Festlandes entstand. Zwischen den ebenfalls variskisch streichenden Höhenzügen des Remscheid-Altenaer Sattels im Süden und des Velberter Sattels im Norden hat sich die Wupper im Bereich der Wuppertaler Kalksenke 150 m tief in die Bergische Hochfläche eingeschnitten. Dabei ist die Senke durch eine Reihe von Talengen und -weiten in sich gegliedert. Im Luftbild lassen sich die Talweiten als stark bebaute Bereiche, die Talengen vorwiegend als Waldflächen erkennen.

Die wirtschaftliche Entwicklung Wuppertals setzte im Mittelalter mit dem Garnbleichen ein, für das sich das weiche kalkarme Wasser der Wupper besonders gut eignete. Später, mit dem Privileg der ‚Garnnahrung' versehen, entstanden in Barmen und Elberfeld weitere Textilgewerbe wie die Wirkerei, Flechterei, Weberei und Färberei, mit der Industrialisierung zu Beginn des 19. Jhrts. zudem zahlreiche Zulieferbetriebe, die den Aufbau einer weit gefächerten Chemie-, Maschinenbau- und Elektroindustrie einleiteten. Als Erbe dieser frühen Industrialisierung läßt sich noch heute das enge Nebeneinander von Wohnbebauung und industrieller/ge-

37 Wuppertal

Panoramabild aus 4 Aufnahmen

Der archäologische Park Xanten

Das heutige Xanten ist aus einer mittelalterlichen Gründung hervorgegangen. Die Altstadt hebt sich im Luftbild als hohes, von einer Grünzone umrahmtes Rechteck deutlich von Wohnsiedlungen jüngeren Datums ab. Erkennbar ist insbesondere der von Bäumen umstandene Immunitätsbezirk rund um den doppeltürmigen Dom St. Viktor und der sich im Süden anschließende Markt als Mittelpunkt der späteren Kaufmann- und Bürgerstadt. Nach der kommunalen Neuordnung zu Beginn der 1970er Jahre ist Xanten heute mit etwa 16000 Einwohnern eine lebendige Kleinstadt am Niederrhein, die ihr kulturelles Erbe in besonders geglückter Weise mit urbaner Lebensqualität in Einklang zu bringen versteht.

Xantens Geheimnis und sicher eine seiner größten Attraktionen verbirgt sich unter einem rund 70 Hektar großen Areal nordwestlich der heutigen Altstadt: Die von den Römern um 100 n. Chr. gegründete „Colonia Ulpia Traiana", neben Köln damals die einzige Stadt in der römischen Provinz Niedergermanien, die diesen Namen verdiente. Hier lebten im zweiten und dritten nachchristlichen Jahrhundert rund 10000 Menschen. Zu Beginn der Völkerwanderungszeit wurde die nach ihrem kaiserlichen Gründer Trajan genannte Colonia zerstört und in kleinerem Umfang noch einmal neu erbaut, bevor sie um 350 n. Chr. aufgegeben wurde. Die römische Ansiedlung begann zu zerfallen. Die ersten Christen, die sich hier später ansiedelten, mieden die „Geisterstadt". Sie errichteten auf dem außerhalb der Mauern gelegenen Friedhof eine kleine Kirche über den Gräbern von zwei offenbar als christliche Märtyrer gestorbenen Römern. Aus diesem religiösen Zentrum erwuchsen während des christlichen Mittelalters das Kanonikerstift und die Stadt. Dieser Ort „bei den Heiligen" (ad sanctos) gab ihr den Namen: Xanten. Während die neue Siedlung bescheiden wuchs, diente die alte als Steinbruch. Die einst im Siebengebirge und in der Eifel gebrochenen und mit Lastkähnen an den Niederrhein transportierten Steine wurden während des Mittelalters als begehrtes Baumaterial bis nach Friesland und Dänemark exportiert. Nachdem die Römerstadt bis auf ihre Fundamente abgetragen war, gab es keine sichtbaren Zeugen mehr für das, was hier einst gewesen war. Nur eine vage Erinnerung blieb lebendig. Die wissenschaftliche Erforschung der „CUT", wie die Archäologen die Colonia Ulpia Traiana nach ihren Anfangsbuchstaben nannten, begann spät. 1935 legten Mitarbeiter des Rheinischen Landesmuseums Bonn in der Südostecke des Areals die Reste des einstigen Amphitheaters frei. In regelrechten Zugzwang gerieten die Wissenschaftler, als nach dem Zweiten Weltkrieg, der das mittelalterliche Xanten weitgehend zerstört hatte, neue Nutzungspläne auch für das bisher kaum erschlossene Umland erstellt wurden. Gezielte Notgrabungen, die der Ansiedlung von Industriebetrieben vorausgingen, übertrafen in ihren Resultaten alle Erwartungen der Fachwelt. Anfang der 70er Jahre nahm ein Alternativplan, der auf die Rettung der alten Colonia zielte, Gestalt an.

Die Grabungen bestätigten die Annahme, daß es sich hier um eine römische Planstadt handelte, wie sie nach dem Entwurf des Hippodamos einheitlich in allen Provinzen des Weltreichs angelegt wurde. Eine etwa 6,60 Meter hohe und fast vier Kilometer lange Mauer umschloß ein 73 Hektar großes Areal, das von einem rechtwinkeligen Achsenkreuz in vier Quadranten geteilt wurde. Diese Viertel sind durch ein Netz von Nebenstraßen in quadratische Blöcke („insulae") zerschnitten, die, aus der Luft betrachtet, an ein Schachbrett erinnern. In der Stadtmitte befanden sich die meisten öffentlichen Gebäude. Ein Aquädukt, das die Stadt mit Quellwasser versorgte, war ebenso vorhanden wie ein dichtes Netz von Abwasserkanälen. Eine strenge Bauordnung verwies die wohlhabenden Bürger in den Westen der Stadt, während die Handwerker und Händler sich im Osten anzusiedeln hatten, wo jenseits der Mauer ein heute versandeter Rheinarm als Hafen diente.

Die Schrägaufnahme zeigt die teilweise neu erbaute römische Stadtmauer und die wichtigsten bisher erschlossenen Bauten. Im Vordergrund das Amphitheater, das Platz für 12000 Zuschauer bot und das in einem Viertelsegment als Freilichtbühne wiederhergestellt wurde. Bei dem in der Mitte erkennbaren Haus mit verbindendem Mitteltrakt handelt es sich offensichtlich um eine einstige Herberge. Im oberen Bildteil schließlich der nach Ausgrabungsbefunden teilrekonstruierte Hafentempel. Man hat einige der einstmals 24 Säulen, die den Kultraum umgaben, in ihrer vollen Höhe von 14 Metern wiederhergestellt, um einen Eindruck ursprünglicher Proportionen zu vermitteln.

Schon heute können sich die Besucher selbst einen Eindruck von der Mühsal archäologischer Arbeit verschaffen. Sie dürfen z.B. in einer Steinmetzhütte am Haupttempel den Handwerkern zuschauen und sich an römischen Spielen versuchen. Zum Abschluß gibt es nach authentischem Rezept gebackenes „römisches" Brot ... Dabei gehen die Pläne der Archäologen weiter. Sie denken sogar daran, nach der Auskiesung des Altrheinarmes die ursprüngliche Hafensituation wiederherzustellen. Xanten hat seine Vergangenheit als Attraktion entdeckt. Für sich und für seine Gäste. *Volker Jakob*

links: Xanten am Niederrhein
Flughöhe: 2200 m, Aufn.-Datum: 20. 9. 86

rechts: Rekonstruierte Römerbauten
Flughöhe: 600 m, Aufn.-Datum: 20. 9. 86

Verkehrsknoten Rhein–Ruhr

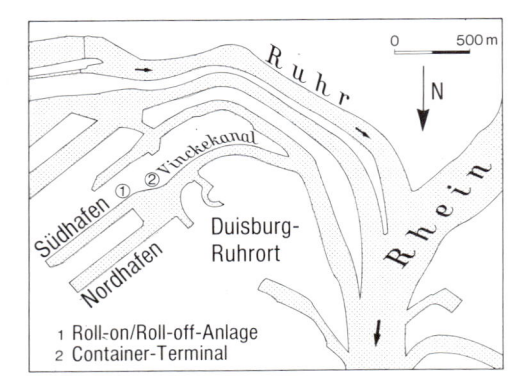

Im Verknüpfungsbereich von Ruhrgebiet und Rheinschiene konzentrieren sich im unteren Ruhrmündungsgebiet eine Vielzahl von Verkehrsanlagen des Wasser-, Eisenbahn- und Fernstraßenverkehrs. Dazu zählt vor allem der Rhein-Ruhr-Hafen Duisburg, der größte Binnenhafen der Welt. Er setzt sich aus 12 privaten Industriehäfen sowie den Öffentlichen Häfen Duisburgs zusammen, wobei der Duisburg-Ruhrorter Hafen das Kernstück des gesamten Hafenkomplexes ist. Er entstand um die Mitte des 18. Jhrts. als Kohlenumschlagplatz für die auf der Ruhr transportierten Kohlen auf größere Rheinschiffe. Diese Funktion blieb auch nach der Einstellung der Ruhrschiffahrt mit der Anlieferung der Kohlen durch die Eisenbahn erhalten. Dabei war das Versandgut Kohle zeitweise bis zu über 90 % am Gesamtumschlag beteiligt. Flächenmäßig seine größte Ausbreitung erreichte der Hafen 1914 und 1926 mit fast 28 Mio. t die bisher höchste Umschlagziffer. Der Strukturwandel des Duisburg-Ruhrorter Hafens setzte direkt nach dem 2. Weltkrieg ein. Erze, Mineralöle und Eisen/Stahl/NE-Metalle haben die Kohle als Hauptumschlaggut verdrängt. Heute überwiegt auch der Empfang deutlich vor dem Versand. Die neuesten Veränderungen sind im Luftbild am Nordhafen zu erkennen, der, heute ungenutzt, bis 1983 als Erzhafen für die Thyssen-Stahl-AG diente. Das weiterhin benötigte Erz wird jetzt im werkseigenen Hafen Schwelgern entladen. Als positive Entwicklungen sind der Bau einer Roll-on/Roll-off-Anlage für Schwergut- und Trailerverladung im Südhafen, 1983 und 1984 der Container-Terminal am Vinckekanal anzuführen. Damit zielt man auf die Förderung des Umschlags hochwertiger Güter, wie z. B. auch die Halle für witterungsunabhängigen Umschlag am Südhafen belegt. Zudem versucht man, die Seehafenfunktionen auszubauen und mit der Schaffung eines Freihafenbereiches den Rhein-Seeverkehr zu intensivieren. Damit könnte ein Großteil nicht mehr benötigter Hafenflächen erneut genutzt und der Umfang der Umschlagsgüter vergrößert werden. So spiegelt der Hafen auch die Strukturverändenrungen des Rheinisch-Westfälischen Industriegebietes wider.

Die 1958 einsetzende Kohlenkrise und die seit 1975 andauernde Stahlkrise haben aber nicht nur zum Strukturwandel des Duisburg-Ruhrorter Hafens geführt, sondern gleichzeitig unfreiwillig dazu beigetragen, daß die Zahl der die Umwelt belastenden Schornsteine verringert wurde. Zusammen mit drastischen Umweltauflagen hat dies zur deutlichen Verbesserung der Umweltsituation beigetragen.

Die verkehrsgeographische Bedeutung Duisburgs beruht aber nicht nur auf dem Zusammentreffen der Wasserstraßen Rhein, Ruhr, Schiffahrtskanal und Rhein-Herne-Kanal, sondern auch auf der Einbindung in das Europäische Eisenbahn- und Fernstraßennetz, deren Verkehrstrassen sich hier verbinden und kreuzen.

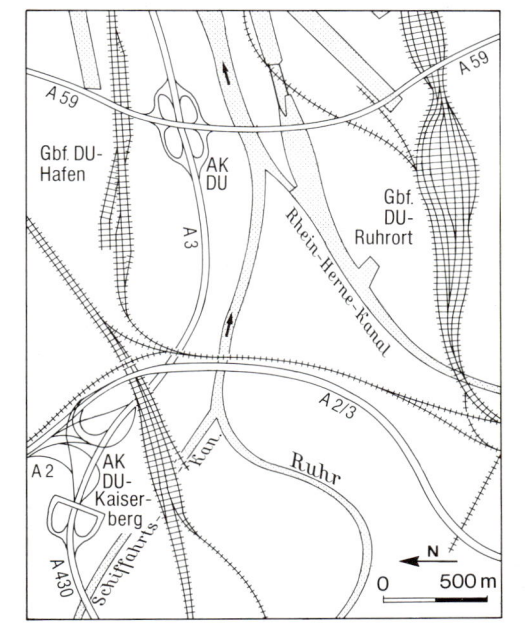

Besonders markant sind die beiden Autobahnkreuze Duisburg und Duisburg-Kaiserberg im Luftbild zu erkennen, wobei letzteres den Spitznamen Spaghettiknoten erhielt. Das dreigeschossige Autobahnkreuz trennt die von Oberhausen kommende A 2/3 in die A 2 Richtung Köln und A 3 Richtung Venlo unter Einbeziehung der A 430, der ehemaligen B 1. Die A 59 trägt als Stadtautobahn, aber auch als Ausweichstrecke zwischen den Autobahnkreuzen Duisburg-Oberhausen und Duisburg-Kaiserberg zur Entlastung der A 2/3 bei. Relativ große Flächen nehmen die Güterbahnhöfe des Duisburg-Ruhrorter und des Duisburger Hafens ein, deren Hauptumschlag auch heute noch auf die Eisenbahn geht. Der Weitertransport erfolgt dabei zu etwa gleichen Teilen durch die Deutsche Bundesbahn und eine private Eisenbahngesellschaft.

Hans Martin Reimers

links: Der Ruhrorter Hafen
Flughöhe: 2200 m, Aufn.-Datum: 20. 9. 86

rechts oben: Himmel über Duisburg
Aufn.-Datum: 16. 9. 87

rechts unten: Das Ruhrtal bei Duisburg
Flughöhe: 2600 m, Aufn.-Datum: 30. 9. 87

Landeshauptstadt Düsseldorf

Seit der ersten urkundlichen Erwähnung Mitte des 12. Jhds. blickt die Stadt auf nunmehr 700 Jahre Stadtgeschichte zurück, die mit der Verleihung der Stadtrechte 1288 begann. Die Herzöge von Jülich-Berg wählten die Stadt im 15. Jhd. zur festen Residenz, 1685 wurde Düsseldorf für 31 Jahre Sitz des pfälzischen Kurfürsten.

Mit der Verlegung der Residenz nach Mannheim gingen die zuvor recht intensiven städtebaulichen Aktivitäten stark zurück. Dies änderte sich erst, als die Stadt 1806 unter Napoleon I. zur Hauptstadt des neuen Großherzogtums Berg wurde. 1815 fiel die Stadt an Preußen und wurde Sitz des Regierungspräsidenten. Damit konnte die Stadt an die Tradition als Regierungsstadt anknüpfen und wurde bis heute ausgebaut und erweitert. Jüngstes Beispiel hierzu ist der im Bild rechts sichtbare Baukomplex südlich des Rheinknies. Unmittelbar zwischen Fernsehturm und Rheinkniebrücke gelegen, beherbergt das Gebäude den Düsseldorfer Landtag. Etwa 700 m entfernt fanden zum Zeitpunkt der Befliegung auf den immer noch hochwassergefährdeten Oberkasseler Rheinwiesen die Feiern zum 40-jährigen Bestehen des Landes Nordrhein-Westfalen statt. 1987 zählte die Stadt 560 000 Einwohner auf einer Gesamtfläche von 217,09 km².

Die Stadtteile Altstadt, Karlstadt, Pempelfort, Golzheim und Oberkassel (rechtes Bild), sowie Friedrichstadt, Oberbilk und Wersten mit dem Universitätscampus im Süden von Bild links, können die Entwicklung des Stadtbildes während der vergangenen 5 Jahrhunderten, wenn auch unvollständig, nachzeichnen. So sind der inter-

NORD

nationale Flughafen, Kongreß- und Messezentrum, weltbekannte Firmen des Maschinenbaus, Walz- und Röhrenwerke, chem. Fabriken sowie Unternehmen der Glasproduktion und Eletrotechnik außerhalb der gewählten Bildausschnitte.
Die ältesten Teile der Besiedlung finden sich auf dem rechten Rheinufer zwischen den Schrägseilkonstruktionen der Rheinkniebrücke im Süden und der Oberkasseler Brücke in der Bildmitte. Die im Norden erkennbare Th.-Heuss-Brücke verbindet die Stadtteile Niederkassel und Golzheim auf dem rechten Rheinufer. In den unregelmäßig verlaufenden, auch im Luftbild deutlich erkennbaren Straßen der Altstadt mit ihrer engen Bebauung finden sich heute originelle Lokale und Bierstuben, Modeboutiquen und bekannte Antiquitätenhandlungen. Zwischen Altstadt und Rhein, süd-östl. der Schiffsanleger am Schloßufer, liegen Rathaus (16. Jhd.) und Schloßturm (13. Jhd.). Der Bebauungsgrundriß der Folgezeit (17. u. 18. Jhd.) im Stadtteil Karlstadt, südl. an die Altstadt anschließend, zeigt im Gegensatz hierzu eine langfristig angelegte Planung und großzügige Raumaufteilung im Stadtgebiet. Rechtwinklig aufeinandertreffende, weite Straßenzüge mit repräsentativen Gebäuden bestimmen in der Karlstadt (Bild rechts), wie in der Friedrichstadt (Bild links, nordwestl. Bildausschnitt) das Stadtbild. Mit in die stadtplanerische Gesamtkonzeption einer repräsentativen Regierungszentrale gehörten die Anlagen von Wasserflächen (Spee's Graben, Schwanenspiegel und Kaiserteich südl. der Karlstadt) wie die Gestaltung eines Hofgartens, der die Stadt nach Norden hin begrenzte. Der alte Stadtgraben, er ist durch die beiden parallelen Baumreihen im südlichen Anschluß an den Hofgarten im Bild rechts erkennbar, fügt sich nahtlos an das Straßenmuster der Karlstadt. Beiderseits verläuft die traditionsreiche Flanierstraße, die Königsallee (kurz „Kö") mit eleganten Geschäften und Straßencafés.

Mit dem gründerzeitlichen Ausbau der Stadt und dem Bau von Eisenbahnen bis an die Grenzen des damaligen Stadtgebiets wird der traditionelle Grundriß verlassen. Die schnell anwachsende Wohnbevölkerung findet zu Beginn des Industriezeitalters in Mietskasernen Raum, die im Bild links als geschlossene Häuserzeilen neben der Eisenbahnlinie erkennbar sind. Die Straßenzüge, sie gruppieren sich meist um einen zentralen Platz, tragen häufig Namen bekannter Persönlichkeiten jener Zeit: Borsigstr., Siemensstr. usw. Die Kruppstraße, sie schneidet die Bahnlinie im rechten Winkel, führt in das nahe Schwerindustriegebiet, das am nord-westl. Bildrand gerade noch angeschnitten wird. Auch in D.-Oberkassel (Bild rechts) finden sich geschlossene Häuserzeilen entlang der Straßen. Hier allerdings weisen Grünanlagen und zahlreiche Bäume in parkähnlichen Hinterhöfen auf eine andere Wohnbevölkerung hin. Nicht umsonst zählt Oberkassel zu den bevorzugten Wohnlagen der Stadt.
Die Erschließung der Stadt für den Individualverkehr stellt in den beiden Bildern die augenfälligste Veränderung im Stadtbild seit dem 2. Weltkrieg dar. Brückenneubauten und eine Anzahl von Stadtautobahnen besorgen den Anschluß an das Fernstraßennetz. Um den Flächenbedarf zu reduzieren, werden Teile der Straßen in Tunnels geführt. Im Süden von Bild links quert die A 46 den Universitätscampus, ohne ihn in einen nördlichen (med. Fakultät) und in einen südlichen (Natur- und Geisteswissenschaften) zu zerteilen. Östlich daran anschließend bietet das Gelände der Bundesgartenschau mit Teichen und Feuchtwiesen, ebenso wie die zahlreich in den Bildern erkennbaren Freizeiteinrichtungen, einen Eindruck von den Anforderungen, die Bürger heute an ihre Stadt stellen.

Ralph Hansen

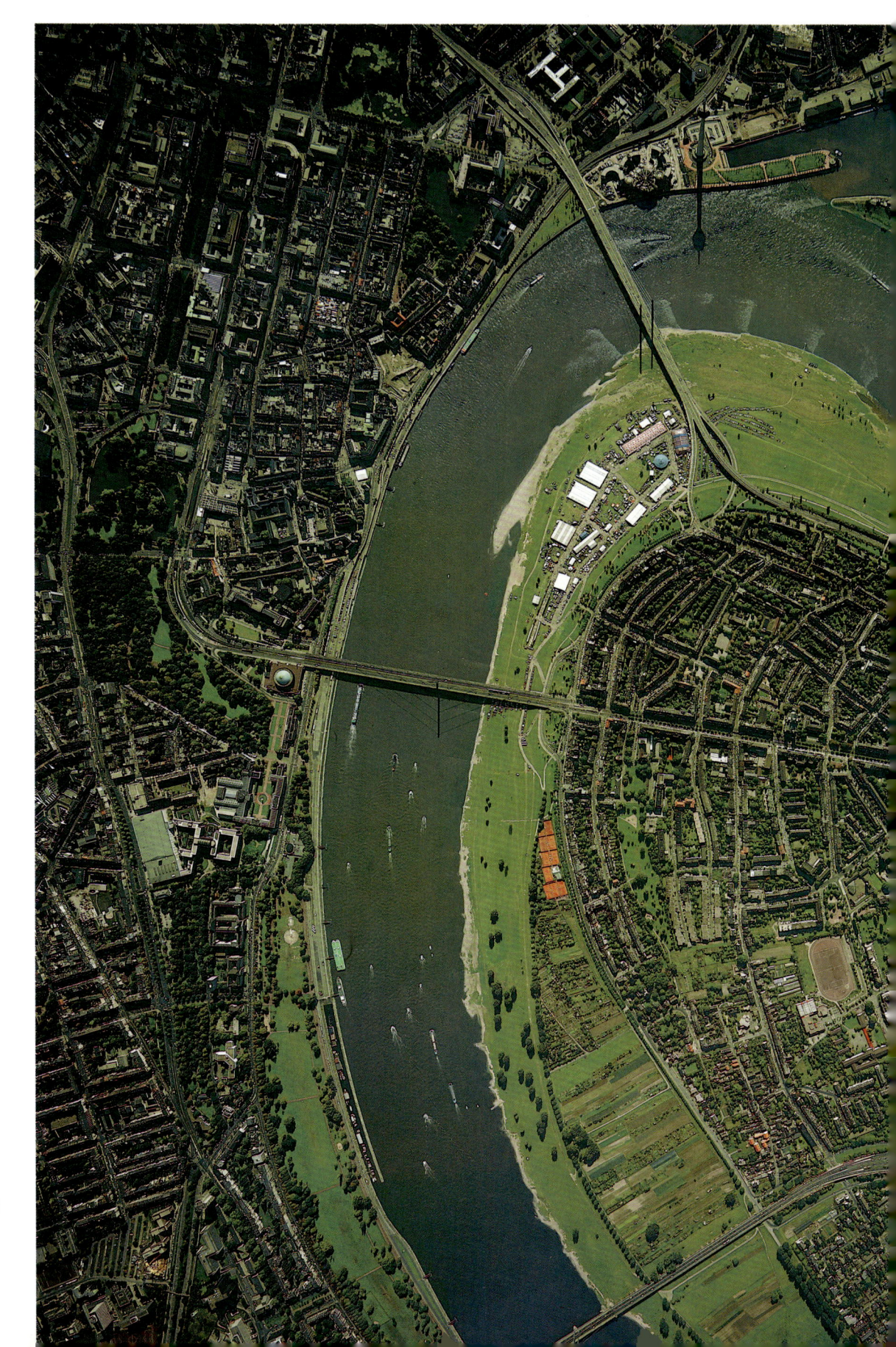

links: Gelände der Universität und Bundesgartenschau
Flughöhe: 2400 m, Aufn.-Datum: 5. 7. 87

rechts: Düsseldorf-Zentrum und -Oberkassel
Flughöhe: 2500 m, Aufn.-Datum: 20. 9. 86

NORD

41 Flughafen Düsseldorf

Der Rhein-Ruhr-Flughafen Düsseldorf steht heute – 60 Jahre nach seiner Eröffnung am 19. 4. 1927 – an 2. Stelle in der Rangliste der deutschen und an 14. Stelle der größten europäischen Verkehrsflughäfen. Seine bedeutende Stellung verdankt der Flughafen seiner hohen Benutzerfreundlichkeit, die sich dem steigenden Verkehrsbedarf stetig angepaßt hat. Bis zum Jahre 1971, dem Zeitpunkt der Aufnahme des linken Bildes, hatte sich das Verkehrsaufkommen mehr als vervierfacht. Hierfür waren das Wirtschaftswachstum des Rheinisch-Westfälischen Industriegebietes, des Einzugbereiches des Flughafens, und die wachsende Nachfrage nach Pauschalreisen entscheidend. Mit 4,29 Mio. Geschäfts- und Urlaubsreisenden erreichte das Fluggastaufkommen 1971 sein bis dahin höchstes Ergebnis. Allein 1,69 Mio. (= 40,4%) entfielen davon auf den Nichtlinienverkehr mit seinen Zielflughäfen in den Urlaubsländern am Mittelmeer. Für das Check-in der Charterflugpassagiere stand seinerzeit das Terminal 1 im südlichen Teil des Flughafengeländes (unterhalb der Sportanlage am rechten oberen Bildrand) zur Verfügung. In der baulichen Struktur wird es von dem zentralen Baukörper des Flughafens, dem Terminal 2, übertroffen. An dessen leicht winklig gebauter Empfangs- und Schalterhalle grenzt in Höhe der Remise, dem Fahrzeug- und Gerätepark (Vorfeld im rechten Bildrand), das T-förmige Warte- und Abfertigungsgebäude für den Linienverkehr und für die Ferntouristikflüge an.

Räumlich getrennt von der Passagierabfertigung liegt weiter im Nordosten – parallel zu der Start- und Landebahn – das in den 60er Jahren fertiggestellte und auf einen jährlichen Frachtumschlag von 50 000 t konzipierte Luftfrachtzentrum. Mit einem Längstrakt von über 200 m und einem Flächenpotential an Lager- und Büroräumen von 20 030 m² zieht es sich im östlichen Teil (oberhalb der Bildmitte) an dem separaten Vorfeld hin. Den Belangen des Frachtverkehrs war mit dem Neubau des Luftfrachtzentrums hinreichend Rechnung getragen worden. Doch dem Aufkommen im Personenluftverkehr waren die Abfertigungsanlagen kaum noch gewachsen. Vor allem im Terminal 1, der Abfertigungshalle des Charterflugverkehrs, waren die Kapazitäten ausgeschöpft. Sollten im Flugtourismus die Zuwächse der 60er Jahre weiterhin anhalten, so war eine Erweiterung der Verkehrsanlagen vordringlich. In den Folgejahren wurde Terminal 2 zum Zentralgebäude für den Linien- und Charterverkehr ausgebaut. Es erstreckt sich heute in Form eines Halbbogens von der Gepäcksortierhalle (links neben dem Terminal 1) bis hin zur Flugzeughalle mit dem anschließenden Luftfrachtzentrum (unterhalb der Bildmitte). Ca. 430 m lang ist das mehrgeschossige Gebäude des Terminals 2; auf den beiden Etagen der Ankunfts- und Abflugebene haben 55 Luftverkehrsgesellschaften ihre Abfertigungsschalter neben Restaurants, Banken und Geschäften. Deren Verkaufsflächen gehen z.T. in einen der Flugsteige über. Während der mittlere, Flugsteig B, schon 1971 bestand (siehe Aufnahme 1971), wurden Flugsteig A (links neben Flugsteig B) 1977 und Flugsteig C Anfang 1986 in Betrieb genommen. Für die Passagierabfertigung im Charterverkehr ist damit das langjährige Provisorium im Terminal 1 aufgehoben. Denn Flugsteig C dient ausschließlich dem Nichtlinienverkehr. Über eine der insgesamt 28 Fluggastbrücken – entsprechend der Zahl der Flugzeugpositionen – gelangen die Passagiere von oder an Bord der Maschine. Nach der Be- und Entladung werden die Flugzeuge z.T. mit Schlepperhilfe wieder in Rollposition gebracht, um dann über die Rollbahn M zur weiter nördlich gelegenen 3000 m langen Hauptstartbahn 06/24 (unteres Bilddrittel) zu gelangen. Etwa 840 Maschinen

im Linienverkehr starten von hier wöchentlich von und nach 76 Städten in vier Kontinenten. Weitere 370 Abflüge im Charterverkehr kommen laut Sommerflugplan pro Woche noch hinzu.
Die Bedeutung des Flughafens Düsseldorf als Verkehrsstation und Standortfaktor für Wirtschaft, Handel und Industrie hat sich gegenüber den frühen 70er Jahren drastisch gewandelt. Dies belegen nur zu gut die enormen Zuwachsraten von 146,2 % im Charter- und 72,7 % im Linienluftverkehr, ferner das Anwachsen im Luftfrachtverkehr um 32,6 % und nicht zuletzt die 34 % Steigerung des Luftpostaufkommens. Gleichzeitig kommt dem Flughafen eine weitere Bedeutung zu, nämlich die eines Wirtschaftsunternehmens. Er ist Arbeitgeber für 7500 Personen in 154 Betrieben und Dienststellen. Das sind gegenüber 1977 gut 2100 Beschäftigte mehr, von denen ein Großteil im Baugewerbe tätig ist. Denn seit Jahren vergibt die Flughafenverwaltung Aufträge, wie beispielsweise 1985 für den Bau des Parkhauses 3 (Baulücke unterhalb der Bildmitte). Mit der Fertigstellung dieses Bauvorhabens werden 4000 Einstellplätze geschaffen sein. Sie werden das Fassungsvermögen der beiden Parkhäuser 1 und 2 sowie das der riesigen Parkplätze seitlich des Terminals 2 (Bildmitte) ergänzen.

links: Flughafen Düsseldorf 1971
Flughöhe: 2700 m, Aufn.-Datum: 8. 7. 71

rechts: Flughafen Düsseldorf 1987
Flughöhe: 2500 m, Aufn.-Datum: 20. 9. 86

NORD

Das wachsende Umweltbewußtsein steht auch hier wirtschaftlichen Interessen gegenüber. Ansprüche auf Kostenerstattung für Schallschutz und Forderungen auf Ausgleichszahlungen für Wertminderung werden nicht nur von der Bevölkerung des Stadtteils Rath (oberes Bilddrittel) geltend gemacht. *Angela Schöppner*

Petrochemie am Niederrhein

Die chemische Industrie besitzt einen hohen Energie- und Wasserbedarf. Die Heranführung der Rohstoffe und der Versand der erzeugten Zwischen- und Endprodukte ist aufwendig. An den Standort für chemische Industrie sind folglich Bedingungen zu knüpfen: günstige Möglichkeiten der Beschaffung von Energie und Wasser; eine gute Anbindung an das Straßen-, Schienen- und Wasserstraßennetz; billige Rohstoffanlieferung und gute Absatzmöglichkeiten an Endverbraucher oder weiterverarbeitende Industrie.

In idealer Weise erfüllt die Kölner Bucht mit dem Braunkohlerevier im Westen, Pipelineverbindungen nach Rotterdam und Wilhelmshaven, dem Rhein und der günstigsten Verkehrslage zu den westeuropäischen Industrieagglomerationen diese Bedingungen. Daher war es nur folgerichtig, wenn sich im 20. Jh. rund um die Stadt Köln ein Ring petrochemischer Industrie entwickelte. Zwei Beispiele seien vorgestellt: Wesseling im südlichen Zipfel der Kölner Bucht und Köln-Niehl, nördlich der Stadt gelegen.

Das Luftbild „Wesseling" zeigt im Zentrum die petrochemischen Anlagen der Union Rheinische-Braunkohlen Kraftstoff AG (UK), geteilt in zwei Bereiche: das Tanklager westlich der B 9 und den Prokuktionsbereich zwischen der Bundesstraße und dem Rhein. Das Zentrum von Wesseling wird am unteren Bildrand angeschnitten. In der oberen Bildhälfte verraten lange und schmalparzellige Fluren, Gewächshäuser und deutlich erkennbare Feuchtspuren von Sprinkleranlagen Gemüseanbau. Unmittelbar fällt die für petrochemische Anlagen typische offene Bauweise mit einer Vielzahl von Tanks, Rohrleitungen und Schornsteinen auf. Beim Raffinieren müssen große Stoffmengen auf hohe Temperaturen erhitzt und wieder abgekühlt, auf hohen Druck gebracht und wieder entspannt werden. Der Umfang der hierfür erforderlichen Anlagen und Sicherheitsgründe bedingen die Produktion unter freiem Himmel. Bei genauerem Einsehen bemerkt man den Ölhafen, den Schienenanschluß und die Straßenverbindung zur Autobahn 555. Ganz offensichtlich werden im nördlichen Bereich der Werksanlagen die Endprodukte gespeichert und verladen.

Ein Blick auf die Firmengeschichte von UK zeigt Wandlungen auf. 1937 wurde das Werk gegründet und 1941 konnte mit der Hydrierung von Braunkohle die Produktion von Kraftstoffen eingeleitet werden. Braunkohle blieb auch in der Nachkriegszeit zunächst der Rohstoff. In Abschnitten wurde dann auf Ölverarbeitung umgestellt und neben der Produktion von Mineralölen die Spezialisierung auf eine Palette von etwa ein Dutzend petrochemischer Endprodukte gesteigert. Nur so

EXXON-Chemical GmbH bei Köln-Niehl
Flughöhe: 2500 m, Aufn.-Datum: 20. 9. 86

NORD

konnten wachsende Lohnkosten und kostenintensive Umweltschutzmaßnahmen aufgefangen werden. 1981 wurde eine fünfstufige biologische Abwasseraufbereitung in Betrieb genommen und 1987/88 stieg man mit der Gründung der Union Piepho in den Entsorgungssektor ein. Umweltschutz ist längst nicht mehr nur kostensteigernd, sondern kann der petrochemischen Industrie neue Marktmöglichkeiten erschließen. Dienten Hydrierverfahren in der Anfangsphase zur Kohleverflüssigung und Kraftstoffgewinnung, so dienen sie heute zur Veredelung von Rohölprodukten und morgen vielleicht zur Erzeugung alternativer Rohstoffe.

Eine andere Entwicklung als in Wesseling nahmen in Köln-Niehl die Anlagen der ESSO-Chemie GmbH, heute Deutsche EXXON Chemical GmbH, neben den Fordwerken am Rhein. Die Aufnahme wurde während der Phase großflächigen Abbaus von Kapazitäten und der Umstellung der Produktion gemacht. Der im Zentrum des Bildes zu sehende Steamkracker mit dem hohen Schornstein, wo Ethylen erzeugt wurde, ist inzwischen abgerissen worden. U. a. führte der Preisverfall infolge Überproduktion zu einer Umstrukturierung auf spezielle Produktionsverfahren. Am nördlichen Rand des Areales steht heute eine Anlage zur Herstellung von

Raffinerie und Tanklager der UK bei Wesseling
Flughöhe: 2500 m, Aufn.-Datum: 20. 9. 86

CO-Polymeren als Fließverbesserer (z. B. in Dieselkraftstoff = Superdiesel). In der Halle (rechts oberhalb der Bildmitte) wurde eine für Europa einmalige Anlage in Betrieb genommen: Hier werden chemische Produkte erzeugt, mit denen sich die Eigenschaften von Kunststoffen verändern lassen. (Einsatz z. B. bei flexiblen Autostoßstangen). Und der Umweltschutz? Die Anlage ist autark, d. h. aus der Halle entweichen keine Emissionen. Das Produkt wird als Granulat geliefert.

Hermann-Josef Höper

Köln: Messe – Museen – Medien

Die erste Siedlung an der Stelle des heutigen Köln entstand durch die von den Römern erzwungene Umsiedlung der Ubier auf linksrheinisches Gebiet in den letzten Jahrzehnten vor der Zeitenwende. Die Lage dieses *oppidums* am Rhein sollte sich im Verlaufe der Geschichte als verkehrsgünstig erweisen. Heute z. B. liegt Köln zentral zu den industriellen Ballungsräumen des Rhein-Ruhr-Reviers, des Rhein-Main-Gebietes und des niederländisch-belgischen Industrieraumes.
50 n. Chr. wurde das Ubier-*oppidum* in den Rang einer römischen *colonia* erhoben und mit einer festen Mauer von fast 4 km Länge umgeben. Die nordöstliche Mauerecke lag dort, wo sich heute Gleise und neuerrichtete Museumsanlagen östlich des Domes scheinbar berühren. Von hier aus verlief die Mauer bis zum Römerturm, im Schrägluftbild gut auszumachen an der hohen Fassade des S–N errichteten Intercontinentalhotels. Die Mitte der Westmauer ist durch den baumbestandenen rechteckigen Neumarkt markiert, wo die Straße nach Aachen die Stadt verließ. 310 wurde eine erste, über 400 m lange Dauerbrücke zum rechtsrheinischen Kastell Divitia (Deutz) errichtet, einem Vorposten zur Sicherung des landwirtschaftlich genutzten Vorlandes. Nach Abzug der römischen Truppen 406/407 erfolgte die Umwandlung in eine fränkische Stadt fließend. Noch vor der Jahrtausendwende wurde der alte Rheinarm, der bis dahin als Hafen gedient hatte, zugeschüttet, die Stadt über den Heumarkt und Alten Markt hinaus bis zum heutigen Rheinufer ausgedehnt. 1180 wurde die in einem großzügigen Halbkreis geführte mittelalterliche Stadtbefestigung errichtet. Beim O-W ausgerichteten, länglichen Rechteck des Friedrich-Ebert-Platzes, dem ehemaligen Sicherheitshafen am Rhein beginnend, läßt sich die mittelalterliche Umwehrung im Zuge der breiten Ringstraße gut verfolgen. 700 Jahre, bis 1881 sollte sich die Stadt in diesen Grenzen halten.
Ein städtebaulich wichtiges Datum ist 1815, als Köln zu Preußen kam und zu einer Festungsstadt ausgebaut wurde. Rasch erfolgte die Anbindung an verschiedene Eisenbahnlinien. 1859 wurde mit der Inbetriebnahme der Hohenzollernbrücke für die Eisenbahn eine flußüberspannende Verbindung geschaffen und der heutige Hauptbahnhof eingeweiht.

Die wirtschaftliche Bedeutung von Köln nahm zu. Die Einwohnerzahl verdreifachte sich fast von 52 954 (1816) auf 144 772 (1880). Damit wies Köln von allen Reichsstädten die größte Einwohnerdichte auf, da alle Bürger innerhalb der Mauern wohnten und eine Entlastung durch Vororte wie Nippes und Ehrenfeld erst später stattfand. Diese Entwicklung wiederum zog die Verhandlungen um eine Stadterweiterung in die Länge, da bei Festungsstädten aus militärischen Gründen ein bebauungsfreies Vorfeld vorgesehen war. Nach zähen Verhandlungen zwischen der Stadt, dem Deutschen Reich und den Eisenbahngesellschaften wurde dennoch ab 1881 eine Erweiterung nach Westen vorgenommen und der Verteidigungsring vorverlegt. Dem ca. 1 km breiten unbebauten Vorfeld verdankten spätere Stadtväter die Möglichkeit der Einrichtung des Inneren Grüngürtels, der Alt- und Neustadt umgibt. Nach Plänen von J. Stübben und K. Henrici wurde die Neustadt nach einem Konzept errichtet, das sich neben der Ringstraße an der Stelle der niedergerissenen Stadtmauer durch eine klare Gliederung des Raumes mit Sternplätzen, Diagonal- und Parallelstraßen auszeichnet.
Das Senkrechtluftbild zeigt überwiegend den 1888 eingemeindeten Stadtteil Deutz mit den Klöckner-Humboldt-Deutz Werken und dem Messegelände. Von S nach N sind die Severinsbrücke (ab 1959 in Betrieb), die Deutzer Brücke (ab 1915, erneuert 1948), die Hohenzollernbrücke (ab 1859, 1910/11, 1946–48 und 1957–59) und die Zoobrücke (ab 1966) zu sehen. Während die Hohenzollernbrücke das Nadelöhr für den Schienenverkehr ist, erfolgt über die Severins- und die Zoobrücke die Führung des überörtlichen Straßenverkehrs mit Anschlüssen an insgesamt 10 Autobahnen.
Neben der verkehrsgünstigen Lage geht die Bedeutung Kölns als Handels- und Messestadt auf das bis 1831 geltende Stapelrecht zurück. Im Mittelalter fanden nur zeitweilig Messen statt. Erst mit dem drohenden Verlust des Stapelrechtes wurde 1827 das Recht einer Handelsmesse für Köln gefordert, von der Preußischen Regierung aber mit der Begründung abgelehnt, daß die Zeit der Messen vorbei sei. Durch die „Werkbundausstellung" 1914 lebte der Messegedanke wieder auf, und 1922 gelang die Gründung der Kölner Messegesellschaft. Als Messe- und Ausstellungs-GmbH Köln ist sie heute ein selbständiges, unabhängiges Wirtschaftsunternehmen, an dem die Stadt Köln mit 75%, das Land NRW mit 20% beteiligt sind. 1924 wurde die erste Frühjahrsmesse bereits auf dem heutigen Messeplatz eröffnet. In den dreißiger Jahren wurde der Wandel von der Muster- zur Fachmesse deutlich, als die Möbel-

gruppe abgesondert und in einer eigenen Messe präsentiert wurde. Obgleich 85% der Baumasse zerstört worden war, konnte im Herbst 1947 die erste Nachkriegsmesse ihre Tore öffnen. Nach und nach wurde die Ausstellungsfläche erweitert, die Aufteilung in Fachmessen, auf denen nicht nur Warenmuster, sondern auch Problemlösungen angeboten wurden, setzte sich fort. 35 verschiedene Fachmessen sind heute in Köln eingerichtet. Über 50% der Aussteller und über ein Drittel der Besucher kommen aus dem Ausland. 1974 begann zum 50jährigen Bestehen ein umfangreiches Modernisierungs- und Investitionsprogramm. Zu Messezeiten halten selbst IC-Züge auf dem Bahnhof Köln-Deutz, seit 1983 besteht U-Bahn Anschluß. Lediglich die Heranführung des Individualverkehrs schafft bei größeren Messen Parkplatzprobleme. Gute Verbindungen bestehen zu den Flughäfen Köln-Bonn und Düsseldorf. Aufgrund der Nähe zur Bundeshauptstadt verfügen fast alle Botschaften, Konsulate, Handelsvertretungen und Wirtschaftsverbände in der Region Köln über Niederlassungen.

Der Messe gegenüber liegt auf der anderen Rheinseite ihr Wahrzeichen, der Kölner Dom. Von 1815 bis heute ist der Dom und seine Umgebung Zankapfel städtebaulichen Planens und Handelns gewesen. Nach Vorstellungen von Schinkel (1816) sollte der 1560 unterbrochene Dombau, auf einem Podest stehend, allseitig von weitläufigen Parkanlagen umgeben werden. In der Nähe des Domes war bereits mit dem Abbruch von Kirchen und Häusern begonnen worden, um das Bauwerk, isoliert wie einen griechischen Tempel und herausgelöst aus der profanen Umgebung, als Denkmal zu präsentieren. 1842 begann der Weiterbau. Ein erstes Streitobjekt – neben der unterschiedlich bewerteten Domvollendung 1880 – wurde der 1859 in Betrieb genommene Hauptbahnhof. 1970 wurde die Domterrasse fertiggestellt, wodurch die Verkehrsströme von Fußgängern, öffentlichem Nahverkehr und Individualfahrzeugen entflochten und auf verschiedene Ebenen verlagert wurden. 1974 wurde das Römisch-Germanische Museum mit der davorliegenden Domplatte seiner Bestimmung übergeben. Ist bereits hierbei die Nähe zum Dom kritisiert worden, so nahm die Kritik an Vehemenz zu, als für die Philharmonie, das Wallraff Richartz Museum und das Museum Ludwig ein Gebäudekomplex östlich des Domes erbaut wurde. Bereits vor Eröffnung des Museumsneubaues 1986 wurde ein sechsspuriger Straßentunnel von 582 m Länge zwischen Deutzer- und Hohenzollernbrücke fertiggestellt. Über diesem Tunnel wurde der neue Rheingarten angelegt.

Die Philharmonie wird auch vom WDR-Rundfunk-Sinfonie-Orchester benutzt. Köln ist die Medienhauptstadt Deutschlands. Der WDR mit 4 Radio- und 2 TV-Programmen ist längst nicht mehr nur auf die beiden Gebäude westlich des Domes beschränkt. Auch der Deutschlandfunk und die Deutsche Welle senden aus Köln, sowie der britische Sender BFBS. 1987 ließ sich RTL-Plus mit Nachrichtenredaktion, Produktion, Geschäftsleitung und Verwaltung in Köln nieder. Um erwartetem weiteren Zuwachs gerecht werden zu können, ist die Einrichtung eines Medienparks auf dem Gelände des alten Güterbahnhofes geplant (im Schrägbild unterhalb der Mitte). Neben Radio- und TV-Programmen entstehen in Köln 4 Ausgaben von Tageszeitungen.

Hermann-Josef Höper

links: Blick über Köln
Flughöhe: 2550 m, Aufn.-Datum: 20. 9. 86

rechts: Köln-Deutz, Messegelände
Flughöhe: 2500 m, Aufn.-Datum: 20. 9. 86

NORD

Braunkohle am Niederrhein

Zwischen Aachen, Bonn, Köln und Mönchengladbach erstreckt sich auf einer Fläche von 2500 km² das größte zusammenhängende Braunkohlevorkommen Europas. Ihr Abbau spielt bei der Energieversorgung der Bundesrepublik eine wichtige Rolle: Bei der derzeitigen jährlichen Förderleistung von 120 Mio. t wird die Braunkohle aus dem Rheinland bis weit in das nächste Jahrhundert als heimischer Energieträger zur Verfügung stehen. Gegenwärtig werden ca. 80% der geförderten Braunkohle in Kraftwerken verfeuert, der übrige Teil wird zu Festbrennstoffen (Brikett, Feinkoks, Braunkohlestaub) veredelt. Die Nutzungsperspektiven gehen aber hierüber weit hinaus: Forschungsprogramme zielen auf die Vergasung und Verflüssigung der Braunkohle im großen Umfang ab.

Die Fotos zeigen Ausschnitte aus den beiden wichtigsten Tagebaubereichen des Rheinischen Braunkohlereviers. Mit ihren geplanten Anschlußtagebauen verfügen Garzweiler und Hambach über die umfangreichsten Lagerstätten. Hier werden künftig mehr als 80% der Förderleistung des gesamten Reviers zu erbringen sein. Der Blick richtet sich auf die Ostbegrenzung des Tagebaus Garzweiler. Links befindet sich das Kraftwerk Frimmersdorf, in der Bildmitte das Kraftwerk Neurath. Hinter dem Kraftwerk Frimmersdorf ist die Vollrather Höhe und rechts im Bild die Neurather Höhe zu sehen. Beides sind Außenkippen, die bei Beginn der Tagebauerschließung aufgeschüttet wurden. Die Lagerstätte umfaßt drei Flözen mit einer mittleren Gesamtmächtigkeit von ca. 40 m. Sie lagern in einer Tiefe von 40 bis

160 m unter der Erdoberfläche. Das Verhältnis von Abraum und Kohle beträgt derzeit 3,1 zu 1, die jährliche Förderleistung liegt bei 30–40 Mio. t. Das Foto gewährt einen Einblick in das Abbauverfahren. Auf der rechten Seite befindet sich die Abbaukante. Schaufelradbagger mit einer Tagesleistung bis 240 000 m³ entfernen das Deckgebirge und bauen die Kohle ab. Der Abbau geschieht in mehreren Stufen. Über installierte Förderanlagen wird der Abraum in den ausgekohlten Teil des Tagebaus transportiert und verkippt. Links im Bild ist die stufenförmig angelegte Innenkippe zu sehen. Auf jeder Stufe steht ein Absetzer, der das Förder-

links: Tagebau Garzweiler mit den Kraftwerken Frimmersdorf und Neurath
Flughöhe: 650 m, Aufn.-Datum: 24. 4. 88

rechts: Tagebau Hambacher Forst
Flughöhe: 650 m, Aufn.-Datum: 24. 4. 88

gut der Transportbänder verkippt. Auch auf den beiden an der dunklen Farbe gut erkennbaren Gewinnsohlen sind Bandförderanlagen installiert. Sie übernehmen die Kohle von den Baggern und führen sie einem zentralen Bunkergraben zu. Von hier aus wird die Kohle mit einem Förderband in das Kraftwerk Frimmersdorf oder auf einer betriebseigenen Kohlenbahn zu den entfernteren Kraftwerken und Veredelungsbetrieben transportiert.

Mit der Abräumung des Deckgebirges wurde in Hambach 1978 begonnen. Bis Ende 1987 konnten schon 72 Mio. t gefördert werden. Mitte der 90er Jahre wird die jährliche Förderleistung bei 50 Mio. t liegen. Der Tagebau Hambach verfügt mit 2,5 Mrd. t über die umfangreichste Lagerstätte. Die maximale Flözmächtigkeit beträgt 70 m. Allerdings müssen für die Erschließung 15,4 Mrd. m³ Abraum beseitigt und eine maximale Abbautiefe von ca. 400 m erreicht werden. Das Abraum/Kohle-Verhältnis ist mit 6,2 zu 1 daher auch das ungünstigste im ganzen Revier. Das Foto zeigt den nordwestlichen Teil des Tagebaus. Deutlich sichtbar ist die Gewinnsohle, die hier bei 240 m Tiefe liegt, und die bereits begonnene Innenverkippung. Links im Bild wird die Außenkippe Sophienhöhe angeschnitten, die mit 195 m das Gelände überragt. Teile der Böschungen sind schon forstlich rekultiviert. Hinter der Tagebauoberkante ist der Ort Lich-Steinstraß zu sehen, deren Einwohner bereits umgesiedelt sind.

Beide Fotos verdeutlichen die enorme Landschaftszerstörung: Jahr für Jahr werden Hunderte Hektar von den Schaufenradbaggern verschlungen. Sobald die Innenverkippung begonnen hat, erfolgt die Rekultivierung: Land- und forstwirtschaftliche Nutzflächen, Seen und Teiche, neue Naherholungsgebiete werden geschaffen – eine Landschaft vom Reißbrett entsteht. Aber die Auswirkungen des Abbaus gehen weiter, als es an diesem Landschaftswandel erkennbar ist. Vor der Erschließung muß der Grundwasserspiegel großräumig durch Tiefbrunnen abgesenkt werden. Bei dem Anschlußtagebau Garzweiler II gefährdet diese Sümpfung die sich im Norden anschließenden Feuchtgebiete von Nette, Niers und Schwalm. Mit speziellen Maßnahmen zur Stabilisierung des Grundwasserspiegels und der Einleitung von zusätzlichem Wasser in die Wasserläufe sollen die Auswirkungen der Sümpfung neutralisiert und der ökologische Bestand des Naturparks Schwalm-Nette gesichert werden. Über die Wirksamkeit dieser Maßnahmen wird aber heftig gestritten.
Wolfgang Linke

Tourismus am Kahlen Asten

Wir vergleichen zwei Aufnahmen aus den Jahren 1971 und 1987. Die Gipfelfläche des Kahlen Asten (unterer Bildrand) ist mit 841 m ü. NN der höchst gelegene Rumpfflächenrest des Rothaargebirges. Weite Verebnungsflächen, flache Rücken und z.T. tief eingeschnittene Täler geben der Landschaft ihr charakteristisches Gepräge. Für den Erholungssuchenden ist diese Landschaft besonders anziehend. Jahr für Jahr sind daher der Kahle Asten und der seit 1973 staatlich anerkannte heilklimatische Kurort Winterberg Ziel des Massentourismus. Über die 70er Jahre hat dies in Zusammenwirken mit dem wachsenden materiellen Wohlstand in weiten Kreisen der Bevölkerung eine kontinuierliche Zunahme des Gästeaufkommens bewirkt. Gegenüber 1971 hat sich in rund 16 Jahren die Zahl der Gäste mehr als vervierfacht. Durch die steigende Nachfrage sind das Angebot in der touristischen Ausstattung und das der Beherbergungsmöglichkeiten wesentlich erweitert worden. Waren im Jahr 1971 nur 2700 Betten verfügbar, so bietet die Großgemeinde Winterberg inzwischen über 10000 Gästebetten an. Dieses Wachstum läßt im Hinblick auf die Wirtschaftlichkeit und auf die gestiegenen Ansprüche der Gäste an den Komfort und an die Ausstattung des Freizeitangebots nur noch eine Qualitätsverbesserung und keinen weiteren Ausbau des Bettenangebots zu. Letzteres war zumindest bis Mitte der 80er Jahre die Devise der Fremdenverkehrswirtschaft. Davon waren nicht nur Hotels, Pensionen und Gasthöfe betroffen. Auch die Kapazitäten von Campingplätzen sind in Winterberg erweitert worden. Um die

Zahl der Einstellplätze jedoch erhöhen zu können, war es notwendig, den Campingplatz aus der ursprünglichen Ortslage herauszulösen (oberer Bildrand der Aufnahme 1971) und den Standort auf den Ortsrand zu verlagern (Mitte des rechten Bildes, rechts der Straße).
Parallel zur Kapazitätserweiterung im Beherbergungswesen vollzog sich ein Ausbau der freizeitorientierten Infrastruktur. Besonders Einrichtungen für die Wintersaison sind geschaffen worden: So z. B. eine kombinierte Kunsteisbahn für Bob und Rodel (oberhalb der Bildmitte), ein Langlaufstadion (Bildmitte, links der Straße) und ein Skilift am Bremberg (unterer linker Bildrand). Als ‚größtes Wintersportzentrum nördlich der Alpen' zieht Winterberg Tausende von Skibegeisterte an, vorrangig Bewohner aus dem nahe gelegenen Ballungsgebiet Rhein-Ruhr.

Ein enges Wegenetz, das in den letzten Jahren verdichtet wurde (Bildmitte und linker Bildrand), macht im übrigen den Naturpark ‚Rothaargebirge' zu einem idealen Wandergebiet. Aufforstungen, die seit Ende der 60er Jahre vor allem auf der Hochheide und an den Hängen des Kahlen Asten (unterer Bildrand) durchgeführt wurden, steigern die Attraktivität dieses Landschaftsraumes.

Der Fremdenverkehr wurde zu einem wichtigen Wirtschaftsfaktor der Stadt Winterberg. Doch die Gefahr ist nicht zu übersehen, daß die Landschaft durch diese Maßnahmen der touristischen Inwertsetzung belastet wird, womit sich der Fremdenverkehr selbst seiner Basis und Standortkomponente beraubt.

Angela Schöppner

links: Kahler Asten und Winterberg 1971
Flughöhe: 2700 m, Aufn.-Datum: 7. 7. 71

rechts: Kahler Asten und Winterberg 1987
Flughöhe: 2400 m, Aufn.-Datum: 5. 7. 87

46 Städte im Sauerland

NORD

Im Laufe weniger Jahre wuchs Meinerzhagen von einem unbedeutenden Dorf zu einer ländlichen Gemeinde, der erst 1964 die Stadtrechte verliehen wurden. Ihre heutige Ausweisung als Mittelzentrum im Landesentwicklungsplan I/II drückt nur entfernt das aus, was sich hier an städtebaulicher und wirtschaftlicher Entwicklung vollzogen hat. Als einen der Bereiche, der sich im Zuge dieser Entwicklung herausbildete, erweist sich die Gewerbe- und Industriefläche im Nahbereich des Altstadtkerns (rechts oberhalb der Bildmitte). Einer der wenigen Meinerzhagener Großbetriebe und mehrere Kleinunternehmen der Eisen- und NE-Metallerzeugung bzw. -verarbeitung sowie des Stahl- und Maschinenbaus haben sich u. a. hier angesiedelt. Sie prägen das Wirtschaftsgefüge der Stadt, das noch heute auf den überlieferten gewerblich-industriellen Strukturen basiert. Mit dem Übergewicht der Eisen- und Metallverarbeitung ist der Meinerzhagener Raum recht krisenanfällig. Seine labile Wirtschaftsstruktur wird zudem durch die Dominanz der familiengebundenen Klein- und Mittelbetriebe mit ihren charakteristischen Hofwerkstätten bestimmt. Mit der Expansion der Industrie setzte vor allem seit der Nachkriegszeit eine rege Wohnbautätigkeit ein.
Einzel- und Doppelhausbebauung bestimmen die Physiognomie der neuen ‚Stadtteile'. Der mehrgeschossige Wohnungsbau wie auch Punkthochhäuser (linkes unteres Bilddrittel) treten dagegen zurück. Vom Stadtbild her ist Meinerzhagen eine junge, moderne Stadt. Nur kleine Bereiche, vor allem um die Jesus-Christus-Kirche (Bildmitte), zeigen den alten Charakter.

links: Meinerzhagen
Flughöhe: 2400 m, Aufn.-Datum: 2. 10. 87

rechts: Lüdenscheid
Flughöhe: 2450 m, Aufn.-Datum: 2. 10. 87

Nur 15 km von Meinerzhagen entfernt liegt die Kreisstadt Lüdenscheid, eine ehemalige Hansestadt. Der historische Stadtkern Lüdenscheids mit seinen ringförmig angelegten Straßen und Häuserzeilen (linkes oberes Bilddrittel) erinnert an jene Zeit. Im Zuge der Industrialisierung, die einen dauernden Zustrom von Arbeitskräften nach sich zog, waren neue ‚Stadtteile' gegründet worden. So gruppierten sich Subzentren mit einem nahezu radialförmigen Straßennetz um die Altstadt (linker mittlerer Bildrand und Bildmitte). Heute haben sich zwischen diesen Siedlungsflächen der Kopfbahnhof (links von der Bildmitte) und mehrere Gewerbe- und Industrieflächen geschoben. Betriebe der Metallwaren- und der Metallwarenkurzindustrie, insbesondere der Knopfindustrie, reihen sich neben Unternehmen der Elektroindustrie und der Kunststoffverarbeitung. Bandförmig ziehen sich die Betriebe durch das Stadtgebiet. Sie umrahmen in einem Halbkreis den parkähnlich angelegten Neuen Friedhof (unteres Bilddrittel), und ihre Flächen setzen sich entlang der Schrebergärten (rechts und unterhalb des Friedhofes) bis zum Kreisverwaltungsgebäude weiter fort. Die Konzentration der Industriebetriebe auf diese Standorte ist das Resultat jahrelanger Bemühungen, die mittelständische Industrie aus ihrer ursprünglichen innerstädtischen ‚Gemengelage' herauszulösen.
Trotz der unterschiedlichen Entwicklungsprozesse haben die Städte Meinerzhagen und Lüdenscheid eines gemeinsam: Sie gehören einem altindustrialisierten Raum an, der zu den Bereichen mit der höchsten Industriedichte zählt.

Angela Schöppner

NORD

Der Bildstreifen reicht von Bonn-Nord mit der Autobahn vom Meckenheimer Dreieck zum Köln-Bonner Flughafen (rechts) über das Stadtzentrum, das Regierungsviertel zwischen B 9 („Diplomaten-Rennbahn") und Rhein sowie über das Gelände der Bundesgartenschau von 1979 bis zum Bad Godesberger Rheinviertel (linker Bildrand). Es ist die Kernzone der Bundeshauptstadt.

Der älteste Siedlungskern bildete eine römische Legionsfestung aus der Zeit um 40 n. Chr., bei Tacitus als „castra Bonnensia" erwähnt. Ihr Quadrat von 528 × 524 m ist rechts der Bonn-Beueler Kennedy-Brücke und hinter dem blauen Dach der Beethovenhalle noch heute auszumachen.

Die „Bonnburg" im alten Römerlager bestand auch in fränkischer Zeit weiter, aber neben ihr entwickelte sich um die Stiftskirche St. Cassius und St. Florentius (das heutige Münster) eine Stifts- und Handelssiedlung. Aus ihr ging die mittelalterliche Stadt hervor, die 1244 das Stadtrecht erlangte und vom Stiftsbezirk bis zum Rhein reichte.

1525 wurde die kurkölnische Kanzlei von Brühl nach Bonn verlegt. In der Folgezeit wurde Bonn als Haupt- und Residenzstadt der Kölner Kurfürsten besonders im 18. Jh. ausgebaut. Mit der Entfestigung der Stadt wurde das Schloß erweitert, entstanden der Hofgarten und die Achse der Poppelsdorfer Allee, deren Endpunkt das Poppelsdorfer Schloß ist. Der Einmarsch der französischen Revolutionstruppen im Oktober 1794 beendete das Kapitel der Barockresidenz.

1815 fiel Bonn an Preußen, 1818 wurde die Universität gegründet. Sie nutzt u. a. die kurfürstlichen Schlösser. Rechts vom Poppelsdorfer Schloß sind die Institutsbauten der Landwirtschaftlichen Fakultät im Bild. Bonn wurde zur bekannten Universitätsstadt und Wohnstadt an Rhein und Siebengebirge, repräsentiert durch das Wachstum der Neustadt jenseits der Eisenbahn und des Villenviertels an der heutigen Adenauer-Allee im Zuge der B 9.

Nach dem zweiten Weltkrieg trat der Parlamentarische Rat, der die Verfassung der Bundesrepublik Deutschland auszuarbeiten hatte, am 1. 9. 1948 in der Pädagogischen Akademie Bonn zusammen. Nun stellte sich die Frage nach der provisorischen Hauptstadt des neuen Staates. Neben Bonn bewarben sich Frankfurt, Kassel und Stuttgart. Die letzte Entscheidung fiel am 3. 11. 1949 im Bundestag für Bonn und gegen Frankfurt. Man führte sie auf den persönlichen Einsatz von Konrad Adenauer zurück. „Nicht zu übersehen ist, daß die Bonner Kandidatur nur deshalb ernsthaft betrieben werden konnte, weil die politische Lage im geteilten Nachkriegsdeutschland gegen eine „wirkliche" Hauptstadt sprach; das kleine Bonn wirkte als Stellvertreter Berlins glaubhafter als die Weltstadt Frankfurt mit ihrer starken Tradition als Krönungsstadt und Sitz des Parlaments von 1848". (ENNEN und HÖROLDT 1985, S. 344).

So wurde die Pädagogische Akademie Bonn zum Bundeshaus, in dem am 7. 9. 1949 die erste Bundestagssitzung stattfand. Für die Unterbringung des Bundespräsidialamtes und des Bundeskanzleramtes fanden sich im angrenzenden Villenviertel am Rhein repräsentative Bauten (Villa Hammerschmidt, Palais Schaumburg). Zwischen B 9 und Rhein entstand das Regierungsviertel mit dem Wahrzeichen des Abgeordneten-Hochhauses „Langer Eugen". Entlang der Achse der B 9 gruppierte sich eine Reihe von Ministerien, bald ergänzt durch die Bauten von Parteien, diplomatischen Vertretungen und Wirtschaftsverbänden.

In den beiden folgenden Jahrzehnten wuchs allmählich die Einsicht, daß das anfängliche „Provisorium" Bundeshauptstadt einer für längere Zeit tragfähigen Planung bedürfe. 1970 wurde von Bund, Land und Stadt eine Vereinbarung über den weiteren Ausbau der Bundeshauptstadt getroffen, und seit 1975 besteht dafür ein gemeinsamer Ausschuß.

Freien Raum für den nötigen Ausbau gab es nur in Richtung Godesberg zwischen

47 Bundeshauptstadt Bonn

Panoramabild aus 5 Aufnahmen

Rennstrecken

Der Nürburgring und der Hockenheimring sind die bedeutendsten deutschen Rennstrecken, die auch international einen großen Namen haben. Auf beiden Strecken wurde und wird auch heute noch Rennsportgeschichte geschrieben. Die Idee zum Bau der Renn- und Teststrecken war eng verbunden mit der aufstrebenden Kraftfahrzeugindustrie und der damit einhergehenden Ausweitung des Motorsports. Man hatte das Bestreben, dem Rennsport einen Dienst zu erweisen und gleichzeitig Attraktionen von überregionaler Bedeutung zur Strukturverbesserung der betroffenen Räume zu schaffen.
Bis zum heutigen Tag verlief die Geschichte beider Rennstrecken wechselhaft. Glänzende Erfolge und regelmäßige Krisen bestimmten den wirtschaftlichen und rennsportlichen Werdegang, ihren raumprägenden Charakter haben beide Einrichtungen aber immer bewahrt. Dies gilt insbesondere für den Nürburgring, der nach zweijähriger Bauzeit 1927 seinen Betrieb aufnahm. Die Luftaufnahme zeigt, wie sich die bei Adenau am Fuß der Nürburg gelegene Strecke in die reizvolle Eifellandschaft einfügt. Nur zu erahnen sind jedoch die wirtschaftlichen Probleme, die zur Gründungszeit im Bereich des Kreises Adenau, dem damals ärmsten Kreis Preußens, vorherrschten. Mit dem Bau des Eifelkurses wollte man einen entscheidenden Beitrag zur Strukturverbesserung in diesem peripheren Raum leisten, eine Motivation, die bis heute Gültigkeit hat. Was die wirtschaftliche Schubkraft angeht, die der Betrieb einer Rennstrecke für eine Region mit sich bringt, so sind die Meinungen geteilt. Fest steht, daß hierdurch nicht alle Strukturprobleme eines Raumes zu lösen sind. Im Fall des Nürburgrings ist jedoch eine beachtliche Landschaftserschließung mit einer Belebung des Fremdenverkehrs festzustellen. Mit einem Arbeitsplatzkontigent von 1300 Beschäftigten und jährlich etwa 50 Millionen DM Umsatz bildet der Ring einen Wirtschaftsfaktor für die Hohe Eifel.
Im Unterschied zum Nürburgring ist der Hockenheimring in seiner Entstehungsgeschichte nicht mit dem Geschick eines Kreises, sondern mit der Entwicklung einer Kleinstadt verbunden. Die Weltwirtschaftskrise machte es möglich, daß die Kleinstadt Hockenheim eine Rennstrecke erhielt. Mit 100 Arbeitslosen und Mitteln aus der Stadtkasse wurden holprige Wege im Hardtwald so aufgebaut, daß 1932 die Eröffnung einer Rennstrecke für

Der in den 80er Jahren umgebaute Nürburgring
Flughöhe: 2 900 m, Aufn.-Datum: 5. 9. 86

NORD

Motorräder stattfinden konnte. Es war ein Dreieckskurs, der mit seinen 12 Kilometern durchweg durch Waldgelände führte. Die staubige Strecke war 5 Meter breit und ohne jeden Teerbelag. In den Folgezeit führten Ausbauten, Kürzungen und Sicherungsmaßnahmen zu einem völlig neuen Kurs. Es enstand schließlich das heutige Motodrom mit 100000 Zuschauerplätzen. Der Hockenheimring wurde zur Hausstrecke einer nordbadischen Kleinstadt mit 16000 Einwohnern, die allem Wandel zum Trotz ihre dörfliche Kulisse erhalten hat, aber mit dem Ring über ein zusätzliches wirtschaftliches Standbein verfügt. Wirtschaftlichkeit, Sicherheit und Zuschauerfreundlichkeit sind inzwischen zu Bestandsgarantien beider Rennstrecken geworden und erübrigen die leidige Diskussion von früher um die Präferenz für einen Fahrer- oder Zuschauerkurs. Es kommt hinzu, daß heute zur wirtschaftlichen Existenzsicherung des Nürburg- und Hockenheimrings mehr als Motorsport geboten werden muß. Die Veranstaltungspalette umfaßt jetzt neben den Motorsportveranstaltungen Sicherheitslehrgänge, Clubtreffen, Präsentationsveranstaltungen und Testfahrten der Industrie, Wettbewerbe anderer Sportarten, Touristenverkehr sowie Open-Air-Festivals. Um seiner eigenen Lebensfähigkeit willen und um seiner Funktion als Impulsgeber für die betreffende Region gerecht zu werden, muß sich vor allem der Nürburgring zu einem Anziehungspunkt für den Fremdenverkehr entwickeln. So hofft man zum Beispiel in Rheinland-Pfalz auf eine Entwicklung, die den Nürburgring zum Kern einer Freizeitlandschaft in der Hohen Eifel macht. Einem solchen erweiterten Touristikangebot kommt auch die Einrichtung von Motor-Sport-Museen zugute.

Der Hockenheimring nahe Mannheim
Flughöhe: 2800 m, Aufn.-Datum: 5. 9. 86

Wolfgang Blüm

Laacher Vulkan

Das Gebiet der Laacher Vulkane liegt an der Nordwestflanke des Mittelrheinischen Beckens und gehört nach der naturräumlichen Gliederung zur Einheit „Unteres Mittelrheingebiet". Erst etwa 3 km westlich des Laacher Sees findet sich ein deutlicher Anstieg zur östlichen Hocheifel. Nach neueren geologischen Untersuchungen ist die im Foto deutlich an der Bewaldung erkennbare Umrahmung des Laacher Sees bzw. Kessels kein Kraterrand, sonder besteht aus einer Aufreihung verschiedener Vulkane, die vor allem Lava förderten. Aus den Fließrichtungen der Lavaströme läßt sich schließen, daß hier bereits ein Kessel vorhanden war, in dem ein weiterer Vulkan, der Laacher Vulkan, lag. Er wird in der nördlichen Seehälfte angenommen, wo der See mit 54 m seine tiefste Stelle hat (im Foto in der Mitte des rechten Seeteiles).

Vor etwa 11 000 Jahren förderte dieser Vulkan in einem gewaltigen und kurzen Ausbruch riesige Mengen an Bims und Gas. Der Herd wurde dabei wahrscheinlich soweit entleert, daß die Kruste darüber einbrach und der Laacher Kessel in seiner heutigen Form entstand.

In der linken Bildhälfte erkennen wir zwischen der Ortschaft Bell und dem Autobahnzubringer einen großen Tagebau, in dem heute Lava abgebaut wird. Früher fand sich hier der Rothenberg, ein imposanter Vulkankomplex mit dem höchsten Basaltberg in der Umgebung des Laacher Sees. Heute ist der Berg bis unter das Niveau des umliegenden Geländes abgebaut.

Das Laacher See-Gebiet ist als Ganzes wegen seiner Eigenart und der Schönheit der Landschaft unter Naturschutz gestellt. Auf dem Senkrechtbild sind die äußeren Grenzen der Bewaldung rund um den Laacher See in etwa auch die Grenzen des Naturschutzgebiets. Durch die günstige klimatische Lage und den abwechslungsreichen Untergrund finden sich am und im See sehr viele selten gewordene Pflanzengesellschaften. Da der See kaum zufriert, hat er größte Bedeutung als Durchzugs- und Überwinterungsgebiet für Wasservögel. Heimische Vögel haben hier ihre Brutstätten.

Daneben finden sich viele schützenswerte geologische Zeugen der Vulkantätigkeit und ihrer Entwicklung.

Das Gebiet um den Laacher See ist in erster Linie landwirtschaftlich geprägt: Während außerhalb des Kessels Ackerbau vorherrscht, werden die Flächen innerhalb der Seeumwallung vorwiegend als Wiesen und Weiden genutzt.

Die Steine- und Erdenindustrie spielt für das Laacher See-Gebiet ebenfalls eine wichtige Rolle. Da die Bimslager im Neuwieder Becken im wesentlichen abgebaut sind, nähert sich der Abbau nun den Ausbruchszentren, d. h. in diesem Falle dem äußeren Rand der Seeumwallung und damit dem Naturschutzgebiet. Der starke Bedarf der Straßenbauindustrie an Lava hat in den letzten Jahren dazu geführt, daß einige Vulkane fast ganz verschwunden sind. Der bereits angesprochene Rothenberg im Bild links ist ein Beispiel dafür.

Eine ganz wesentliche Rolle spielt der Fremdenverkehr. Waren es 1975 nach Schätzungen der Klosterverwaltung etwa 500 000 Besucher, so hat sich seit der Eröffnung der Autobahn A 61, die dicht am See vorbeiführt, die jährliche Besucherzahl vervielfacht. Diese Zahlen gelten allerdings nur für die Abtei mit ihrer romanischen Basilika, im Bild links zwischen See und Autobahn.

Am Nordufer des Sees, also am oberen Bildrand, befindet sich ein Campingplatz mit Badestrand und im Bild links davon sind die Einrichtungen eines Segelclubs zu erkennen. Über den Campingplatz wird auch der Tageswassersport abgewickelt (Baden, Segeln, Surfen). Der Besucherandrang sorgt für eine ständige Auslastung des zugehörigen Parkplatzes, den man an der Einmündung der Zufahrt zum Campingplatz erkennt.

Die intensive landwirtschaftliche Nutzung und der immer mehr steigende Fremdenverkehr führten zu einer nicht zu übersehenden Schädigung des Naturschutzgebietes. Die Bemühungen der Bezirksregierung Koblenz um einen stärkeren Schutz des Gebietes machten die Konfliktsituation, die bei vielen Naturschutzgebieten gegeben ist, deutlich: Einmal gilt es, das Naturschutzgebiet zu sanieren, andererseits soll dem Anspruch der Menschen auf Naherholung entsprochen werden und drittens darf den Besitzern, in erster Linie der Abei Maria Laach, durch die Sanierungsmaßnahme keine Einbuße entstehen. Hinzu kommt, daß im Bereich des Naturschutzgebietes noch abbauwürdige Bimsvorkommen lagern, die dadurch besonderen Wert erhalten, daß die Lager im Mittelrheinischen Becken weitgehend erschöpft sind. Mit dem Hinweis auf den Verlust von mehr als 2000 Arbeitsplätzen in den nächsten Jahren wurde daher eine Abbaugenehmigung beantragt.

Wirtschaftliche Interessen und Zwänge und die berechtigten Ansprüche auf Naherholung und Freizeitgestaltung machen diese reizvolle Landschaft, die zum Teil schon 1940 unter Naturschutz gestellt wurde, zu einem Problemfall für den Natur- und Landschaftsschutz.

Wolfgang Weller

Der Laacher See und die Abtei Maria Laach
Flughöhe: 2400 m, Aufn.-Datum: 5. 7. 87

NORD

Kernkraftwerke

Zu den am meisten umstrittenen Elementen der Industrie-Landschaften Deutschlands gehören Kraftwerke, die Energie aus dem gesteuerten Zerfall radioaktiver Stoffe gewinnen. Nach ihrer Technologie und in wertneutraler Diktion werden sie als „Kernkraftwerke" bezeichnet; aufgrund der zweifelsohne berechtigten Furcht vor atomaren Katastrophen (GAU = größter anzunehmender Unfall) erscheinen sie in der politischen und in der Umweltdiskussion auch in Form der Reizworts „Atomkraftwerke". Am 31. Dezember 1987 waren einschließlich der Versuchs- und Demostrationsanlagen in Jülich, Karlsruhe und Uentrop insgesamt 20 Kernkraftwerke in Betrieb. Das jüngste davon ist das Werk von Mülheim-Kärlich im Mittelrheinischen Becken; es liegt am westlichen Rheinufer, knapp zehn Kilometer nordwestlich von Koblenz. Das Kernkraftwerk ISAR 2 („Ohu") liegt an der Isar, etwa 12 Kilometer abwärts von Landshut; es ist seit 1982 im Bau und wurde 1988 in Betrieb genommen.

Das Luftbild (links) zeigt die Anlage des Standortes Mülheim-Kärlich. Da für den Betrieb allein im Kühlsystem pro Sekunde 4,2 Kubikmeter Wasser benötigt werden, ist die Lage an einem wasserreichen Fluß unabdingbare Voraussetzung, vor allem, weil nach der Kühlung etwa 3,4 m³ erwärmten Wassers zurückfließen. Die mittlere Wasserführung des Rheins beträgt hier rund 2000 m³/sec; insofern bilden Entnahme und Wiedereinleitung keine sehr großen Belastungen. Durch den Kühlturm werden pro Sekunde 0,8 m³

Kernkraftwerk Mülheim-Kärlich im Mittelrheinischen Becken
Flughöhe: 2 500 m, Aufn.-Datum: 20. 9. 86

Wasserdampf abgegeben. An dieses wichtigste Kühlwasserbauwerk schließen sich die „Blockgebäude" an. Ihr bedeutendstes ist der kugelförmige Reaktorbau, dessen Schornstein als Schatten abgebildet ist. An das Kernstück des Kraftwerks schließen sich ein Maschinenhaus, ein Pumpenhaus, ein Notstromgebäude und Reaktorhilfsanlagen an. Dazu kommen an der unteren Schmalseite des rechteckigen Werksgeländes die Werkstatt- und Sozialgebäude sowie das Informationszentrum, an der oberen Schmalseite – durch Dampfschwaden verdeckt – vor allem die Kläranlage und die Zusatzwaseraufbereitungsanlage. Am begradigten Rheinufer erkennt man auf der Höhe der Nebengebäude und auf der Höhe des Kühlturms je eine Wasserentnahmestelle; die Schleuse zur Wiedereinleitung befindet sich weiter stromabwärts und wird durch die Dampfwolke verdeckt. Der gesamte Werkskomplex nimmt eine Fläche von nur 0,34 Quadratkilometern ein.

In der Planungsphase (vor 1972) wurde die Standortwahl im Mittelrheinischen Becken lebhaft diskutiert, sowohl im Hinblick auf die Reaktorsicherheit und auf mögliche Unsicherheitsfaktoren aus der Geologie des Untergrundes als auch unter den Aspekten des Landschafts- und Umweltschutzes. Nach Störfällen in deutschen und französichen Kraftwerken und nach dem Unfall von Tschernobyl (1986) bestehen auch begründete Zweifel an der absoluten Sicherheit eines Reaktors, der einem tektonisch sehr gestörten Untergrund steht und der in nächster Nähe der Herde des rheinischen Vulkangebiets liegt. Erheblich weniger begründet sind hingegen die Bedenken bezüglich der Zerstörung der Naturlandschaft. Denn das Gebiet beiderseits des Rheins zwischen Koblenz und Andernach oder Neuwied ist seit langem in eine Industrielandschaft umgewandelt. Rechtsrheinisch zeigt das Bild das Randgebiet der Neuwieder Industrie mit dem Rheinhafen und einer großen Zementfabrik. Dazu kommen (ganz rechts) Reste alter Kiesgruben und Bimshalden. Beiderseits der Bahnlinie Koblenz–Köln siedelten sich Betriebe zur Verarbeitung von Steinen und Erden an. Es entstand die Ansiedlung Urmitz-Bahnhof, deren Ausläufer am unteren Bildrand zwischen Bahngelände und (neuer) Bundesstraße 9 noch zu sehen sind.

Das Luftbild rechts zeigt vier Kraftwerke an einem Standort. Dies ist eine Dokumentation der kulturlandschaftlichen Entwicklung unter dem Zwang technologischer Fortschritte. Einem älteren Waserkraftwerk in Niederaichbach an der Isar (Sperrwerk) folgte das Versuchskernkraftwerk von Niederaichbach, das inzwischen stillgelegt und dessen Abbruch geplant ist (links unten). 1977 in Betrieb genommen wurde das Kernkraftwerk ISAR 1, dessen großes Umspannwerk mitsamt den Stromleitungen sehr gut zu erkennen sind. Das Reaktorgebäude (mit Schornsteinschatten) ist nicht kugelförmig, sondern kubisch; statt nur eines großen Kühlturms besitzt das Kraftwerk Zellenkühlanlagen mit zwölf kleinen Kühltürmen. Nachdem die Betreiber von ISAR 1 befürchteten, daß die bisher erzeugten Strommengen für die Einspeisung in das niederbayerische Netz zu gering seien, beantragten sie schon 1979 die Genehmigung für den Bau eines weiteren Kernkraftwerks. Da der Standort an der Isar schon erschlossen war, wurde das Kraftwerk ISAR 2 auf der Gemarkung von Ohu errichtet. Mit Planung und Bau wurde die Kraftwerk Union A. G. in Mülheim beauftragt, weshalb das neue Werk zumindest im Grundriß eine erkennbare Ähnlichkeit mit dem rheinischen Kraftwerk zeigt.

Heinz Fischer

*Kernkraftwerk Ohu bei Landshut an der Isar
Flughöhe: 2 200 m, Aufn.-Datum: 21. 9. 86*

Koblenz und das Kannenbäckerland

Die heutige etwa 112 000 Einwohner zählende Großstadt Koblenz (rechtes Bild) nahm ihren Ausgang vom „castellum apud confluentes", dem um 30 n. Chr. von den Römern angelegten Erdkastell, das 100 Jahre später römische Stadt, um 450 n. Chr. merowingische Königspfalz, ab 1018 kurtrierische Nebenresidenz, im 18. Jahrhundert Bischofsresidenz und im 19. Jahrh. preußische Festung und Provinzialhauptstadt wurde. Trotz erheblicher Zerstörung im 2. Weltkrieg lassen sich einige Stationen der Stadtentwicklung im heutigen Grundriß nachzeichnen.
Wo die (helle) Brücke an das Südufer der (dunklen) Mosel übergeht, läßt sich nach rechts als Rechteck der Umriß der Römerstadt erkennen. Diese wird umschlossen durch den ersten, ebenfalls gut sichtbaren frühen mittelalterlichen Bering, der die heutige Altstadt einschließt. Bis zum Ende des Mittelalters hatte sich die Stadt bis zum Rhein (rechts) vorgeschoben. Am westlichen Brückenkopf der erst nach 1864 erbauten Rheinbrücke liegt das kurfürstliche Residenzschloß mit der „Neu-

stadt", und am Zusammenfluß von Mosel und Rhein das Denkmal am „Deutschen Eck". Dieser Platz hat seinen Namen von der nach 1200 dort erbauten Komturei des Deutschen Ritterordens. Insgesamt gehörte fast das ganze zwischen Rhein und Mosel sichtbare Stadtgebiet zur „preußischen" Stadt, die bis 1890 durch einengende Festungsanlagen an der Ausdehnung gehindert wurde. Zu den Befestigungsanlagen gehören nördlich der Mosel die „Feste Franz" (im Waldstreifen westlich der Bahnlinie) und die Festung Ehrenbreitstein über dem ostwärtigen Rheinufer, deren Grundriß deutlich sichtbar ist. Erst um 1900 konnte sich die Stadt über den einstigen Festungsgürtel hinausentwickeln und wirtschaftlich expandieren. Da die Siedlungsfläche auf der Rhein-Niederterrasse zu schmal war, siedelten sich Industrie und Gewerbe vor allem entlang von Bundesstraße 9 (links oben) und Bahnlinie nördlich der Mosel an, was zu einer sehr dichten Besiedlung außerhalb der durch Obst- und Kleingärten besetzten rheinnahen Überschwemmungszone führte. Nach 1960 entstand zusätzlich zu den beiden kleinen Moselhäfen im Norden (dicht außerhalb des Bildes) ein großer Rheinhafen im Anschluß an ein ebenfalls neues und geschlossenes Industriegebiet. Der Hafen an der Rheinbrücke ist lediglich ein Bojen- und Hilfsschiffliegeplatz der Wasser- und Schiffahrtsdirektion. Der Bildschnitt hat leider die Koblenzer City zwischen Hauptbahnhof und Zentralplatz (linker Rand) abgetrennt, so daß weder die Ausdehnung nach Süden noch nach Westen zu erkennen ist. Von den durch Eingemeindung zu Koblenz gekommenen ehemaligen Randgemeinden sind nur Lützel (an der Mosel) und Ehrenbreitstein (am Rhein) in vollem Umfang sichtbar, Neudorf und Niederberg (rechtsrheinisch) nur zum Teil. Die Höhensiedlungen sind bevorzugte Wohnlagen.

Die Kulturlandschaft des Niederwesterwaldes beiderseits der BAB 3 (von Frankfurt nach Köln) ist geprägt durch eine starke Besiedlung mit weithin urbanisierten ehemaligen Dörfern, die allesamt auch stark industrialisiert sind. Das nach SW ausgerichtete Bild zeigt einen Ausschnitt dieser Landschaft, die nach der wirtschaftshistorischen Bezeichnung auch als „Kannenbäckerland" bekannt ist, deren eigentlicher Kern jedoch weiter im Westen zu suchen ist.

Zentral im Bild fallen Seen und offenbar genutzte Abbaubereiche auf sowie sehr ausgedehnte Industrieanlagen. Es sind dies die Werke der Westerwälder Keramikindustrie, die sich hier im Raum Wirges (links) – Ebernhahn (oben) und Siershahn (unten) auf die Herstellung von Nutz- und Baukeramik (einschließlich von Glasbausteinen und von Spezialröhren) spezialisiert hat. Im Gegensatz zu der zunächst durchweg und heute noch wenigstens zum Teil handwerklich orientierten Töpferkeramik in und um Höhr-Grenzhausen wurde hier auf der Grundlage derselben Rohstoffe von Anbeginn an eine rein industrielle Großfertigung betrieben, die besonders während des Wiederaufbaus nach dem 2. Weltkrieg eine günstige Konjunktur hatte: sie bildete auch den Anreiz zur Ansiedlung in bisher abgelegenen bäuerlichen Siedlungen. So kommen etwa 60% der Beschäftigten der Fabrik in Wirges (oben links) aus dem Ort selbst, die übrigen sind Einpendler aus den Nachbarorten, die ihrerseits selbst Industrieorte sind. Auf die Folgen eines Konjunkturrückgangs für die sehr einseitig orientierte Wirtschaft braucht nur hingewiesen zu werden, ebenso wie auf die erheblichen landschaftlichen Veränderungen durch den großflächigen Tonabbau. Allerdings bilden sich in den Grund- und Stauwasserseen neue Biotope. *Heinz Fischer*

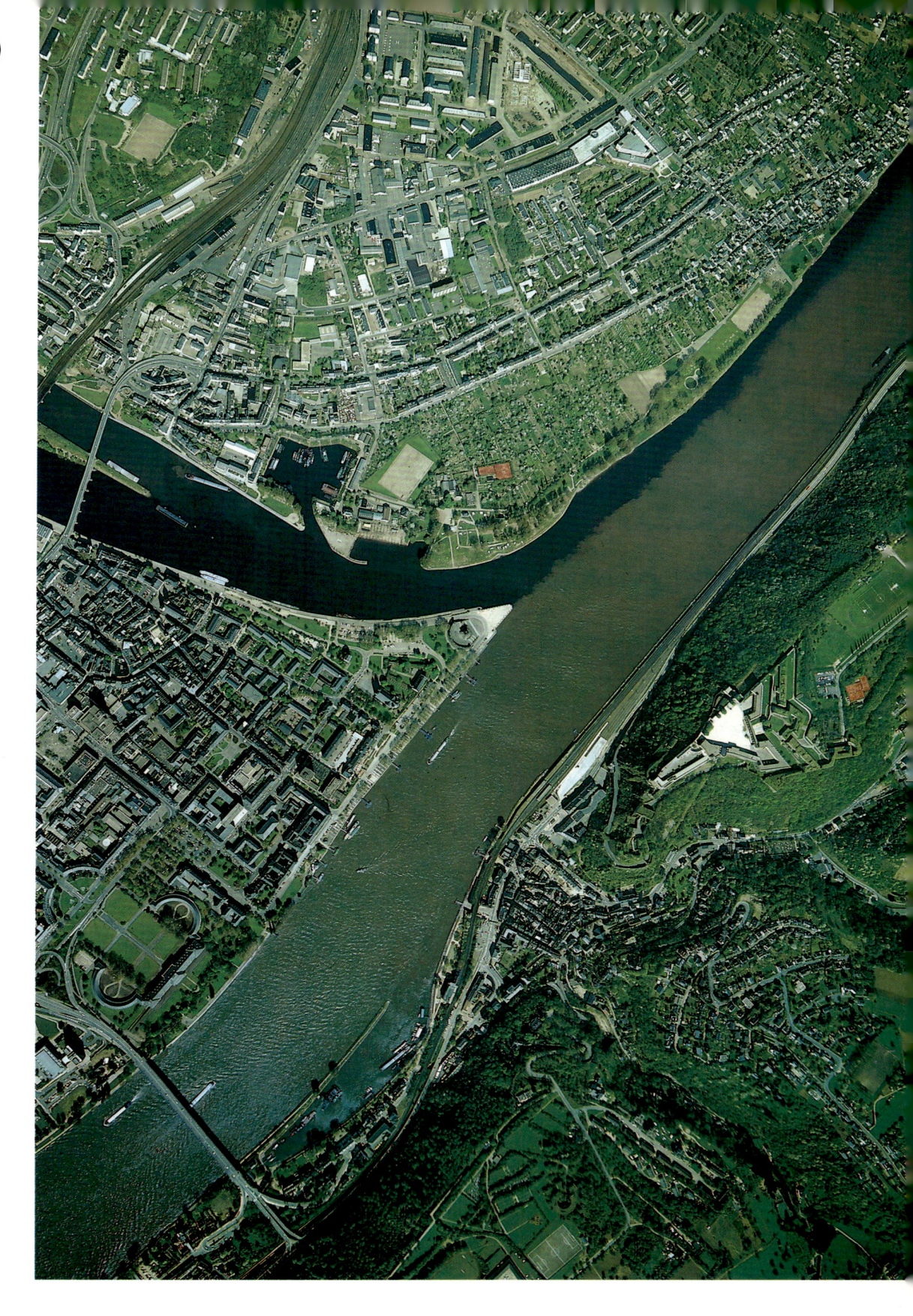

links: Keramikindustrie um Wirges bei Montabaur
Flughöhe: 2400 m, Aufn.-Datum: 2. 10. 87

rechts: Koblenz, Deutsches Eck und Festung Ehrenbreitstein
Flughöhe: 2300 m, Aufn.-Datum: 24. 4. 88

Mittelstädte

Die Stadt *Wittlich,* vierzig Kilometer nordöstlich von Trier zwischen Mittelmoseltal und Eifel gelegen, hat sich seit den 60er Jahren zum bedeutendsten Mittelzentrum in der Region Trier entwickelt. Die 17 000 Einwohner zählende Stadt verfügt über einen gut ausgebauten öffentlichen wie privaten Dienstleistungssektor, hat ihrer Größe entsprechende Behörden, zum Beispiel die Kreisverwaltung Bernkastel-Wittlich, dazu Schulen und soziale Einrichtungen vielfältiger Art.

Der Industriebesatz der Stadt geht deutlich über den vergleichbarer Mittelzentren in ländlich strukturierten Gebieten von Rheinland-Pfalz hinaus. Die Entwicklung zum Industriestandort ist noch sehr jung und beruht im wesentlichen auf zwei Ursachen:
- Staatliche Förderung durch Aufnahme der Stadt in verschiedene Entwicklungsprogramme gab, zum Beispiel durch finanzielle Anreize wie Verbilligung von Investitionskosten bis 20 Prozent, seit 1960 wesentliche Impulse für die Ansiedlung neuer Industriebetriebe.
- Der Ausbau der A 1/48 (Saarbrücken–Trier–Koblenz; im Bild) schuf, wenn auch erst vergleichsweise spät im Jahre 1975 vollendet, die notwendigen verkehrsinfrastrukturellen Voraussetzungen für die neuen Betriebe.

Neues Industriegelände wurde mit einem Kostenaufwand von 25 Mio Mark erschlossen, darunter 12 Mio als eigener Finanzierungsanteil der Stadt. Von den vier Industriearealen sind zwei, zwischen Autobahn und Bundesstraße 49 gelegen, im Bild zu erkennen. Insgesamt entstanden im Rahmen des jungen Ausbaus zwischen 1964 und 1985 knapp 3500 neue Arbeitsplätze in zwölf Betrieben unterschiedlicher Produktionsrichtungen.

NORD

Die städtebaulichen und verkehrsmäßigen Probleme der Stadt *Idar-Oberstein* werden im Luftbild deutlich: die Siedlungsanlage im engen, stellenweise nur 150 Meter breiten Nahetal und die dadurch ausgelöste überaus schwierige Verkehrssituation. Diese wurde durch das in den 60er Jahren ständig wachsende Verkehrsaufkommen zunehmend verschärft, als täglich bis zu 25000 Fahrzeuge die beiden schmalen Stränge der B 41 rechts und links der Nahe benutzten. Der Bau einer Umgehungsstraße, der, reliefbedingt, außerordentlich aufwendig geworden wäre, erschien wenig nützlich. Verkehrsuntersuchungen hatten festgestellt, daß 80 Prozent des Verkehrsaufkommens aus Ziel- und Quellverkehr sowie aus dem Binnenverkehr resultierten. Als einzig mögliche Lösung des unerträglich gewordenen Verkehrsproblems wurde daher die Straßenüberbauung der Nahe angesehen, ein städtebauliches Novum.

Der entsprechende Stadtratsbeschluß von 1966, bei einer Stimmenthaltung einstimmig gefaßt, führte in der Öffentlichkeit zu außerordentlich heftigen Kontroversen, zu zeitweise erbittert ausgetragenen Interessenkonflikten. Die Gegner sahen in der Überbauung die Zerstörung des historischen Stadtbildes, eine Opferung der traditionellen Umwelt an den Verkehr – die Befürworter argumentierten, die Überbauung allein böte die Möglichkeit, eine humanere Stadtentwicklung durch Auslagerung des dichten Verkehrs und Sanierung der ufernahen Bauzonen einzuleiten und auf diese Weise Wohnwert und Attraktivität von Idar-Oberstein zu erhöhen. Es kam zu rund 300 Einsprüchen gegen die Planung, so daß acht Jahre bis zum Planfeststellungsbeschluß vergingen. Trotz aller Widerstände konnte am 24. September 1986 der Verkehr seinen Weg über die neue Verkehrsachse nehmen. Diese Achse durch den Stadtteil Oberstein ist 1875 Meter lang und 22 bis 25 Meter breit, hat durchgehend vier Fahrbahnen und ist über vier Knotenpunkte mit der Innenstadt verbunden. Bei einem Kostenaufwand von etwa 267 Mio Mark wurden unter anderem 114000 Kubikmeter Beton verbaut, jedoch auch 1800 Bäume und Sträucher und dazu 100000 Bodendecker gepflanzt.

Otmar Werle

Wittlich und sein Industriegelände
Flughöhe: 2650 m, Aufn.-Datum: 6. 7. 87

Idar-Oberstein im Nahetal: Der Stadtteil Oberstein mit der überbauten Nahe
Flughöhe: 2700 m, Aufn.-Datum: 11. 4. 88

Neues aus dem römischen Trier

In historischen Städten werden Veränderungen im Stadtbild auch dadurch bestimmt, daß altbekannte Baudenkmäler hergerichtet und ins rechte Licht gerückt oder gar neue wiederentdeckt und dem Betrachter dargestellt werden. Für solche denkmalpflegerischen – und letzlich auch touristisch wirkungsvollen – Maßnahmen ist das zweitausendjährige Trier ein Beispiel. So wies die Porta Nigra, das gegen 170/190 erbaute Nordtor des römischen Trier, durch mittelalterliche Eingriffe in ihrem mächtigen Quaderwerk zahllose Löcher auf, die in den 1960er Jahren aus statischen Gründen mit kleinteiligen Steinen ausgeflickt werden mußten.

Herzstück der Stadt ist neben dem mittelalterlichen Hauptmarkt die Kirchengruppe Dom – Liebfrauen (r. Abb.). Wie wir durch Ausgrabungen 1945 – 68 wissen, wurde die Doppelkirchenanlage unter Konstantin d. Gr. (gestorben 337), dem ersten christlichen Kaiser, gegründet und zog sich fast bis zum heutigen Hauptmarkt hin. Der quadratische Kernbau des Domes ist noch heute spätantik bis unter das Dach. Bei den Grabungen unter der Kathedrale wurden in einem älteren Saal sensationelle Deckengemälde der Zeit um 320 gefunden, die nach ihrer endgültigen Restaurierung seit 1988 im neubezogenen Dom- und Diözesanmuseum (r. Abb. rechts angeschnitten) zu bewundern sind.

Etwa 250 m südlich des Domes steht die um 310 begonnene, über 60 m lange „Basilika" mit ihrer genordeten Apsis und dem für Trier ungewohnten Ziegeldach (l. Abb. rechts unten), an sie angelehnt das ehemalige Kurfürstliche Palais. Im vorigen Jahrhundert war die Basilika als Kirche für die evangelische Gemeinde hergerichtet worden, in den letztverflossenen Jahren hat man ihre Umgebung neugestaltet. An ihrer Westflanke wurde ein großer, bis auf das spätantike Niveau abgesenkter Platz geschaffen, der dem gewaltigen Backsteinbau genügend Freiraum bieten soll und dabei Reste einer zugehörigen Säulenhalle sichtbar und ergehbar macht.

Im Winkel von Ost- und Südallee, also im Südostwinkel der mittelalterlichen Stadtmauer, liegen die „Kaiserthermen". Sie wurden etwa gleichzeitig mit der Basilika im 4. Jahrhundert erbaut. Auch sie haben sich in den letzten Jahren verändert. Ihre eindrucksvolle Ostfassade mit den drei Apsiden und den vielen Fenstern, von denen eines im Mittelalter als Stadttor diente, wurde restauriert und aus konservatorischen Gründen teilweise wieder hochgeführt. Sie bietet sich dem Beschauer heute wieder so dar, wie sie noch vor 300 Jahren erhalten war. Zwischen Kaiserthermen und Basilika zieht sich der „Palastgarten" hin; in den Zwickel zwischen ihm und der Ostallee schiebt sich das Rheinische Landesmuseum Trier ein, das auch die archäologischen Schätze aus Trier und Umgebung birgt und 1987 einen modernen Anbau bezogen hat.

500 m westlich des Landesmuseums ist der – erst nach 1800 entstandene – Viehmarktplatz gelegen, der eine Tiefgarage erhalten soll (l. Abb. oben). Eine vorgeschaltete Ausgrabung führte 1987 überraschenderweise zur Entdeckung einer bisher unbekannten Thermenanlage, die erheblich älter ist als die bislang bekannten Bäder Triers. Der Grundriß des Gebäudes, die einzelnen Säle, von denen die äußeren kreisbogenförmige Abschlußmauern haben, sind auf der Abbildung klar erkennbar, ebenso übrigens darüber die anders orientierten Mauern eines barocken Klosters und südlich daneben die ständig umwinkelnden Gänge eines Splitterstollens von 1943. Der römische Badekomplex bleibt als abgedeckte Museumsanlage erhalten und wird das zukünftige Aussehen des Viehmarktplatzes maßgeblich beeinflussen.

Nach Süden schloß sich ein Viertel mit privater Wohnbebauung an, sodann bis zur Südallee die Marktanlage des römischen Forums, dessen Grundriß in den letzten Jahrzehnten durch mehrfache Untersuchungen geklärt werden konnte. Vom Forum findet der Besucher freilich keine sichtbaren Reste. Das gilt auch für ein großes Heiligtum westlich des Viehmarktes, also außerhalb des Bildausschnittes. Hier wurden 1979 an der Mosel nahe der Römerbrücke Trümmer eines mächtigen Tempels entdeckt, der mit etwa 45·26 m Ausmaßen der größte war, den wir in Trier kennen.

Wolfgang Binsfeld

links: Die Südostecke des mittelalterlichen Trier mit den Römerbauten der Basilika und der Kaiserthermen sowie der 1987 unter dem Viehmarktplatz entdeckten Thermenanlage
Flughöhe: 800 m, Aufn.-Datum: 14. 6. 88

rechts: Dom und Liebfrauenkirche mit Umgebung, dahinter der Hauptmarkt und die St. Gangolf-Kirche
Flughöhe: 800 m, Aufn.-Datum: 14. 6. 88

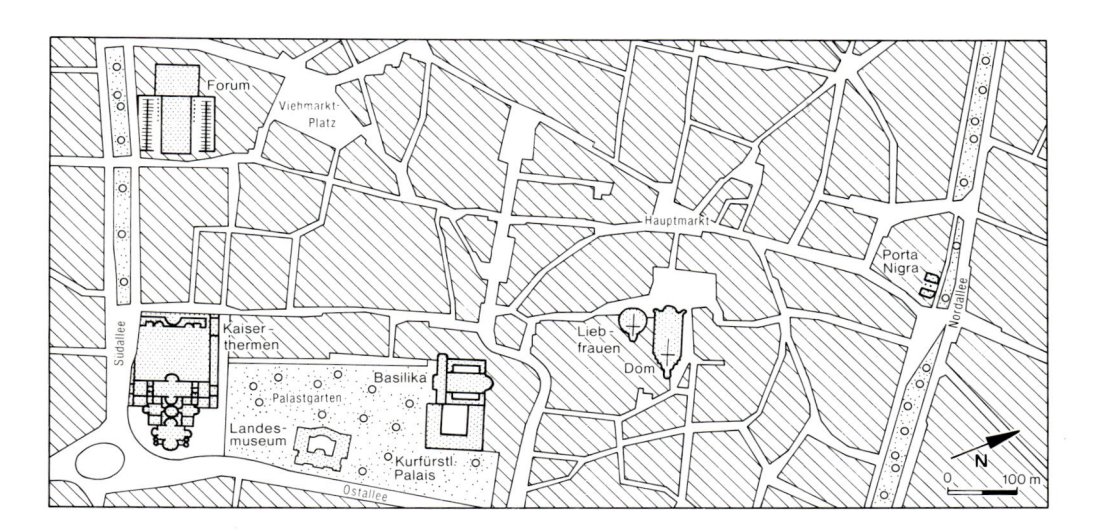

Kanalisierung von Mosel und Saar

Im westlichen Grenzraum der Bundesrepublik Deutschland wurden mit der Schiffbarmachung von Mosel und Saar zwei Großprojekte in internationaler Zusammenarbeit durchgeführt. Beide Projekte stehen in engem Zusammenhang mit der politischen und wirtschaftlichen Neubewertung, die dieser Raum im Rahmen der Europäischen Gemeinschaft erfuhr. Sie sollten dazu beitragen, die Standortbedingungen der Montanindustrie in den Revieren von Lothringen und an der Saar zu verbessern. Durch den deutsch-französisch-luxemburgischen Staatsvertrag vom Oktober 1956 wurde der Ausbau der *Mosel* zur Großschiffahrtsstraße beschlossen. Die Baumaßnahmen an der 270 Kilometer langen Strecke zwischen dem lothringischen Thionville und der Moselmündung bei Koblenz dauerten 8 Jahre und kosteten fast 1 Mrd. DM. Zur Überwindung des Höhenunterschiedes von 85 Metern wurden 14 Schleusen errichtet. Das Frachtaufkommen hat sich im langjährigen Mittel bei rund zehn Millionen Tonnen pro Jahr eingependelt.

Das Luftbild gibt einen typischen Ausschnitt des deutsch-luxemburgischen Grenzraums an der Obermosel wieder, wo sich der Fluß leicht mäandrierend in die Schichten des Muschelkalks eingeschnitten hat. In den südexponierten Steilhängen von Nittel (Bildmitte) liegen vorzügliche Rebstandorte; bedeutende Weinbergsareale weist auch die Luxemburger Uferseite (links) auf.

Am oberen Bildrand ist die Schleuse von Grevenmacher/Luxemburg zu sehen. Ihr gegenüber liegen auf deutscher Seite die Trierer Kalk-, Dolomit- und Zementwerke und ihre Verladeeinrichtungen.

Am 28. Oktober 1987 wurde die *Saar* auf dem Teilstück von Dillingen bis zur Saarmündung bei Konz nach etwa 14 jähriger Bauzeit für die Großschiffahrt freigegeben; die Gesamtstrecke des neuen Wasserweges ab Saarbrücken wird 91,3 Kilometer betragen. Sechs Schleusen mit Hubhöhen zwischen 14,50 und 3,80 Meter überwinden ein Gefälle von 56 Metern. Mit 1,7 Milliarden Mark geschätzter Baukosten (Stand 5/81) wird die Saalkanalisierung im Verhältnis wesentlich teurer als der Moselausbau.

Das Luftbild zeigt den Abschnitt mit den stärksten landschaftsverändernden Eingriffen. Da der Streckenausbau den Anforderungen der Wasserstraßenklasse IV genügen sollte (benutzbar für Schubverbände bis 172 Meter Länge), mußte der Wiltinger Saarbogen durch einen Kanal abgeschnitten werden.

Der 2,77 Kilometer lange Durchstich führt zwischen den bewaldeten Terrassenplateaus der Ayler Kupp (unten links) und des Sonnenberges (Bildmitte) durch einen ehemaligen Talmäander der Saar, dessen Feuchtwiesen völlig umgestaltet wurden.

Die vielfältigen Eingriffe in teilweise noch sehr naturnahe Ökosysteme auch an zahlreichen weiteren Stellen der Ausbaustrecke waren ein Hauptargument gegen den Saarkanal, zumal die Zweifel an der Wirtschaftlichkeit des Großprojekts bisher nicht ausgeräumt werden konnten. Positiv ist dagegen der Hochwasserschutz für die flußnahen Talgemeinden zu bewerten, in denen die Saar, deren Wasserführung zwischen 10 m^3/sec und 1160 m^3/sec differieren kann, bisweilen katastrophale Schäden angerichtet hatte. *Otmar Werle*

links: Das Tal der Obermosel bei Nittel
Flughöhe: 2600 m, Aufn.-Datum: 6. 7. 87

rechts: Der Saarkanal bei Wiltingen
Flughöhe: 2650 m, Aufn.-Datum: 6. 7. 87

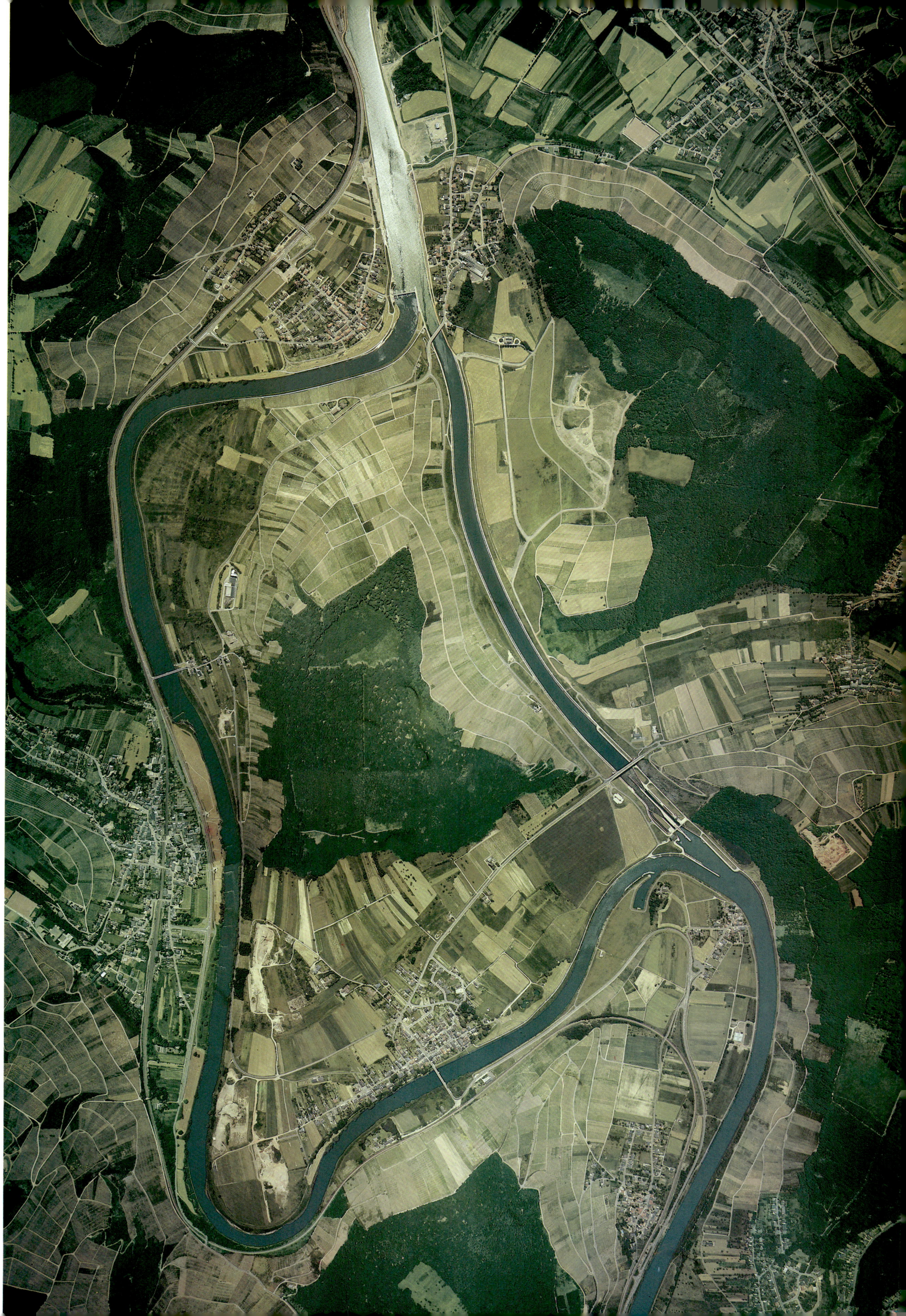

Saarbrücken

So beherrschend wie in der Luftbildaufnahme des heutigen Stadtbildes die Verkehrslinien sind, so ausschlaggebend war in den Anfängen der Besiedlung von Saarbrücken die Gunst der Verkehrslage.

Erster Besiedlungspunkt war eine keltische Fliehburg, welche auf dem Sonnenberg südlich von St. Arnual stand. Die günstige Lage im Saartal kam erst recht zur römischen Zeit zur Geltung, als am Kreuzungspunkt zweier wichtiger Handelsstraßen eine römische Siedlung am Fuße des Halbergs gegründet wurde. Aus dem 4. Jh. stammt der heutige Stadtnamen: „Villa Sarabrucca".

Im 7. Jh. entstand mit St. Arnual der älteste Siedlungskern von Saarbrücken. Das ehemalige Dorf St. Arnual wurde nach dem Erbauer der Stiftskirche (Bischof Arnual von Metz) benannt.

Das rechts der Saar gelegene St. Johann wurde 1265 erstmals erwähnt. Es erhielt seinen Namen von der im 9. Jh. gegründeten Dorfkirche. Es verdankt seinen Aufstieg vom einstigen Fischer- und Handwerkerdorf zum Handelszentrum dem zunehmenden Verkehr auf der Saartalstraße. St. Johann liegt in der rechten unteren Bildecke der Luftbildaufnahme.

Aus der Burganlage auf der linken Saarseite entwickelte sich das heutige Alt-Saarbrücken. Nach deren Zerstörung durch Kaiser Friedrich Barbarossa im Jahre 1168 wurde eine neue Ansiedlung angelegt, deren leiterförmiger Grundriß die Keimzelle der späteren Grafschaft und der Stadt Saarbrücken darstellte. 1321 erhielten St. Johann und Saarbrücken die Stadtrechte.

Das etwa 2000 m saarabwärts gelegene Malstatt, welches eine frühfränkische Siedlung als Ursprung hatte, fand erstmals 960 als Pfarrdorf Erwähnung. Malstatt nimmt in der Luftbildaufnahme den rechten oberen Bildausschnitt ein (siehe Skizze). Daneben liegt Burbach, welches sich mit Malstatt später aus einer kleinen bäuerlichen Gemeinde zum Industriezentrum Malstatt-Burbach entwickelte.

Saarbrücken und St. Johann blühten um die Wende vom 16. zum 17. Jh. stark auf. Sie bildeten ein für die damalige Zeit bemerkenswertes Handelszentrum, das seine Grundlage in dem italienisch-niederländischen Durchgangshandel, und auch in dem Handel mit Landeserzeugnissen wie Holz, Salz, Glas, Eisen und Steinkohlen hatte. 1677 war ein „schwarzes Jahr" für Saarbrücken und St. Johann, als die Franzosen die Stadt bis auf wenige Häuser niederbrannten. Der Wiederaufbau und das Aufblühen der Industrie war vor allem mit dem Namen Fürst Wilhelm Heinrich von Nassau-Saarbrücken verbunden. Einige barocke Baudenkmäler in der heutigen Großstadt erinnern noch an ihn und an seinen Hofbaumeister Friedrich Joachim Stengel (z. B. die Ludwigskirche). Die Förderung des Industriewesens durch den Fürsten führte zur Verstaatlichung des Kohlebergbaus und zur industriellen Verwertung der Kohle. Mit dem Regierungsantritt von Wilhelm Heinrich begann eine Flut von Neugründungen und Erweiterungen für die Eisenindustrie, von Glashütten und chemischen Betrieben.

1856 kam es zur Gründung der Burbacher Hütte, 1865 entstand ein leistungsfähiger Saar-Hafen auf dem Malstatter Bann. Die Hütte selbst zog die Errichtung weiterer Schwerindustriebetriebe nach sich. Diese Entwicklung führte dazu, daß Malstatt-Burbach im Jahre 1875 mit seinen 12 500 Einwohnern Saarbrücken und St. Johann überflügelte und zur Stadt erhoben wurde. Danach ergaben sich verschiedene funktionale Entwicklungstendenzen.

St. Johann wird Handels- und Einkaufsstadt. Hinzu kam 1896 die Eingemeindung von St. Arnual. Malstatt-Burbach wurde zum Industriestandort und zur Arbeits- und Wohnstätte der aus dem bäuerlichen Hinterland zugezogenen Arbeiterbevölkerung. Im Jahre 1909 kam es zur Vereinigung der 5 Anfangsgemeinden zur Großstadt Saarbrücken.

Das heute ca. 200 000 Einwohner zählende Oberzentrum ist seit 1956 Hauptstadt und kulturelles Zentrum des Bundeslandes Saarland. Die quer durch die Luftbildaufnahme verlaufenen Verkehrslinien der Eisenbahn, der kanalisierten Saar sowie der parallel zur Saar angelegten Stadtautobahn bringen die günstigen Verkehrslage zum Ausdruck. Etwa ein Viertel aller saarländischen Industrieunternehmen ist hier angesiedelt. Allerdings wurde der Hochofen der Burbacher Hütte im Rahmen der Restrukturierung der Eisen- und Stahlindustrie geschlossen. Lediglich das Walzwerk ist noch im Betrieb (auf der rechten Saarseite am linken Bildrand, siehe auch Skizze!). Dennoch weist Saarbrücken eine vielseitige weiterverarbeitende Industrie auf.

Die Saarmetropole hat auch als Universitäts- (ca. 17 000 Studenten), Kongreß- und Messestadt eine überregionale Bedeutung. Aufgrund der günstigen wirtschaftsgeographischen Lage innerhalb der Europäischen Gemeinschaft entwickelte sich die seit 1950 jedes Jahr stattfindende Saarmesse (Saarmessegelände auf der linken Saarseite gegenüber der Burbacher Hütte am Fuß des Schanzenberges) zu einer modernen Mehrbranchenschau von internationaler Bedeutung.

Nach allen Wechselfällen der deutsch-französischen Geschichte kam es schließlich zur Versöhnung zwischen beiden Völkern. Als ein Zeichen dafür ist der Deutsch-Französische Garten mit seinen herrlichen Anlagen und Teichen zu sehen, welcher ein Werk deutsch-französischer Zusammenarbeit darstellt und als Erholungsziel nicht nur von Saarländern besucht wird. Die Anlage liegt im Alt-Saarbrücker Stadtbereich am linken Bildrand gegenüber des Schanzenberges.

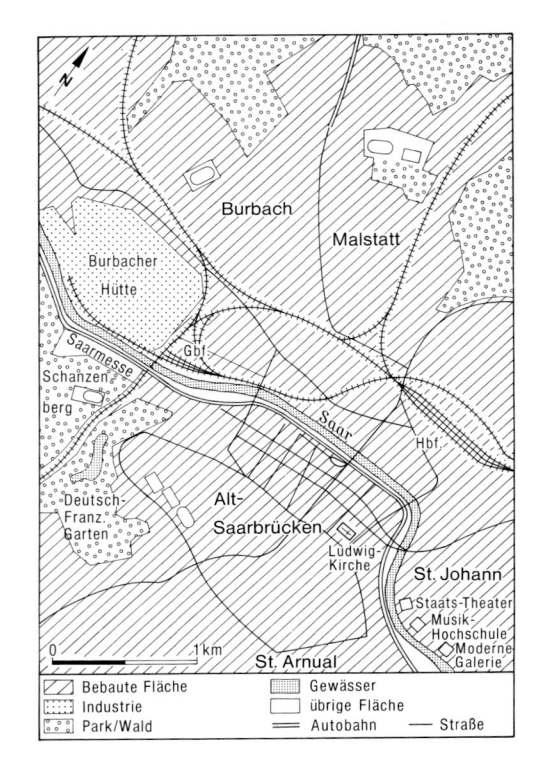

Täglich kommen 100 000 Einpendler in die Stadt: zu ihren Arbeitsplätzen, Schulen oder zum Einkauf. An kultureller Ausstattung weist Saarbrücken u. a. eine Musikhochschule, das Staatstheater und die Moderne Galerie (in der rechten unteren Bildecke in St. Johann) auf. In ihren Sammlungen finden sich bedeutende Gemälde und Skulpturen vom 19. Jh. bis zur Moderne, ihre Ausstellungen zur Gegenwartskunst werden überregional gewürdigt. Die wiederaufgebaute Ludwigskirche auf dem Ludwigsplatz (im Alt-Saarbrücker Stadtbereich) ist das bedeutendste Bauwerk der Stadt. Sie gehört zu den berühmtesten protestantischen Zentralbau-Kirchen aus dem Barockzeitalter. Am 5. Oktober 1944 wurde das Bauwerk bis auf seine Umfassungsmauern und den Turm zerstört. Der Wiederaufbau erstreckte sich über viele Jahre.

Gerd Kiefer

Saarbrücken, die Hauptstadt des Saarlandes, zwischen dem Stadtteil St. Johann und der Burbacher Hütte
Flughöhe: 3000 m, Aufn.-Datum: 5. 9. 86

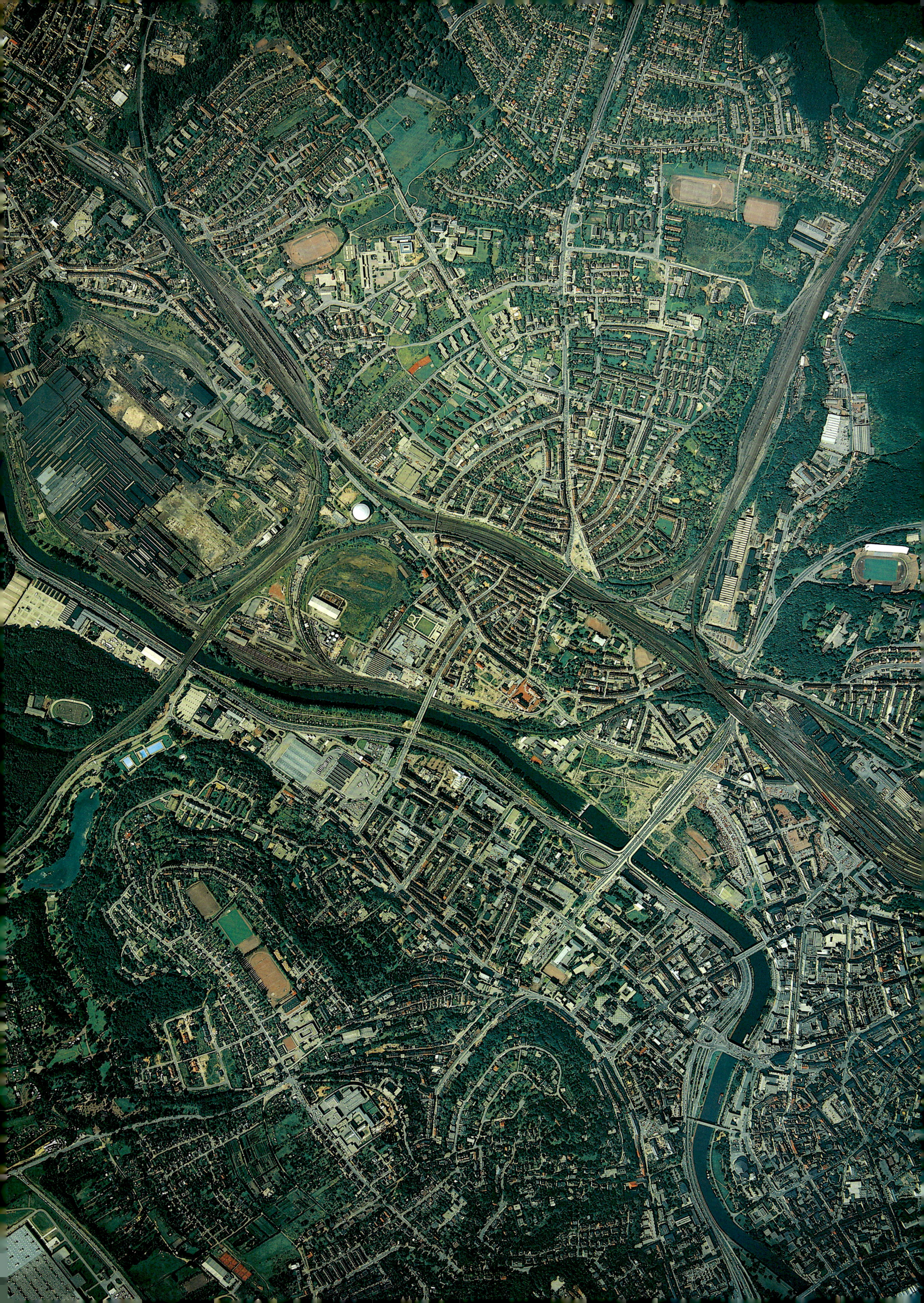

57 Städte im Saartal

Saarlouis und die Lisdorfer Aue
Flughöhe: 2600 m, Aufn.-Datum: 6. 7. 87

Das Saarlouiser Talbecken stellt mit den Städten Saarlouis und Dillingen ein wirtschaftlich bedeutsames Zentrum dar. Die ca. 40000 E. zählende Stadt Saarlouis hat ihren Ursprung in einer Wasserfestung, die in den Jahren 1680–1686 vom damaligen Festungsbaumeister Vauban erbaut wurde. Ausschlaggebend für die Wahl dieses Standortes war die Möglichkeit, den Flußlauf in das Befestigungssystem einzubeziehen. Die Festung, welche einen sternförmigen Grundriß aufwies, lag ehemals an der Saar. Im Zuge der Kanalisierung wurde dieser Flußabschnitt begradigt. Im unteren Bildabschnitt liegt dieser Saaraltarm, der mit seinen Baubeständen ein beliebtes Naherholungsgebiet darstellt. Der Großraum Saarlouis-Dillingen hat in industrieller und in landwirtschaftlicher Hinsicht besondere Bedeutung. Einmal hat sich neben der Montanindustrie (Dillinger Hütte, Grube und Kraftwerk in Ensdorf) eine vielfältige weiterverarbeitende Industrie (z. B. Automobilwerk in Saarlouis-Roden) angesiedelt. Zum anderen hat in der klimatisch begünstigten Talaue die Landwirtschaft, insbesondere die Gartenbauwirtschaft mit ihren Sonderkulturen (die Lisdorfer Au im oberen Bildabschnitt) ihren Schwerpunkt im Saarland. Durch eine langjährige Düngung und durch Ablagerung von Schlamm durch die Saar besitzt der Boden allerbeste Bedingungen für Intensivkulturen. Saarlouis hat trotz seiner Industrieentwicklung in seinem heutigen Stadtbild den Charakter einer Verwaltungs- u. Wohnstadt bewahrt. Verkehrsgeographisch liegt die Stadt günstig sowohl zur kanalisierten Saar als auch zu den Fernstraßen A 620, A 8 und B 51. Ensdorf oben links, Fraulautern unten links und Lisdorf, sind die umliegenden Orte.

Im Mündungsgebiet der Prims in die Saar liegt Dillingen, die zweite Stadt dieser Industrieregion. Das im 5. Jh. erstmals erwähnte Dillingen ist der bedeutende Industriestandort der saarländischen Schwerindustrie. Das Straßenkastell des heutigen Stadtteils Pachten hatte schon in römischer Zeit große Bedeutung durch die Lage an dem Kreuzungspunkt der zwei wichtigen Römerstraßen Trier–Pachten–Straßburg und Metz–Pachten–Tholey–Mainz. Dillingen und Pachten sind längst zu einem Ort zusammengewachsen. Den Großteil der Aufnahme nimmt das Industrierevier mit dem Hüttenwerk im Zentrum am Mäander der Prims ein. Hier wurde im Rahmen der Restrukturierung der saarländischen Montanindustrie im Dezember 1985 der größte Hochofen erstellt. Somit wurde das Ziel der ROGESA (Roheisengesellschaft Saar mbH) verwirklicht, die saarländische Roheisenerzeugung am Standort Dillingen zu konzentrieren. Die Zentralkokerei liegt direkt rechts neben dem Hüttenwerk. Am oberen Bildrand haben die FORD-Werke ihren Sitz. Eine zusätzliche Aufwertung erhält Dillingen durch den Bau eines Hafens. Beim Ausbau der Saar zur Großschiffahrtsstraße wird in der Talweitung ein Hafen mit einer Nutzlänge von 500 m und einem ca. 170 m langen Liegebecken gebaut. Die Stadt Dillingen am unteren Bildrand wurde im letzten Krieg weitgehend zerstört. Heute stellt sie eine saubere Gartenstadt dar, deren Zentrum durch seine Farbenfreudigkeit besticht.

Heiner Oberneßer

Dillingen mit Hütte und Autowerk
Flughöhe: 3000 m, Aufn.-Datum: 5. 9. 86

Mainz

Das Luftbild zeigt die Siedlungserweiterung der Stadt Mainz im Bereich der Hauptachse Gonsenheim-Finthen. Von der Innenstadt, die zwischen Rhein und Geländesprung sowie Eisenbahn und Industrieanlagen eingeschnürt ist, kam es nach dem 2. Weltkrieg zu einer axialen Erweiterung der Siedlungsfläche über die ehemals befestigten Höhen hinweg. Fingerförmige Entwicklungsachsen greifen in das Umland aus. Hier bildet die Stadt mit ihren Vororten Siedlungsbänder, zwischen denen sich noch die stadtklimatisch günstigen, landwirtschaftlich genutzten Freiflächen und Grünzonen ausbreiten. An deren Rand liegen Schulzentren (Hartenberg, Gonsbachtal) und Sportanlagen mit roten Tennisplätzen. Unterhalb des 12 v. Chr. errichteten Militärlagers auf dem Kästrich entwickelte sich nach 250 n. Chr. eine ummauerte bürgerliche Römerstadt am Rhein. Die verwinkelte Straßenführung der nachfolgenden mittelalterlichen Stadt ist heute noch im Grundrißbild (oberer Bildrand) zu erkennen. Die rechtwinklige barocke Stadterweiterung gliederte die vom Schloß ausgehenden parallel zueinander verlaufenden Straßenzüge der Großen, Mittleren und Hinteren Bleiche an. In diesem Kernbereich zwischen Rhein, Kaiserstraße, Bahnhof und Dom liegt die heutige Mainzer City. Die Geländeaufschüttungen vor der Stadtmauer am Rhein (nach 1850) und die Öffnung des inneren Festungsgürtels (1872) schufen Platz für die Anlage der gründerzeitlichen Neustadt (1873), den Bau des Zoll- und Binnenhafens (1887) und das nördlich anschließende Industriegebiet. Gemäß den Planungsidealen der Gründerzeit wurde der regelmäßige Schachbrettgrundriß mit Blockbebauung durch begrünte Plätze, Diagonalen und baumbestandene Achsen aufgelockert. Die Kaiserstraße mit dem Kuppelbau der Christuskirche, eine durch Grünflächen gegliederte Doppelachse, markiert die Grenze zwischen Altstadt und Neustadt.

Von Mombach, das 1907 eingemeindet wurde, ist im Bild nur der Teil der gründerzeitlichen Ortserweiterung erfaßt. Am Rande der industrialisierten Großstadtgemeinde entstanden in der Nachkriegszeit zunächst Einfamilienhäuser und Wohnblocksiedlungen. Anfang der 60er Jahre wurde ‚Am Polygon' ein großer Siedlungskomplex errichtet, der sich aus Mietblöcken, Hochhäusern und Reihenhausgruppen zusammensetzt.

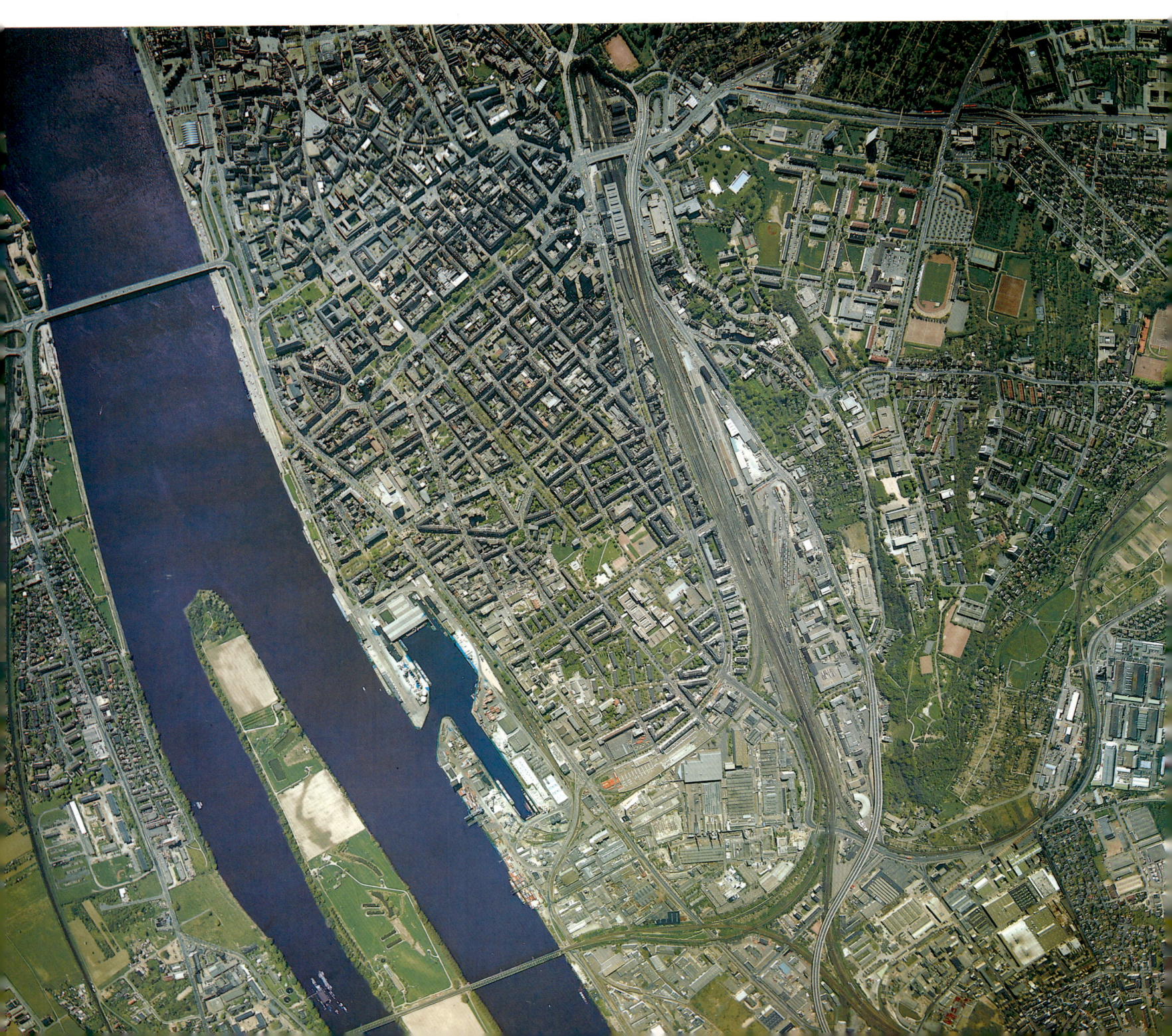

In dem Raum zwischen dem im Ausbau befindlichen Inneren Ring, der die Universität mit Gonsenheim und Mombach verbindet, und der Innenstadt hat sich nach dem 2. Weltkrieg ein Siedlungsgebiet mit Wohnblöcken und Einfamilienhausvierteln entwickelt. Es wird gegliedert durch die Industrieanlagen von Gonsenheim und ausgedehnte Grünflächenbänder, zu denen hier auch die landwirtschaftlich genutzten Talbereiche des Gonsbachs gerechnet werden. Zur jüngsten Bebauung gehören die bis 21 Stockwerke zählenden Hochhäuser am Wildparkgelände unmittelbar an der Autobahnabfahrt Lennebergspange und dem Naturschutzgebiet „Mainzer Sand". Den neuen Verwaltungsgebäuden (SAT I) am Inneren Mainzer Ring stehen die jenseits der Saarstraße gelegenen jüngsten Ausbauten der dynamisch wachsenden Universität gegenüber, die sich stadtauswärts vom Friedhof bis zum Inneren Ring erstreckt. Während die Streckenführung der Eisenbahn nach der Verlegung des Bahnhofes 1884 an die Grenze zwischen Altstadt und Neustadt kaum Veränderungen erfuhr, wurde das Straßennetz im Rahmen der Stadterweiterung grundlegend ausgebaut. Zur Entlastung der Rheinstraße, der Rampenbrücke zum Kasteler Kreisel und der Innenstadt wurde die Stadtrandtangente vom Binger Schlag über das Mombacher Industriegebiet zur Schiersteiner Brücke angelegt. Die Stadtkerntangente und der stellenweise fertiggestellte Innere Ring sind als Hauptquerverbindungen im Verkehrsnetz an die Radialachse der Saarstraße angeschlossen. Als äußerster Ring verläuft in 5 km Entfernung von der Innenstadt die 4-spurige Autobahn.

Die Ansiedlung neuer und der Ausbau der bestehenden Industrie, die Zunahme der zentralen Funktion der Landeshauptstadt und das Wachstum der Mainzer Wirtschaft führten zu hohen Wanderungsgewinnen, die sich besonders in dem dynamischen Ausbau weitflächiger Wohnsiedlungen manifestiert und Mainz zu einer der prozentual am stärksten wachsenden Städte in der Bundesrepublik Deutschland werden ließ.   *Nordwin Beck*

Profil von Mainz-Kastel bis -Finthen
Flughöhe: 2500 m, Aufn.-Datum: 24. 4. 88

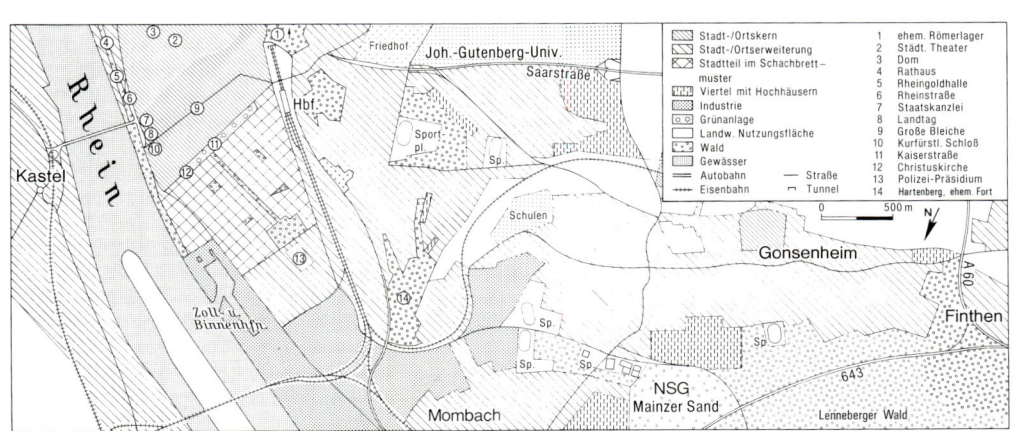

59 Der Rheingau und Wiesbaden

Nach Norden durch den Taunus geschützt, mit idealem Lößboden und überwiegend nach Süden gerichteten Hängen ausgestattet sowie klimatisch durch hohe Sonneneinstrahlung und geringe Niederschläge charakterisiert; das sind die Gunstfaktoren für den Weinbau im Rheingau.

Der Rheingau und die Ingelheimer Rheinebene. Winkel und Oestrich liegen rechts (oberhalb) des Rheins, gegenüber Ingelheim-Nord Flughöhe: 2450 m, Aufn.-Datum: 24. 4. 88

Das Senkrechtbild zeigt nur im oberen Teil einen Ausschnitt aus dieser Reblandschaft mit den Orten Winkel, Mittelheim und dem westlichen Teil von Oestrich. Auf dem gegenüberliegenden Rheinufer sieht man Ingelheim-Nord, nur wenige Meter über dem Rheinwasserspiegel gelegen.

Die Weine des Rheingaus haben einen guten Namen, sie zählen zu den besten in Deutschland. Wann mit dem Weinbau begonnen wurde, weiß man nicht genau. Es wird vermutet, daß dies schon vor der römischen Zeit geschah. In der Karolingerzeit wurde er auf jeden Fall gepflegt. Maßgeblichen Anteil an der Gestaltung des Rheingaus zu einer Weinbaulandschaft hatten die Zisterzienser des am Taunusrand gelegenen Klosters Eberbach. Der Rheingau erlebte im Hochmittelalter und im Barock eine Blütezeit. Nach der Säkularisierung wurden die Höfe des Klosters zu Staatsdomänen. Der Weinbau ging zurück, wohl nicht zuletzt wegen der Notwendigkeit, die zunehmende Bevölkerung mit Grundnahrungsmitteln zu versorgen. Auch der Reblausbefall führte zu einer Verringerung der Rebflächen.

NORD

NORD

Nach dem 2. Weltkrieg suchten sich viele Kleinbauern Arbeitsplätze in der Industrie oder im Dienstleistungssektor der nahegelegenen Hauptstadt des Landes Hessen, Wiesbaden. Die günstige wirtschaftliche Entwicklung der Bundesrepublik beschleunigte die Strukturveränderung und erhöhte die Nachfrage nach Wein. Zwar kennzeichnen nach wie vor Kleinparzellen die Flur, doch die einzelnen Betriebe haben sich vergrößert. Auch die Weinanbaufläche wurde stark ausgedehnt, sie ist in den letzten Jahren aber nicht mehr gewachsen.

Im Gegensatz zu allen anderen Weinbaugebieten Deutschlands, haben Flurbereinigungen bisher kaum stattgefunden. Vielleicht ist es für die Landschaft von Vorteil, daß man erst jetzt mit der Planung zur Neuordnung der Flur beginnt, kann man sich doch alle Erfahrungen, die auf diesem Gebiet in den letzten 30–40 Jahren gewonnen wurden, zunutze machen.

Das Luftbild gibt Auskunft über die Bedeutung des Rheintals als Verkehrsweg. Obwohl die Engtalstrecke des Mittelrheins erst rheinabwärts bei Bingen beginnt, bündeln sich die Verkehrswege schon hier. Durch die zahlreichen Pendler, die in Wiesbaden und Mainz arbeiten, hat der Verkehr sehr zugenommen. Obwohl eine gute Eisenbahnverbindung besteht – die Strecke verläuft parallel zur Straße – konnte die Bundesstraße 42, die durch die Orte führte, den Verkehr nicht mehr bewältigen. Auch wurde die Belastung der Bewohner durch Lärm und Abgase zu stark.

Aus diesem Grund hat man eine Umgehungsstraße gebaut, die streckenweise unmittelbar am Rheinufer entlangführt. Besonders in Eltville war die Streckenführung über viele Jahre umstritten.

Die Veränderungen der Landschaft durch Verkehrsanlagen sind auch am Rhein selbst abzulesen. Der Ausbau des Flusses zur Schiffahrtsstraße mit Begradigungen, Tieferlegung des Flußbettes und der Anlage von Leitdämmen hat veränderte ökologische Bedingungen bewirkt, die heute kritischer bewertet werden als früher.

Das Senkrechtluftbild von Wiesbaden (rechts) kann einen Stadtplan zwar nicht ersetzen, es ist aber sehr viel anschaulicher im Hinblick auf die Art der Bebauung, die Bebauungsdichte und den Anteil an städtischem Grün. Selbst die Phasen der Stadtentwicklung und baulichen Erweiterung lassen sich ausgezeichnet interpretieren.

Unregelmäßige Straßenführung und dichte Bebauung kennzeichnen den alten kleinstädtischen Kern in direkter Verlängerung des Rambaches, der durch den Kurpark fließt. Die erste Stadterweiterung erfuhr Wiesbaden durch die Funktion als nassauische Residenz in der Mitte des 18. Jahrhunderts. Aus dieser Zeit stammt das Schloß, heute Sitz des hessischen Landtages.

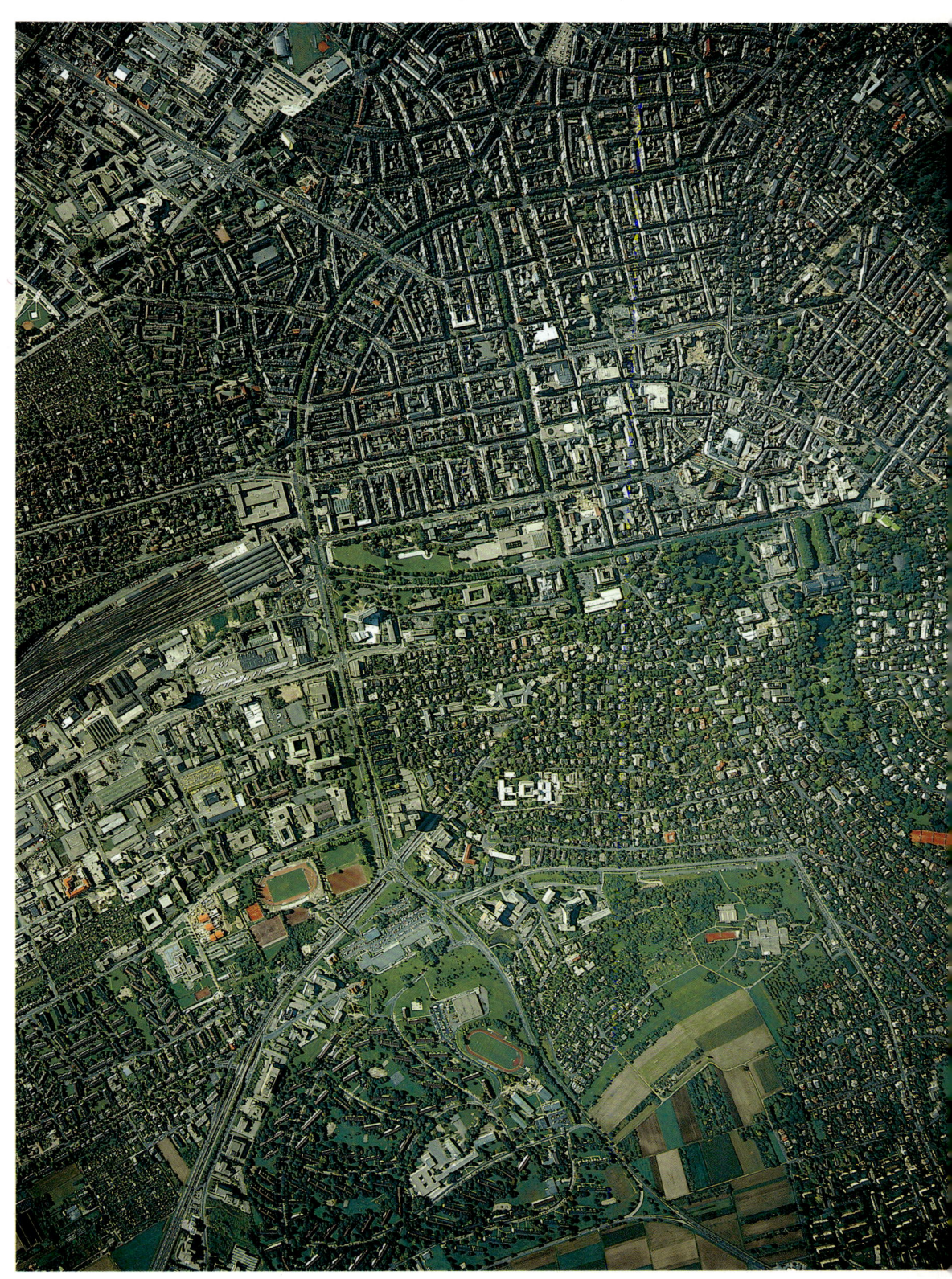

Die eigentliche Ausbauperiode fällt in die Zeit von 1860 bis 1910. Das regelmäßige Straßennetz und die gründerzeitliche Blockverbauung ermöglichen eine klare Abgrenzung dieses Stadtgebietes. Im Gegensatz zu den meisten anderen deutschen Städten ist das Wachstum nicht auf die Industrialisierung zurückzuführen. Wiesbaden, dessen Thermalquellen schon in der Römerzeit genutzt wurden, entwickelte sich als Residenz- und Kurstadt mit großbürgerlichem Publikum. Der 1. Weltkrieg beendete diese Entwicklung, und in den zwanziger Jahren wandte man sich der Entwicklung der Industrie zu. Sie wurde überwiegend in den 1926 eingemeindeten Orten Schierstein und Biebrich angesiedelt. Innenstadt und Villenvororte haben ihren Charakter weitgehend erhalten. Der Ausbau, der nach dem 2. Weltkrieg geschah, weil Wiesbaden Landeshauptstadt wurde, ist nur ansatzweise auf dem Bild zu erkennen. Er vollzog sich im Osten und im Norden der Stadt bis an den Rand des Taunus.

Manfred J. Müller

Wiesbaden, eine alte und neue Residenz- und Kurstadt am Südhang des Taunus
Flughöhe: 3000 m, Aufn.-Datum: 20. 9. 86

Frankfurt am Main

Das Luftbild umfaßt die zentralen Teile der Stadt Frankfurt: die alte Reichsstadt, die in dem sternförmig gezackten grünen Gürtel zum Main (unteres rechts Bilddrittel) eingeengt ist, das gegenüberliegende Sachsenhausen, die Ausweitungen der Wohnviertel im 19. und 20. Jahrhundert in Richtung Bornheim (rechts unten) und das Hauptbahnhof- und Güterbahnhofgebiet. Am linken oberen Bildrand ragt der große Stadtwald in die Siedlungszone hinein, der an seinem Rand Tennis- sowie Sportplätze und die Niederräder Rennbahn aufgenommen hat. Auf die etwa 12 km Länge des Flusses im Bildausschnitt kommen 10 Brücken. Damit ist die Klammerfunktion der Doppelstadt Frankfurt-Sachsenhausen deutlich genug angezeigt.

Zwischen dem Bornheimer Berg (rechte untere Bildecke) und dem Sachsenhäuser Berg (Brauereigebäude mit Großdachanlagen und helle Kreisfläche des Henninger Turms) ziehen tertiäre Kalke als harter Felsboden durch den Fluß. An dieser Furt kam es zur Bündelung der Verkehrswege von Nord nach Süd, die sich hier mit einem Ost-West-Handelsweg kreuzten.

In der fränkisch-merowingischen Zeit war die „Frankenfurt" wohl der bedeutendste Mainübergang, sie gab dem im 8. Jahrhundert noch unbefestigten Dorf ihren Namen. Die entscheidende Veränderung kam mit der Pfalz Karls des Großen, wodurch gewisse Mittelpunktfunktionen entstanden. Die Erweiterung dieser alten Pfalzstadt im 12. Jahrhundert ist deutlich im Straßenbild zu erkennen. Die älteste Straße über die Obermainbrücke, die über die langgezogene Insel dicht beim Sachsenhäuser Ufer zum Domhügel hinüberführt, mündet in eine breite Nord-Süd-Verbindung. Von einem fast quadratischen Platz (Konstabler Wache) beschreibt sie im rechten Winkel (Zeil) über die Hauptwache in leichtem Bogen, der über den Roßmarkt in Richtung der deutlich zu erkennenden großen Theaterdoppelanlage zur Untermainbrücke strebt. Diese Grenzlinie war in der ersten Hälfte des 12. Jahrhunderts festgelegt und auf ca. 200 Jahre durch die sogenannte Staufenmauer gesichert worden. Sie wird heute noch von dem Hirschgraben, Holzgraben und dem Wollgraben nachgezeichnet.

Zwei Haupttore, die Bockenheimer Pforte (Alte Oper) im Westen und die Bornheimer Pforte am nördlichen Ende der Fahrgasse, kennzeichnen den späteren Ansatzpunkt wichtiger Ausfallstraßen. Im Norden waren der Stadt viele Viehmärkte vorgelagert, wovon die Straßenbreite vom Roßmarkt über die Hauptwache zur Zeil Zeugnis ablegt. Letztere ist heute die größte Kaufhausstraße Hessens und von zentraler Bedeutung für die an Wohnbevölkerung armen City.

Auch die zweite große Stadterweiterung, durch kaiserliche Privilegien 1333 gesichert, ist deutlich im Lineament der Straßenführung (Grüngürtel) zu erkennen. Die 1240 und 1333 eingerichteten Frühjahrs- und Herbstmessen verliehen dem Speditions- und Kaufmannsgewerbe wie dem Geldwechsel einen bedeutenden Aufschwung. Die Neustadt des 14. Jahrhunderts blieb lange Zeit von Gärten und Landhäusern durchsetzt, erst im 18. Jahrhundert wurde eine hohe Bebauungsdichte erreicht. In der Mitte des 17. Jahrhunderts hatte man die Mauern durch vorgebaute Bastionen verstärkt.

Die Bastionen wurden 1804–1806 geschleift. Die „Wallservitute" sicherten durch ein Bauverbot die neu entstandene Grünzone, die bis heute einen besonderen Schmuck der Stadt darstellt. Später wurde für ein paar repräsentative Gebäude (Schauspielhaus, Opernhaus) eine Sonderbaugenehmigung gewährt. Der sternförmige Anlagenring zeichnet die Bastionen deutlich nach.

Der nächste Wachstumsabschnitt, der sich rund um diesen Gürtel legt, gibt sich in großen Häusergevierten (Wohnstadt des 19. und beginnenden 20. Jahrhunderts) zu erkennen. Reste der einst privaten, heute städtischen Parks, sind in diese Gebiete dichtester Bebauung eingestreut. Diese gewaltige Ausdehnung der Stadt um mehr als das 5–6fache geht auf die wirtschaftliche Prosperität insbesondere der 2. Hälfte des 19. Jahrhunderts zurück. Der Zustrom der im ländlichen Lebensbereich verarmenden Bevölkerung äußerte sich in einem Bauboom (Stadtfüllung). Die jährliche Zunahme der Stadt von 1871–1905 betrug 6%, während es bei dem Wiederaufbau der Stadt Frankfurt von 1950–1960 nur 2,7% waren. 60 Luftangriffe während des Zweiten Weltkrieges trafen 75% des Stadtgebietes, 30% aller Gebäude wurden vernichtet. Die heute ca. 550000 Einwohner zählende Stadt war damals auf 200000 reduziert worden.

Daß sich auch die City entscheidend gewandelt hat, kann man aus dem Luftbild an den Hochhäusern ablesen. Im Frankfurter Westend, d.h. in dem Gebiet um die Alte Oper, die sich mit ihrem großen Vorplatz deutlich in der Grünzone heraushebt, hat sich bis hin zum Schauspielhaus das Banken- und Versicherungszentrum der Metropole entwickelt.

Lenken wir den Blick auf den Hauptbahnhof. Er wurde 1883/88 mit 5 Tonnengewölben über den 200 m breiten Gleisanlagen errichtet. 77 km Gleisgelände sind im Bahnhofsbereich verlegt. Die Weichen werden von einem modernen Bildstellwerk gesteuert, damit die Abfertigung von 1200 Zügen täglich reibungslos verläuft. 50000 Fahrgäste sind es täglich, die hier ein- und aussteigen. Vor dem Hauptbahnhof verläuft eine breitgeschwungene, halbkreisförmige Straße. Sie weist die größte Verkehrsdichte aller Frankfurter Straßen auf. Der Güterbahnhof schließt sich rechts an den Hauptbahnhof an. Er ist in mehreren Verladehallen ebenfalls als Kopfbahnhof zu erkennen. Er soll möglicherweise ganz aus der Stadt verschwinden, um hier neuen Dienstleistungshochhäusern Platz zu machen.

Das Messegelände, das sich an den Güterbahnhof anschließt, weist sich durch große Messehallen aus, am deutlichsten fällt die Festhalle mit ihrem grünen Dach auf. Daneben wird in den nächsten drei Jahren das größte Hochhaus Europas entstehen.

Frankfurt hat in den Zwanziger Jahren seine Messetradition mit großem Erfolg wieder aufgenommen. Seitdem hat auch das private Baugeschehen mit dem kommunalen Bauen, insbesondere mit dem Wohnsiedlungsbau und der Errichtung von Großbauten (Stadions, Großmarkthalle) gewetteifert.

Entlang des Gleisgeländes des Hauptbahnhofs, insbesondere in dem Gebiet zwischen Gleisanlagen und Fluß, entstanden in den letzten Jahren westlich des städtischen Kraftwerks zukunftsweisende Industrien und Forschungszentren.

Auf der südlichen Mainseite tritt im oberen Bildbereich die 1900 eingemeindete Vorstadt Niederrad als nahezu in sich geschlossener Stadtteil hervor. An dem alten kleinen Siedlungskern des ehemaligen Dörfchens begannen sich schon in den Gründerjahren neue städtische Wohneinheiten anzuschließen. Die große Ausdehnung von Niederrad erfolgte jedoch erst nach 1950. Die Zunahme der Wohnbevölkerung hat sich in den Randzonen von Sachsenhausen besonders markant in den großen Blocks des sozialen Wohnungsbaus zwischen den Gleisanlagen in der linken Bildmitte niedergeschlagen. Niederrad wurde deshalb sehr rasch als Standort im Dienstleistungsbereich angenommen, weil Weltfirmen in der Nähe des Flugplatzes ihre Verwaltung günstig unterbringen konnten.

Dagegen ist Sachsenhausen seit eh und je mit Frankfurt so eng verzahnt, daß man es nicht von der gegenüberliegenden Seite getrennt sehen kann. Die villenartigen Bauten am Mainufer nehmen bedeutende Bildungseinrichtungen der Stadt auf (Museumsufer).

Eugen Ernst

Frankfurt, Zentrum sowie -Sachsenhausen und -Niederrad
Flughöhe: 3000 m, Aufn.-Datum: 20.9.86

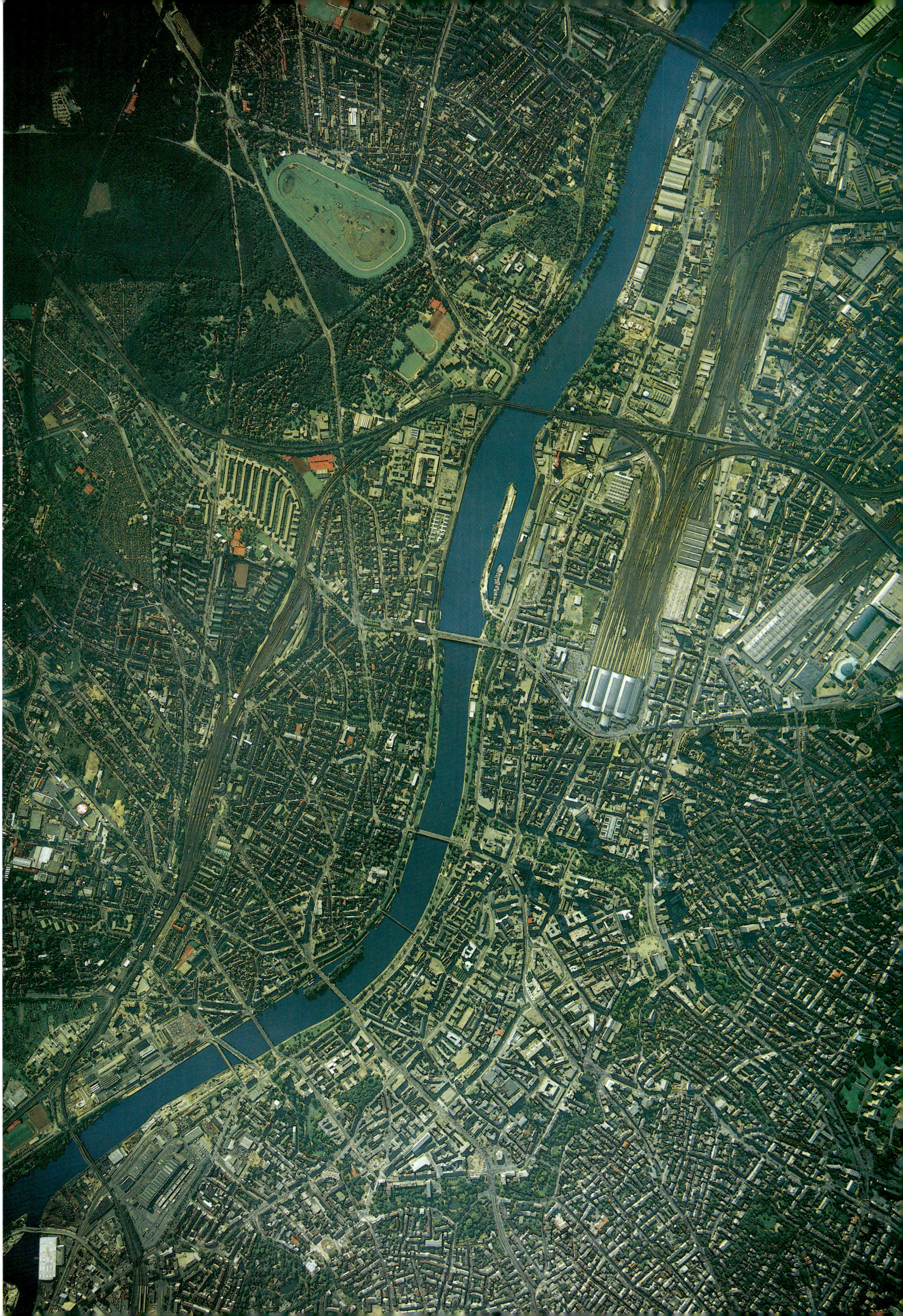

61 Frankfurt Flughafen

Im Bildmittelpunkt erstreckt sich in Ost-West-Richtung das alte parallel laufende Start- und Landebahnsystem, das am westlichen Ende in die neue Startbahn 18 West übergeht. Der untere Bildrand wird bestimmt durch die wichtigsten Gebäude des Flughafenareals, das Terminal und die Flugsteige, aber auch die Frachtanlage und Wartungshallen sowie die Hotelgebäude. Der südöstliche Teil des Bildes, d. h. das obere Bildfeld wird im linken Bereich von den Gebäuden und den Anlagen der US-Air-Base eingenommen. Ein kleiner baulicher Neuansatz der Entwicklung befindet sich im westlichen Bereich der Südhälfte des Bildes.

Orientieren wir uns zunächst im unteren Bildbereich, so fallen am ehesten die zentralen Abfertigungsbauten auf. An den Fingerflugsteigen können 36 Flugzeuge gleichzeitig be- und entladen werden, darunter 30 Großraummaschinen. Das riesige Empfangsgebäude wurde 1972 fertiggestellt. Es ist 470 m lang, beherbergt die Schalterhallen, die Empfangsanlagen, eine Reihe von Gaststätten und sehr viele Geschäfte. Unter dem Terminal befindet sich eine Tiefgarage für 6000 PKW, die in 3 Ebenen untereinander angeordnet ist, außerdem 1000 Einstellplätze in einem Parkhaus und ein Durchgangsbahnhof, der mit S-Bahn-Zügen die Nahschnellverbindungen herstellt, aber auch Fernzüge von Mainz nach Frankfurt über den Flughafen leitet. Links dieses eigentlichen Herzstückes des Flughafens sind eine Reihe von alten Flughafengebäuden gerade im Umbau begriffen. Auf der rechten Seite, d. h. also nach Westen, dehnen sich große Hallen aus, die im Anschluß an die Fingerflugsteige die Hauptniederlassung der Deutschen Lufthansa aufgenommen haben. Es schließen sich dann die großen Wartungshallen an. Am markantesten fällt der Hanger 5 mit seinen mächtigen Dacheinbiegungen auf, der 320 m lang und 100 m breit ist. Hier können 6 Boing 747 oder 14 vierstrahlige Langstreckenmaschinen zugleich Platz finden. Von dem großen Tanklager nach Westen beginnt einer der aufwendigsten Teile der Flughafenbauten, das Frachtzentrum. Seit 1978 zählt es zu den modernsten Frachtumschlagseinrichtungen in der Welt, mit der größten Stückgut-Sortieranlage Europas und großen Speditionszentren. Vermutlich müssen im Süden des Flughafens neue große Frachtbereiche erstellt werden.

Eine deutliche weiße Markierungslinie schottet das Flughafengelände von der vorbeiführenden Autobahn ab. Es handelt sich um die ca. 3,8 km lange Schallmauer, die mit 15 m Höhe den Bodenlärm gegen Kelsterbach hin abschirmt.

Das Landebahnsystem besteht aus zwei parallelen Start- und Landebahnen in etwa 500 m Abstand. Die Mittelachse dient mit den vielen diagonalen Bahnverzweigungen lediglich als Anrollweg für die startenden oder gelandeten Maschinen. Die im östlichen Landesystem mittlerweile überdeckten Pisten deuten an, daß die gesamten Start- und Landebahnstrecken in den letzten Jahren, insbesondere seit 1979, ca. 400 m nach Westen verschoben wurden. Dies war notwendig geworden, um durch ein Instrumentenlandebahnsystem die Start- und Landebedingungen in Frankfurt für alle Wetterlagen sicherer zu machen. Allerdings ist ein paralleles Starten und Landen bei der nur 500 m voneinander entfernt geführten parallelen Pisten nicht möglich, weil die Wirbelschleppen insbesondere der großen Maschinen dies nicht zulassen. Umso wichtiger ist das Vorhandensein der Startbahn 18 West, die zwar zu einer großen Konfrontation zwischen Bürgern und Staat geführt hat, die aber den Flugplatz um ca. 25%, insbesondere in den Spitzenzeiten,

entlastet. Letztere ist ca. 4000 m lang und 45 m breit. Es war gerade die Knotenfunktion des Frankfurter Flughafens und die damit verbundenen Umsteigemöglichkeiten, die einen Verzicht auf die Startbahn 18 West nicht länger erlaubten. In den siebziger Jahren war es in Spitzenzeiten immer wieder zu Engpässen gekommen, so daß viele Flugzeuge in Warteschleifen unwirtschaftlich Zeit und Treibstoff verbrauchten oder mit laufenden Motoren in Wartepositionen verharrten. Eine Entzerrung des gesamten Fahrplans war wegen der weltweiten Verflechtung des Frankfurter Flughafens jedoch nicht möglich. Es sind knapp 200 Fluggesellschaften, die den Frankfurter Flughafen anfliegen. Der Frankfurter Flughafen beschäftigt heute ca. 45000 Menschen, er steht mithin als Arbeitgeber im Land Hessen an erster Stelle.
Der Flugbetrieb hat sich gegen alle Prognosen gerade in den letzten Jahren erheblich weiterentwickelt, wie die folgende Tabelle zeigt.

Eugen Ernst

Der Rhein-Main-Flughafen, rechts die neue Startbahn West
Flughöhe: 3000 m, Aufn.-Datum: 20. 9. 86

NORD

	1950	1960	1970	1980	1986
Flugbewegungen:	13076	85257	195802	222293	249676
Fluggäste	195330	2172484	9401842	17664171	20495975
Fracht (t)	3652	46910	327323	642850	859886
Luftpost (t)	1615	11875	59353	91918	121632

Weinbau am Haardtrand

Der steile, bis über 450 Meter aufragende ostwärtige Gebirgsrand des Pfälzerwaldes zwischen dem Lautertal im Süden und dem Eckbachtal im Norden wird auch „Haardt" oder „Haardtwald" genannt; dementsprechend kann man die zur Rheinebene stufenartig abfallende sanftwellige Vorbergzone auch als den „Haardtrand" oder als „Haardtvorland" bezeichnen. Bekannter ist diese Landschaft allerdings durch die von Schweigen an der deutsch-französischen Grenze nach Norden bis Grünstadt verlaufende „Deutsche Weinstraße". Mit dieser Benennung hat man seinerzeit der Tatsache Rechnung getragen, daß in den Städten und Dörfern entlang dieser Straßen intensiver Rebenanbau betrieben wird und daß deren Ortsnamen selbst für die besten Lagen des süd- und vorderpfälzischen Weingebiets stellvertretend stehen.

Das Luftbild zeigt einen Ausschnitt des nördlichen Haardtrandes beiderseits von Bad Dürkheim. Man erkennt die Gegensätze zwischen den bewaldeten Höhen des Gebirgsrandes und den intensiv agrarisch genutzten Vorflächen sowie den besiedelten Arealen. Letztere gehören insgesamt zu der (1987) gut 15 000 Einwohner zählenden verbandsfreien Kreisstadt Bad Dürkheim im Regierungsbezirk Rheinhessen-Pfalz, einer als Wein- wie als Kurort gleichermaßen bekannten Stadt an der Weinstraße. Lage und Grundriß der Siedlungen werden durch mehrere Orientierungslinien verdeutlicht.

In der rechten oberen Bildhälfte führt am Westrand des fast als Dreieck erscheinenden Dürkheimer Stadtteils Ungstein die B 271 als Teil der Deutschen Weinstraße herein. Merklich verbreitert und ausgebaut ist sie am Nordrand der Stadt mit mehreren anderen Straßen verbunden, so mit der B 37, die Ludwigshafen und Kaiserslautern verbindet. Nach Süden (Bildmitte, unten) verläuft die B 271 geradlinig in Richtung Neustadt. Insgesamt erscheinen die Straßen außerhalb der Siedlungen oder an deren Rändern gut ausgebaut und verkehrsangepaßt, so auch die in der linken Bildhälfte nach Norden gehende „Nebenstraße" nach Grünstadt. Von den Ortsdurchfahrten sowohl in Ungstein als auch in Bad Dürkheim selbst kann davon nicht die Rede sein.

Als gleichmäßig dunkle Linien lassen sich Eisenbahnstreckenabschnitte verfolgen, die von Osten und von Süden in den Kopfbahnhof von Bad Dürkheim hineinführen. Sie sind ein Teil der mehr lokal bedeutsamen Bahnlinien am Gebirgsrand, bei denen einige Strecken auch schon stillgelegt wurden, wie etwa der vergrünte Umgehungsbogen ostwärts der Stadt oder die Nebenbahnstrecke entlang des nördlichen Saums des B 37 (rechter Bildrand, Mitte). Vor dem Hintergrund des offensichtlich jungen Ausbaus im Straßennetz wird hier die Kümmerfunktion der Bundesbahn deutlich.

Das Siedlungsgebiet von Bad Dürkheim läßt sich in mehrere Bereiche gliedern. Um das dicht bebaute Zentrum kann man im Westen noch das Oval eines Straßenzugs sehen, welcher der Stadtbefestigung aus dem 14. Jahrhundert folgt. Die Stadt selbst wurde schon um 950 urkundlich erwähnt; zwischen 1725 und 1794 war sie Fürstlich Leiningen'sche Residenz.

An die Altstadt schließen sich entlang der Ausfallstraßen jüngere Ausbaugebiete an, meist mit Grün- oder Gartenflächen hinter der Häuserzeilen; in Bahnhofsnähe ist ein Geschäfts- und Ladenviertel mit zum Teil sehr modernen Großbauten entstanden. Gegen die Peripherie wird die Bebauung zunehmend uniform, so im Osten im Stadtteil Trift (gemischtes Wohn- und Gewerbegebiet); so – in lockerer Bebauung – nach Südwesten (Stadtteil Seebach). Isoliert liegen im Norden der Stadt das ehemalige Weingärtnerdorf Ungstein – mit einer ebenfalls abseitig liegenden Kleinsiedlung (beim Sportflugplatz „Deutsche Weinstraße") sowie der Wohnplatz Pfeffingen an einer Biegung der B 271.

Auffällig ist ein Areal am nördlichen Stadtrand mit Grün- und Sportanlagen und besonders gestalteten Großbauten. Das hufeisenartige Gebäude ist das Kurhaus, der ostwärts davon liegende Langbau ist das 330 m lange Gradierwerk, ein Freiluftinhalatorium des Kurviertels von Bad Dürkheim. Im Mittelalter trug die Salzgewinnung erheblich zum wirtschaftlichen Aufschwung der Stadt bei. Als sie unrentabel wurde, konnten die vorhandenen Solquellen einem Kurbetrieb zugeführt werden. Seit 1906 ist Dürkheim Badeort; das Kurhaus wurde anstelle des 1794 zerstörten Leiningen'schen Schloß erbaut. Zu den schon früher vorhandenen sechs Quellen, von den die Maxquelle die bedeutendste Arsen-Solquelle Europas ist, wurde 1960 noch ein Natrium-Calzium-Chloridquelle neu erbohrt. Das Spielkasino im Kurhaus steigert die Attraktivität des Bades erheblich. Dürkheim genießt auch als Kongreßstadt einen gewissen Ruf.

Nach Norden schließt sich an das Kurviertel jener Bereich an, der Bad Dürkheim in anderer Weise berühmt machte. Dort steht unter anderem das Riesenfaß (links in der Straßenspindel), das 1 700 000 Liter Wein fassen würde, wenn es nicht als Gaststätte für 600 Besucher umgebaut worden wäre. Rund um dieses Faß findet jährlich in der ersten Septemberhälfte der „Dürkheimer Wurstmarkt" statt, das größte Weinfest der Welt, das gut eine halbe Million Besucher in die Stadt an der Weinstraße bringt. Denn Bad Dürkheim ist mit einer bebauten Rebfläche von rund 1 000 Hektar nach Neustadt, Landau und Worms die viertgrößte weinbautreibende Gemeinde der Bundesrepublik und damit auch der Pfalz. Der „Haardtrand" hat eine Fläche von 262 Quadratkilometer und ist in seinem ganzen Süd-Nord-Verlauf mit Rebflächen bedeckt. Unter dem Einfluß einer deutlichen Klima- und Bodengunst hat sich hier ein monokulturartiges Weingebiet entwickelt, das nur in unzugänglichen Tal- oder in Nordhanglagen anderweitig genutz wird. Die Andauer eines 5°C-Minimums über 250 Tage hinweg ermöglicht eine lange Reifezeit der Trauben. Bis in den November hinein, manchmal sogar noch im Dezember, sind Spätlesen zu gewinnen. Das „Bestimmte Anbaugebiet RHEINPFALZ" umfaßt die zwei Bereiche „Mittelhaardt/Deutsche Weinstaße" und „Südliche Weinstaße" mit ingsgesamt 26 Groß- und 335 Einzellagen. Müller-Thurgau- und Silvanerreben nehmen die Hälfte der Anbaufläche ein; der Riesling stockt nur in den wärmsten Lagen und erbringt daher auch die Spitzenweine. Rund 10 Prozent der Rebfläche sind dem (roten) Portugieser vorbehalten, aus dem warme und milde Tischweine erzeugt werden. Die Krise im Absatz der heimischen Weine ist auch an der Pfalz nicht vorübergegangen; noch konnte ihr freilich durch Rationalisierung im Anbau und in der Vermarktung etwas gesteuert werden. Das Luftbild läßt im Wegenetz der Rebflur einige Bereiche mit Neuanlagen erkennen. Dies deutet auf eine Rebflurbereinigung hin, in deren Gefolge nicht nur die durch zahlreiche Erbteilungen zersplitterte Flur saniert wurde, sondern auch Klein- und Mittelbetriebe zu rentablen Wirtschaftsbetrieben aufgestockt werden konnten. Solche Bereinigungen sind noch im Gange: Die helleren Flächen zwischen Bad Dürkheim und Ungstein werden zur Zeit umgelegt; sie sind im Zustand der Umstellungsbrache. Aber insgesamt sind derzeit nur noch ein Drittel aller Weinbaubetriebe Vollerwerbsbetriebe und können sich allein durch die Vermarktung von Flaschenweinen halten. Alle anderen Betriebe pflegen den Weinbau im Nebenerwerb oder als Zuerwerb. Hierzu gehört auch der Fremdenverkehr, der in den letzten Jahrzehnten beiderseits der Weinstraße erheblich zugenommen hat.

Heinz Fischer

Haardtvorland mit Bad Dürkheim und -Ungstein
Flughöhe: 2600 m, Aufn.-Datum: 5. 9. 86

Geographisches Institut
der Universität Kiel
Neue Universität

Chemiestadt Ludwigshafen

Das Luftbild zeigt einen Ausschnitt der Agglomeration Ludwigshafen-Mannheim. Der Rhein trennt als diagonale Leitlinie des Bildes beide Städte. Rechtsrheinisch mündet der Neckar, der die Stadt Mannheim in zwei Teile gliedert. Nördlich des scharf abgegrenzten Innenstadtbereichs von Mannheim sind ausgedehnte Hafenbecken mit Industrieanlagen, Lagerhallen, Bahn- und Straßentrassen zu erkennen. Zwei große Brücken verbinden das badische Mannheim mit dem pfälzischen Ludwigshafen auf der linken Rheinseite, der größten Stadt von Rheinland-Pfalz. Ludwigshafen ist in zwei deutlich unterscheidbare Räume geteilt. Vom unteren bis zum linken oberen Bildrand erstrecken sich die Stadtteile Mundenheim (unten), Friesenheim (mitte) und Oppau (oben). Rheinabwärts weitet sich keilförmig das riesige Industriegebiet der Badischen Anilin- und Soda-Fabrik (BASF) mit seinen fast 1600 Gebäuden aus, das Ludwigshafen den Beinamen „Stadt der Chemie" gegeben hat. Das Werksgelände gliedert sich in zwei Teile, die durch die etwa in der Mitte verlaufende Querstraße getrennt werden. Im unteren Werksteil „Ludwigshafen" werden Farben, Kunststoffe und Grundchemikalien hergestellt. Ferner ist hier in der Keilspitze die BASF-Forschungsabteilung angesiedelt. Im oberen Werksteil „Oppau" werden Düngemittel und petrochemische Artikel produziert. Paralell zu dem mehr als 5 km langen Uferkai, der hier im Gegensatz zum gegenüberliegenden Mannheim ganz gradlinig angelegt ist, verlaufen Eisenbahngleise, die von zwei Seiten in einen großflächigen Güter- und Rangierbahnhof münden. Außerhalb des Werksgeländes schließen sich links im Ortsteil Friesenheim ausgedehnte Areale mit Werkswohnungen für die BASF-Mitarbeiter an. Das Zentrum von Ludwigshafen ist am linken unteren Bildrand zu erkennen.
Trotz gleicher sehr guter Standortbedingungen an der wichtigsten Verkehrsader Europas haben die beiden Nachbarstädte Ludwigshafen und Mannheim sehr unterschiedliche Entwicklungen genommen. Die ehemalige Residenzstadt Mannheim mit ihrem schachbrettartigen Grundriß wurde Anfang des 18. Jahrhunderts vom pfälzischen Kurfürsten Karl Philipp zum Regierungssitz erhoben und erlebte in dieser Periode ihr erste Blütezeit. Ein Niedergang setzte ein, als die Residenzfunktion 1778 erlosch.
Zu Beginn des 19. Jahrhunderts begann man mit der Rheinkorrektur, um die bislang nicht nutzbare Rheinauen hochwassersicher zu machen. 1827 wurde der sog. Friesenheimer Durchstich vollendet und der Fluß nunmehr geradewegs nach Norden geleitet. Der ehemalige Flußverlauf ist auf dem Luftbild noch andeutungsweise zu erkennen: Der Industriehafen oberhalb von Mannheim ist Teil des Altrheins, der hier in einem großen Bogen in nordöstlicher Richtung verlief.
Durch die Begradigung wurde der Rhein bis zur Neckarmündung schiffbar. Diese so entstandene Lagegunst der Stadt Mannheim war Beginn eines neuen Aufschwunges. Mannheim entwickelte sich Mitte des 19. Jahrhunderts zum größten Getreidehandelsplatz Deutschlands.
Ludwigshafen – ursprünglich linksrheinischer Brückenkopf der Mannheimer Festung Friedrichsburg – wurde erst 1853 zu einer selbstständigen Gemeinde und 1859 zur Stadt erhoben.
1865 erwarb der Mannheimer Unternehmer Friedrich Engelhorn Grundbesitz an den linksrheinischen Kais des Friesenheimer Durchstichs und gründete die Badische Anilin- und Soda-Fabrik (BASF). Mannheim entwickelte sich aus der Residenztradition zu einem Handelshafen. Ludwigshafen verschrieb sich der chemischen Industrie und nahm einen rasanten wirtschaftlichen Aufschwung.
Die Lage Ludwigshafens zur Gründung einer chemischen Fabrik war außerordentlich günstig: Der Rhein ist eine billige Verkehrsstraße, er liefert Wasser und nimmt die Abwässer auf; die 1849 fertiggestellte Ludwigsbahn stellte schon früh die Verbindung zum Saarkohlerevier her; im Hinterland bis zum Haardtrand leben sehr viele Menschen, die für das Werk ein geradezu unerschöpfliches Arbeitskräftepotential darstellen.
Entscheidend für den wirtschaftlichen Aufschwung der BASF waren bedeutende Erfindungen die hier gemacht wurden. Anfang dieses Jahrhunderts konnten die BASF die Ammoniak- und die Stickstoffsynthese großtechnisch verwirklichen. Düngemittel, Pflanzenschutzmittel, Kunststoffe sowie pharmazeutische Artikel ergänzten nach und nach die Produktpalette, die heute aus mehr als 6000 verschiedenen Erzeugnissen besteht.
Grundstoffe für die meisten Produkte sind Kohle, Erdöl und Erdgas. Letztere werden in Pipelines nach Ludwigshafen transportiert. Erdöl wird in der BASF-eigenen Raffinerie (rechter oberer Bildrand) bearbeitet.
Chemische Produktionen verlangen einen sehr nachhaltigen Umweltschutz. Auch auf diesem Gebiet werden heute von der BASF große Anstrengungen unternommen. Chemieunfälle, der Streit um Belastungsgrenzwerte in Wasser und Luft sowie die immer größer werdenden Investitionen für einen wirkungsvollen Umweltschutz schaffen aber nicht selten Konflikte.
Einige Zahlen sollen die Entwicklung der Stadt Ludwigshafen und der BASF verdeutlichen:

Jahr	Einwohnerzahl von Ludwigshafen	Beschäftigte der BASF	Einwohner auf einen BASF-Beschäftigten
1853	11 500	—	—
1865	15 808	30	527
1895	58 100	4 450	13
1932	138 000	11 500	12
1950	124 684	25 500	5
1965	179 155	47 000	4
1987	161 832	55 000	3

Der Rückgang der Einwohnerzahlen von Ludwigshafen ist durch eine Umorientierung von der Stadt aufs Land zu erklären. Der Landkreis Ludwigshafen ist etwa um die gleiche Einwohnerzahl gewachsen wie die Stadt abgenommen hat. In der Stadt Ludwigshafen wohnen knapp 16000 BASF Angehörige. Der Pendlereinzugsbereich dehnt sich auf mehr als 60 Kilometer vom Werk aus. Der überwiegende Teil der Beschäftigten wohnt linksrheinisch, d.h. im Bundesland Rheinland-Pfalz. Die Pendlerwohnorte reihen sich entlang der wichtigsten Verkehrsstraßen auf, vor allem an dem weitverzweigten Autobahnnetz um Ludwigshafen.

Karl-Heinz Weichert

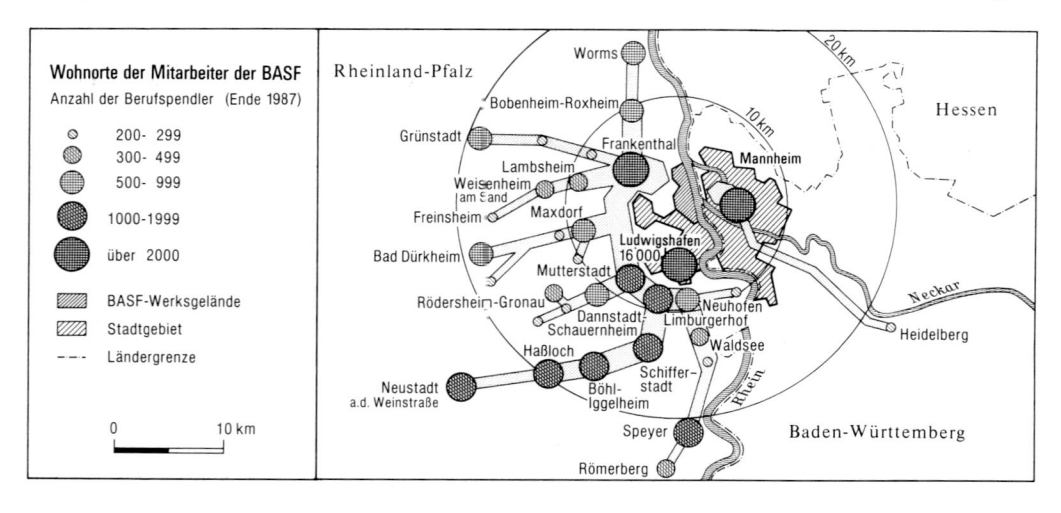

Die Doppelstadt Ludwigshafen (links) u. Mannheim (rechts)
Flughöhe: 2750 m, Aufn.-Datum: 5.9.86

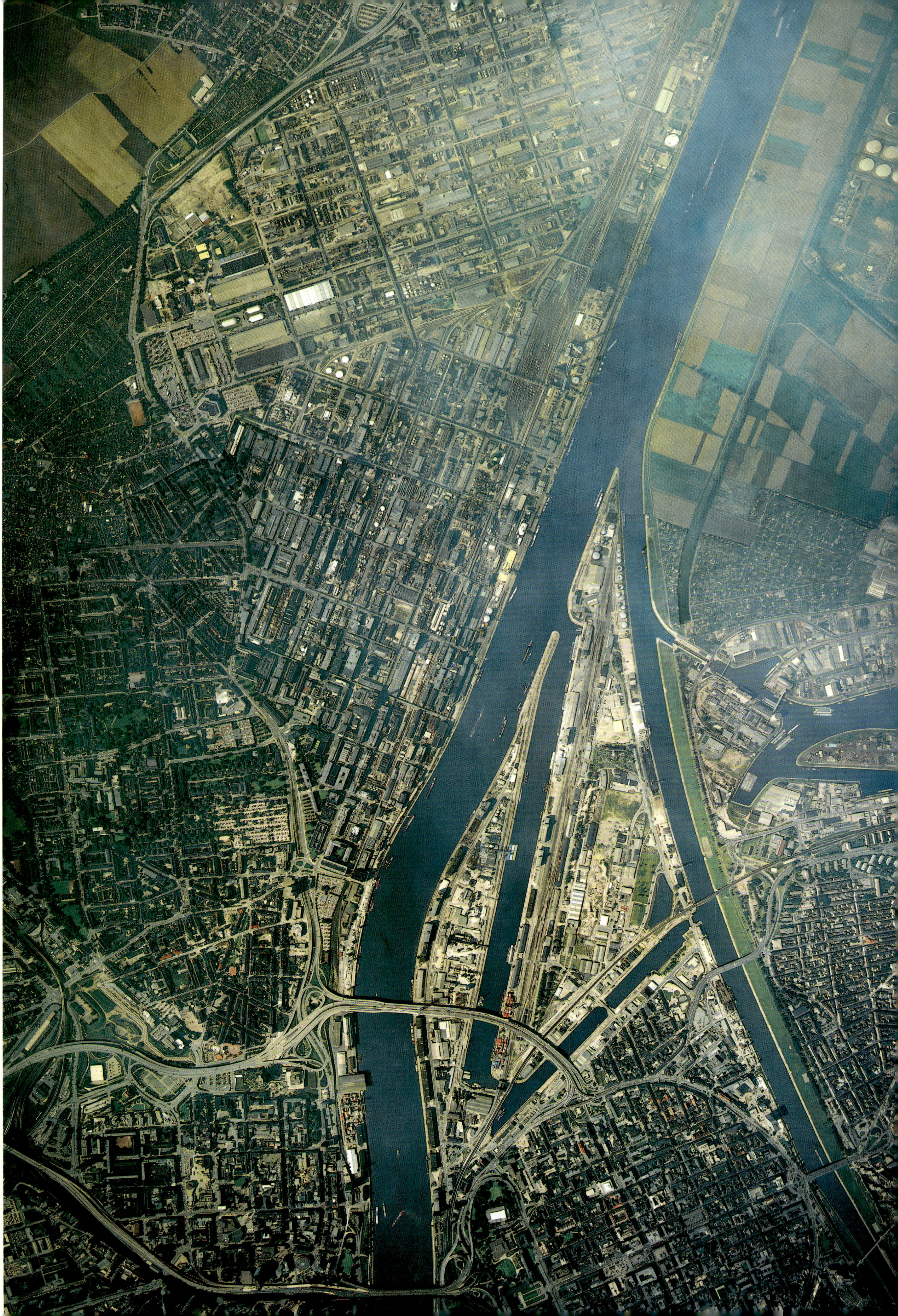

RD

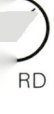

64 Die Rheinaue bei Speyer

Kernstück des Luftbildes aus dem Oberrheinischen Tiefland ist die Rheinniederung bzw. Rheinaue. Sie wird vom sogenannten Hochgestade begrenzt, das auf der rechten Bildhälfte als bis zu 20 m mächtiger Erosionsrand zu den landwirtschaftlich intensiv genutzten Niederterrassenflächen der Pfälzischen Rheinebene überleitet. Einstmals war sie das natürliche Überschwemmungsgebiet des frei zwischen den Hochufern mäandrierenden Stromes. Erst die mit dem Namen Tulla verbundene Rheinkorrektion des 19. Jahrhunderts gab dem Rheinlauf seine heutige gestreckte Gestalt. Als Folge der Laufverkürzung erhöhten sich Fließgeschwindigkeit und Erosionskraft des Flusses.

Mit dem Durchstich bei der Rheininsel Corsica (südlich des Bildausschnittes gelegen) wurde der die Bildmitte einnehmende Mäanderbogen zu einem Altrheinarm, das von ihm halbkreisförmig umflossene Land zu einer Insel. Die galerieartig den Strom und die Altwässer säumenden Waldgruppen, die sich als Reste eines ehemals ausgedehnten und artenreichen Auewaldes darstellen, stehen heute unter Natur- bzw. Landschaftsschutz.

Der damalige Eingriff in die Naturlandschaft, auch zur Sicherung des Lebensraumes vor Hochwasser vorgenommen, hatte entlang des Oberrheins gewaltige, nicht nur erwünschte und bis auf den heutigen Tag unbewältigte Auswirkungen. Waren die Auewälder vor der Begradigung als Viehweide bzw. für die Holzwirtschaft genutzt worden, bot sich nach ihrer Eindeichung die Möglichkeit zu anderer Nutzung. Insbesondere in der Zeit nach dem Zweiten Weltkrieg fanden die wachsenden Raumansprüche in der Rheinaue ausgedehnte Flächen, die sich für Wohnbebauung, Gewerbezwecke und Freizeiteinrichtungen zu eignen schienen.

Die Nähe zum Fluß ließ in der Rheinhäuser Weide das Industriegebiet der Stadt Speyer mit einem Werk der Dämmstoffproduktion und Anlagen zur Lagerung und Verarbeitung von Mineralölprodukten entstehen und war der BASF Anlaß, auf der Insel Flotzgrün eine Deponie für Industriemüll zu errichten. Wie das Bild zeigt, werden die Abfälle mit dem Schiff angeliefert; die Auffüllung schreitet nach Süden fort und wird mit 80 ha insgesamt ein Drittel der Insel einnehmen, wobei Endhöhen bis zu 55 m geplant sind.

Die Auelandschaften am Rhein zählen heute zu den gefährdetsten Lebensräumen in Mitteleuropa. Die vielfältigen Nutzungen und Maßnahmen, deren Ausmaß die nebenstehende Skizze nur unvollständig spiegelt, haben nicht nur zur Zerstörung wertvoller Waldbestände beigetragen, sondern auch die durch die Rheinkorrektion verringerte Hochwassergefahr gleichsam durch die Hintertür wieder eingeführt. Angesichts dieser Bedrohung gewinnt der Gedanke an Boden, frühere Überschwemmungsflächen zu reaktivieren. Nachteil dieses naturnahen Hochwasserschutzes ist der enorme Flächenbedarf. Rheinland-Pfalz plant daher, das vertraglich festgelegte Retentionsvolumen durch flächensparende Taschenpolder zu schaffen. Zu diesen nur im Bedarfsfall zu flutenden Bereichen gehört nach den Planungen des Landes auch die Insel Flotzgrün. Um etwaige schädliche Auswirkungen der Deponie bei Flutung des Polders auszuschalten, soll der notwendige Vordeich nicht direkt an den Deponiekörper angeschüttet, sondern von diesem durch einen Sickergraben räumlich getrennt werden. Aus ökologischer Sicht würde sich eine Stillegung der bislang landwirtschaftlich genutzten Flächen anbieten.

Helmut Beeger

Die Rheininsel Flotzgrün bei Speyer. Links der Ort Rheinhausen, rechts Römerberg
Flughöhe: 2600 m, Aufn.-Datum: 3. 4. 88

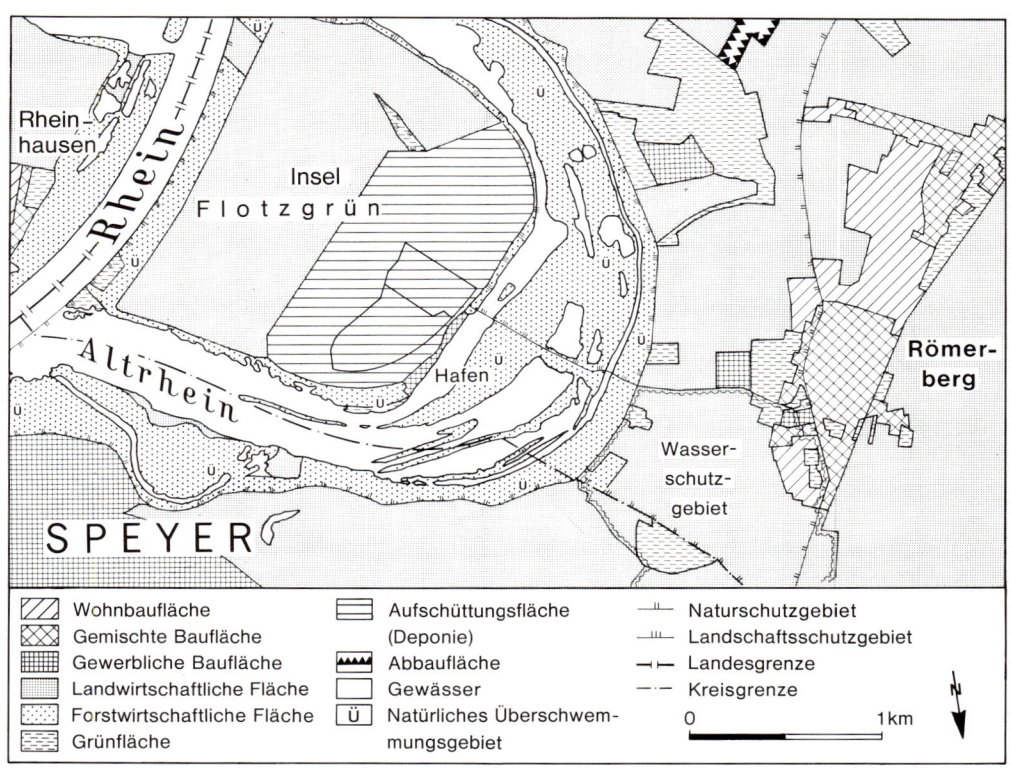

Heidelberg

Der nach Westen fließende Neckar teilt das Bild in zwei ähnliche Hälften; quer dazu läuft die Grenze zwischen den Bergen des Odenwaldes und den besiedelten Ebenen des Oberrheingrabens. Die Randscholle ist um etwa 3000 m abgesunken; aber der einem Querbruch folgende Fluß hat die Niederung immer wieder aufgefüllt.

Weil das Tal so eng ist, hatte es für die antiken Straßen und die Schiffahrt nur wenig Bedeutung. Die Römerstraße von Mainz nach Budapest querte den Fluß an der Stelle, an der das Hochflutbett am breitesten ist. Hier hat der sanfte Abfall eine Furt oder Fähre begünstigt. Als die Römer im 2. Jh. n. Chr. eine feste Brücke bauten – eine Besonderheit am Neckar – suchten sie einen Rücken weiter östlich aus, wo sie auf Kiesgrund nahe an den Fluß herankamen, und lenkten die Straßen um. Alemannen und Franken gründeten ihre bäuerliche Siedlungen am Fuß des Odenwaldes. Wer genau an der Verwerfungslinie wohnt, hat die feine Adresse „Bergstraße", die das ältere Handschuhsheim (H) und das jüngere Neuenheim (N) mit der „Stadt" verbindet. Deren Geschichte beginnt um 1100 mit zwei Burgen und einem halbstädtischen Burgweiler auf dem Schwemmfächer des Klingenteichbachs, dessen auseinanderstrebenden Läufen noch heute einige Gassen folgen. Die „Hauptstraße", jetzt mit 3 km die längste Fußgängerzone Europas, zieht genau dem Neckarufer parallel. Wahrscheinlich hat sie an der Obergrenze starker Hochwässer die älteste Stadt begrenzt. Im übrigen herrscht in der Altstadt der rechte Winkel vor. Bei einem derart geometrischen Straßennetz nimmt es nicht wunder, daß die Baublöcke in sich noch planmäßig unterteilt sind. Addiert man im Altstadtkern (A) die Breiten von Nachbargrundstücken, so stößt man häufig auf des Maß von 28 m. Rechnet man es auf Fuß um, so scheint der Gründer, der Kurfürst von der Pfalz, 90 x 100 Fuß große Steuerparzellen zugewiesen zu haben. Sie wurden sofort oder in späteren Jahrhunderten weiter unterteilt, bis auf 12 oder gar 6 m Straßenfront. Die ehemaligen Gärten in den Höfen sind mit Nebengebäuden, Garagen u. ä. eng verbaut. Zwei Blöcke, vor dem Jesuitengarten und links von der Alten Brücke, sind entkernt, erneuert und die Höfe begrünt worden. 1392 wurde westlich des Kerns ein größeres Baugebiet abgesteckt, die weitermaschige „Voraltstadt" (V). Hier waren auch die Grundstücke größer, besonders für den Adel und die Klöster. An den bergseitigen Rand wurden die Bauern des Dorfes Bergheim (B) umgesiedelt. Hier sind größere, private Grünflächen erhalten geblieben. Am westlichen Ende stand das „Mannheimer Tor". Hier endete ab 1840 die älteste Eisenbahn Baden-Württembergs mit einem Kopfbahnhof. Bald wurden Geschäftshäuser und Hotels gebaut, und der wirtschaftliche Schwerpunkt rückte aus der Kernaltstadt hierher, ein Prozeß, der immer noch anhält. Schon 1847 wurde ein Bebauungsplan für Bergheim (B) aufgestellt. Zwischen der einstigen Bahn und der Bergheimer Straße wurde Industrie angesiedelt, die aber z.T. verschwunden und durch Bauten von Behörden ersetzt ist. Gegen den Neckar begann das Land 1873 das (Alt-)Klinikum (K) zu bauen. Für das Wohnen war die Weststadt (W) vorgesehen. Der ältere Bebauungsplan von 1861 legte die Straßen parallel und quer zur Gebirgsrandstraße, der Bundesstraße 3, die zum alten Bahnhof führte. Im Jahr 1891 beschloß der Gemeinderat einen Ergänzungsplan, den der renommierte Städtebauer Baumeister (damals in Karlsruhe) entworfen hatte. Dieses Straßennetz ist an der antiken und modernen „Römerstraße" orientiert. Der Plan schrieb eine „offene Bauweise mit Landhäusern" vor. Der damals blühende „Historismus"-Stil wurde in Naturstein ausgeführt, vorwiegend im lokalen, roten Buntsandstein. Am Straßenstern wurde 1902 die Christuskirche erbaut. Die Weststadt hat ihren Charakter bewahrt; Autos fahren hier „im Schritt".

Der Plan wurde allerdings nicht bis zum südlichen Ende weitergeführt; denn seit der Jahrhundertwende drängte die Bahnverwaltung, den Kopfbahnhof durch einen modernen Durchfahrtsbahnhof zu ersetzen. Ferner verursachte der schienengleiche Übergang am alten Bahnhof, dem verkehrsreichsten Platz der Stadt, lange Staus. So begann man 1907 mit neuen Bahnlinien. Ein langer Tunnel durchsticht Gaisberg und Königstuhl. Links führt eine Linie zum Güterbahnhof, die rechte zum Hauptbahnhof (Hbf). Dieser konnte allerdings erst 1955 eingeweiht werden, weil die verschiedenen Bauabschnitte durch Kriege, Inflation und Wirtschaftskrisen unterbrochen waren.

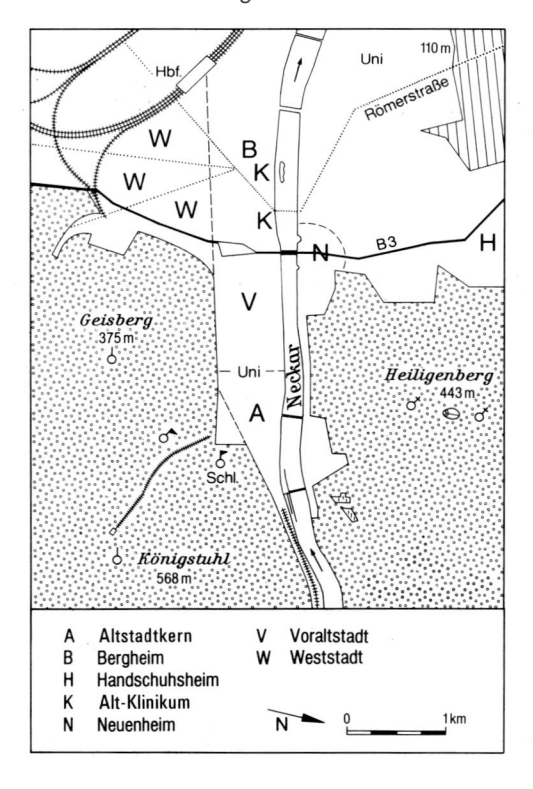

Etwa einen Finger breit rechts vom Bahnhof erkennt man farbige, schräg geparkte Busse im Betriebshof der „Heidelberger Straßen- und Bergbahn", und einen Finger weiter steigt vom Fluß stufenförmig das Penta-Hotel auf. Als Kongreßlokal blickt es hinüber zu seiner Zielgruppe, dem neueren Teil der Universität mit den medizinischen und naturwissenschaftlichen Fakultäten. Der Campus ist vom Krebsforschungszentrum, der Mensa, großen Parkplätzen, Heizwerk, Versorgungszentrum und Wohnheimen umgeben. Der Zoologische und der Botanische Garten setzen sich in die Freiflächen fort, indem je 1/3 mit Bäumen aus Europa, Nordamerika und Ostasien bepflanzt ist.

Das allmählich nach Westen gewachsene, durchgrünte Neuenheim (N) ist ein bevorzugtes Wohnviertel. Noch beliebter wären Häuser an den Hängen der Bergstraße und des Neckartals; aber nur kleine Flächen – und das vor vielen Jahrzehnten – sind zur Bebauung freigegeben worden. Eines dieser Hangviertel ist die „Bergstadt", die sich von Westen zum Schloß hinaufzieht. Hier siedelte der Kurfürst seine Beamten und Diener an. Erst 1743, nachdem der Hof 1720 nach Mannheim gezogen war, wurde diese Sondergemeinde in die Stadt eingegliedert. Von „Deutschlands schönster Ruine" verdienen nur noch der „Englische Bau" und die Türme diesen Namen. Auf dem Gegenhang sieht man die Sitzreihen der „Thingstätte" und die Ruinen des Michaelsklosters (etwa 860–1550). Es steht auf den Resten einer merowingisch-karolingischen Burg; ihr voraus ging ein römisches Heiligtum und eine keltische Gipfelstadt. Eine moderne Gipfelsiedlung breitet sich auf dem Königstuhl aus: Bergstation der Zahnradbahn, Parkplatz, Restaurant, Fernsehturm mit Plattform und (nicht sichtbar) 3 weitere Fernmeldetürme, Märchengarten, Sternwarte und Herzheilstätte.

Die Sohle des Neckars ist vertieft worden. Zwei Staustufen (vorn und ganz hinten) halten den Spiegel so hoch, daß auch im Sommer Schiffe bis 2500 t ungehindert verkehren können. Die Doppelschleuse verrät, daß der Verkehr zeitweilig viel dichter ist als am Aufnahmetag. Angesichts des schönen Sommernachmittags ist es ungewöhnlich, daß nur 10 Boote fahren. Vor der Stadthalle haben zwei Schiffe der „Weißen Flotte" festgemacht.

Fritz Fezer

Heidelberg am Austritt des Neckars aus dem Odenwald
Flughöhe: 2700 m, Aufn.-Datum: 5. 9. 86

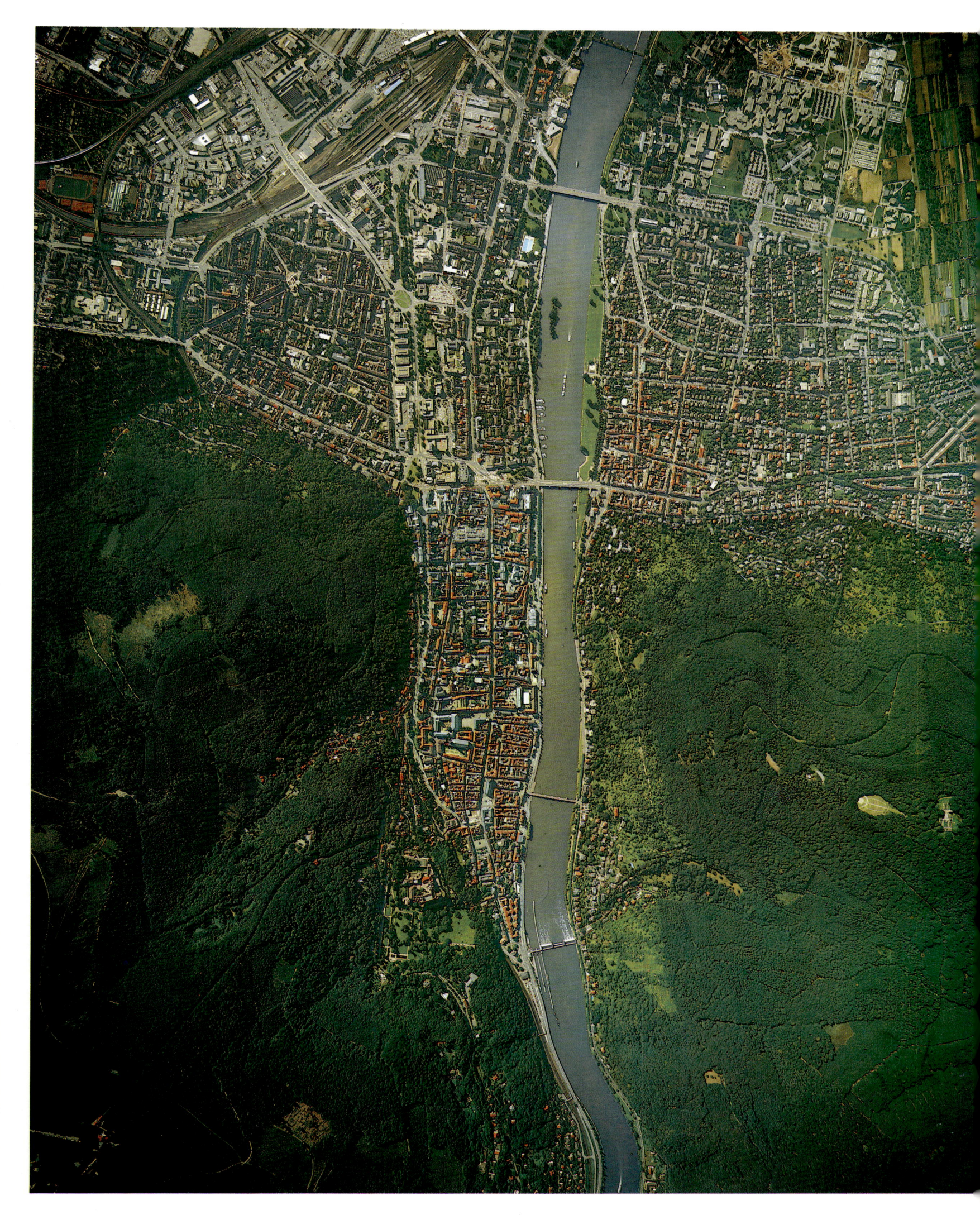

NORD

Karlsruhe

Einst war Markgraf Karl-Wilhelm in den weiten Forsten des Hardtwaldes zur Jagd. Müde hielt er unter einer Eiche Rast und schlief ein. Die Sonne stand schon tief, als der Markgraf erwachte. Erstaunt sah er sich um. „Ich habe einen wunderschönen Traum gehabt," sprach er zu seinen Begleitern. „Inmitten des Hardtwaldes stand ein prächtiges Schloß. Von dem gingen die Straßen in den Wald hinein. Das sah genau so aus, wie wenn am Himmel die Sonne ihre Strahlen aussendet. Vor dem Schloß aber war eine schöne Stadt. Alle Straßen der Stadt führten genau auf den Schloßturm zu. Von ihm aus konnte ich über mein Land hinschauen."
So erzählt die Sage von der Gründung der Stadt.
Tatsächlich wollte der Markgraf sein bevorzugtes Jagdrevier durch ein System von 32 strahlenartig angelegten Schneisen übersichtlicher machen und in ihrem Mittelpunkt ein Jagdschloß errichten. 1715 wurde diese Idee durch den Bau eines neuen Residenzschlosses realisiert, das 1717 an die Stelle der bisherigen Residenz Durlach trat. Die Enge des mittelal-

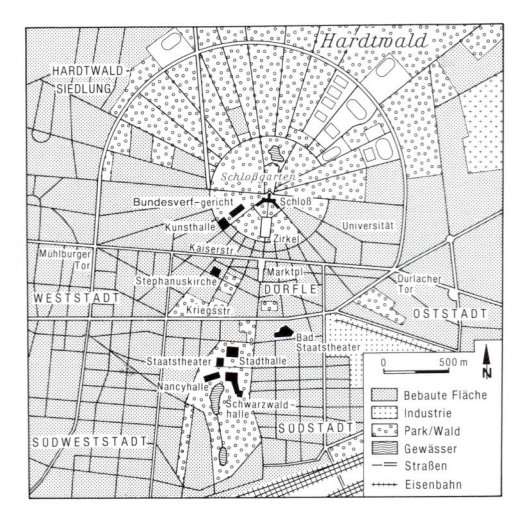

terlichen Durlach entsprach nicht mehr dem Zeitgeist. Nach dem Vorbild von Versailles strebte man zur Entfaltung des höfischen Lebens die Weite der Ebene an.

So stellt der Stadtplan von Karlsruhe die vollendete Verkörperung der Ideen des absolutistischen Zeitalters dar. Der hierarchischen Ordnung bei der Ansiedlung der Anwohner entsprach die geometrische Ordnung der entstehenden Stadt. Wahrzeichen absolutistischer Machtentfaltung ist der 60 Meter hohe Schloßturm, von dem der Strahlenkranz der Radialstraßen ausgeht. Im davor liegenden Schloß residierte der Fürst mit seinem Hofstaat. Auf Distanz jenseits des Schloßplatzes wurden Adel, höhere Beamtenschaft und Verwaltung angesiedelt. Erst dahinter und an der Ost-West-Achse, der Langen Straße, konnten sich Bürger und Handwerker niederlassen. Diener, Knechte, Tagelöhner und Bauarbeiter mußten weit entfernt im Dörfle Quartier nehmen. Am Schnittpunkt der vom Schloß ausgehenden Nord-Süd-Achse mit der viel älteren Verbindungsstraße von Durlach nach Mühlburg entstand der Mittelpunkt der bürgerlichen Stadt, der Marktplatz.

Längst ist aus der markgräflichen Residenz eine Großstadt mit rund 270 000 Einwohnern entstanden. Doch trotz aller Veränderungen prägen die Radialstraßen und die fächerförmige Anlage die Innenstadt. Karlsruhe ist nicht mehr Residenz und auch nicht mehr Landeshauptstadt, doch die Gebäude des Zirkels beherbergen auch heute Behörden und Verwaltungen. Die Räume des Schlosses werden vom Badischen Landesmuseum genutzt. In den modernen Flachdachbauten westlich des Schloßplatzes ist das Bundesverfassungsgericht untergebracht, östlich liegen Institute der Universität, die sich von hier aus als geschlossenes Areal nach Osten erstreckt.

Deutlich wird, wie die Fächergestalt nach und nach in ein Rechteckgitternetz übergeht. Aus der heruntergekommenen Altstadt, dem Dörfle, ist nach der Sanierung der modernste Stadtteil geworden. Wie vor 250 Jahren ist die zu Kaiserstraße umbenannte Lange Straße die Hauptgeschäftsstraße und Cityachse. Früher flutete durch sie auch der gesamte Ost-West-Verkehr. Inzwischen ist sie großenteils Fußgängerzone. Von Osten kommend wird der Verkehr am Durlacher Tor entweder in großem Bogen nach Norden um die City herumgeleitet oder über die Kriegsstraße zielstrebig nach Westen. Im Osten der Innenstadt erfüllt das Mühlburger Tor die gleiche Aufgabe. So wurden Plätze, wo einst romantische Stadttore standen, zu verkehrsneuralgischen Punkten erster Ordnung.

In der linken unteren Bildecke kommt die großzügig angelegte Südumgehung ins Blickfeld. Entlang der parallel zu ihr verlaufenden Bahnlinie erkennt man ein ausgedehntes Industrie- und Gewerbegebiet. Die rechte untere Bildecke zeigt Teile des Hauptbahnhofs, des Rangier- und Güterbahnhofs und die Flachdachhallen des Bundesbahn-Ausbesserungswerkes. Zusammenhängende Häuserzeilen, Wohnblöcke mit großen Innenhöfen, Hochhäuser, Ein- und Zweifamilienhäuser mit Gärten sowie Mehrfamilienhäuser lassen die vielfältigen Wohnmöglichkeiten in der Großstadt erkennen.

Dem Streben des Markgrafen nach einer Residenz im Grünen ist die Stadt bis heute treu geblieben. So schließen sich im Norden an die City direkt der Schloßpark, Sport- und Freizeitanlagen und der Hardtwald an. In der City beginnende Grünzüge führen nach Süden zum Stadtgarten und Zoo. Auch im Südwesten der Stadt schuf man in den letzten Jahren entlang der Alb, einem kleinen Rheinzufluß, einen Grüngürtel mit umfangreichen Wasserflächen und Sportmöglichkeiten. Anschließende Kleingärten reichen in die Stadt hinein.

Roland Eichler

Karlsruhe, Zentrum und Weststadt sowie der Hardtwald nördlich des Schlosses
Flughöhe: 2700 m, Aufn.-Datum: 5. 9. 86

Der Schwarzwald

Wo das breite Münstertal in die Oberrheinische Tiefebene übergeht, liegt am Fuße des Schwarzwaldes die Stadt Staufen. Namensgebend war der links neben der Stadt liegende Staufener Burgberg. Er sieht zwar wie ein Vulkanberg aus, ist jedoch nur einer der zahlreichen Schwarzwaldvorberge. Und von der Form rührt auch der Name. Von der Rheinebene her vermittelt er den Eindruck eines umgestülpten Kelches. Im Altdeutschen hieß Kelch stouv, das wurde zu stouven und im Laufe der Jahrhunderte zu STAUFEN. Die Burganlage wurde 1632 im Dreißigjährigen Krieg von den Schweden zerstört, doch der mittelalterliche Stadtkern ist bis heute fast unversehrt erhalten und in der Bildmitte gut erkennbar. Staufen hatte im Mittelalter durch den Silberbergbau im nahen Münstertal eine große Blütezeit erlebt. Außerdem soll der Überlieferung nach im dritten Stock des Gasthauses ZUM LÖWEN Doktor Faust gewirkt haben und bei seinen chemischen Experimenten umgekommen sein.

Das schmucke Stadtbild, die reizvolle Lage zwischen Rheinebene, Vorbergzone und Schwarzwald und das angenehme Klima ließen und lassen die kleine Stadt wachsen. Rings um den alten Kern entstehen Neubaugebiete. Eine ganze Reihe von Leuten hat Staufen zum Zweitwohnsitz oder Altersruhesitz gemacht. Ein solches Wohngebiet zieht sich links oben den Hang hinauf. Auch der oben schon ins Münstertal hineinziehende Campingplatz verweist auf die touristische Bedeutung Staufens. Wie fruchtbar die Böden unten im Bild sein müssen, zeigt sich an Aussiedlerhöfen, wo noch Vollerwerbslandwirtschaft betrieben wird. In der Bildmitte gehen die Flurfarben stärker ins Grünliche. Hier beginnen in der Vorbergzone die Streuobstwiesen und der Weinbau. Oberhalb der Altstadt fallen die langgezogenen Dächer eines Gewerbebetriebes auf. Es handelt sich um eine bekannte Brennerei, die Obst aus der ganzen Gegend „veredelt".

Muggenbrunn liegt zwischen dem Schauinsland (1284 m ü. NN) und Todtnau in einer Höhenlage von rund 1000 Metern. Es kann daher nicht verwundern, daß Mitte April hier oben noch Schnee liegt. Der Winter im Südschwarzwald ist lang. Ende Oktober kann es zu ersten Schneefällen kommen, und Anfang Mai sind die Schneepflüge manches Jahr noch im Einsatz. Knapp unterhalb des Bildausschnittes liegt der Notschrei. Der Name spricht für sich! Ursprünglich wurden die Mittelgebirge besiedelt, um Glas zu schmelzen, um den Holzreichtum zu nutzen und um Erze zu gewinnen und zu verarbeiten. Dabei wurden große Waldflächen gerodet, Waldraubbau getrieben. Teilweise erfolgte eine Aufforstung mit schnellwachsenden Tannen und Fichten, so daß der Gesamteindruck des Mittelgebirges dunkel und düster wurde. Der Name „Schwarzwald"

links: Staufen im Breisgau, an der Mündung des Münstertales in die Oberrheinische Tiefebene gelegen
Flughöhe: 2700 m, Aufn.-Datum: 11. 4. 88

rechts: Muggenbrunn an der Straße von Todtnau zum Schauinsland
Flughöhe: 2700 m, Aufn.-Datum: 11. 4. 88

NORD

erinnert daran. Andere Rodungsflächen bildeten die Grundlage für wenig ertragreichen Ackerbau und für Viehwirtschaft.

Die Höfe errichtete man meist in der Nähe von Quellen oder Bächen beim Weideland. Es entstanden Streusiedlungen mit weit auseinander liegenden Gehöften. Inzwischen hat sich ein deutlicher Wandel vollzogen. Als vor über 100 Jahren die ersten Skipioniere im nahen Todtnau auf recht abenteuerliche Weise die Winterlandschaft eroberten, ahnten sie kaum, welch rasante Entwicklung sie damit einleiteten.

Der Hochschwarzwald wurde zu einem einzigen Wintersportparadies mit Liften, Skihängen, Loipen, Skischulen und einem großen Angebot an Unterkünften.

Auf dem Bild ist Muggenbrunn umgeben von gerodeten Hangflächen und Talbereichen. Die Lücken zwischen den Einzelhöfen sind inzwischen durch Hotelbauten, Ferienwohnungen und Versorgungsbetriebe geschlossen. Nur nach rechts hin ist die ursprüngliche Siedlungsform noch erkennbar. In der Bildmitte liegt ein Campingplatz, der – wie aus den wenigen abgestellten Fahrzeugen auf den umgebenden Parkplätzen zu schließen ist – überwiegend von Dauercampern genutzt wird. Rechts oberhalb und links unterhalb liegen Skilifte mit den entsprechenden Abfahrtshängen. Auch am unteren Bildrand findet man rechts der Straße die typische Waldschneise für den Skilift und den zugehörigen Skihang. Während die Straßen alle vom Schnee geräumt sind, sieht man überall Wege mit eingewalztem Schnee, wohl Loipen oder Schneewanderwege. Die scheinbare Unruhe in den dunklen Waldflächen wird durch die langen Schlagschatten der Bäume verursacht. In exponierten Kammlagen hat offensichtlich das Waldsterben schon schwere Lücken in den Bergwald gerissen. Auch diese Erholungslandschaft ist in Gefahr.

Roland Eichler

Am Hochrhein

Das Hochrheintal umfaßt den ungefähr 150 km langen Rheinabschnitt zwischen dem Bodensee und Basel. Es ist ein durchschnittlich 2–4 km breites Tal, das über weite Strecken die Grenze zwischen der Bundesrepublik Deutschland und der Schweiz bildet und in dem so bekannte Städte liegen wie Schaffhausen, Waldshut, Bad Säckingen und Rheinfelden. Auf der Nordseite wird das Hochrheingebiet von den südlichen Ausläufern des Schwarzwaldes (Dinkelberg, Hotzenwald, Alb-Wutach-Gebiet) sowie dem Klettgau und dem Randen eingerahmt, auf der Südseite vom Aargauer Tafeljura und den Molassebergen des Schweizer Mittellandes.

Geprägt wird das Tal von unterschiedlich breiten ebenen Flächen. Es sind die teils mit Löß überdeckten Reste alter Talböden (Terrassen), die schon früh als Ansatzpunkte der Besiedlung und Inkulturnahme dienten. Schon die Kelten und Römer siedelten hier. Ein weiteres prägendes Element des Hochrheintals hat erst sehr viel später große wirtschaftliche Bedeutung erlangt: die an widerstandsfähigen Gesteinsrippen entstandenen Stromschnellen, auch „Laufen" genannt. Sie bieten günstige Standorte für die Errichtung von Laufkraftwerken (z. B. bei Schwörstadt oder Laufenburg), die wiederum Industrie- und Gewerbebetriebe nach sich ziehen (z. B. Rheinfelden/Baden).

Genau genommen ist es der Rheinfall von Neuhausen, 2 km SSW von Schaffhausen gelegen, das gerade noch mit einigen Häusern und einem Flußkraftwerk in die linke untere Bildecke hineinreicht. Die im Bild deutlich hervortretenden Schaumkronen des Rheinfalls zwischen dem auf einem Felssporn stehenden Schloß Laufen und der Südseite von Neuhausen werden von durchschnittlich 400 m³ Wasser erzeugt, das hier pro Sekunde auf 150 m Breite über einen Malm-Kalkriegel 24 m in die Tiefe schießt. Dieses Naturschauspiel entstand durch mehrfache Verlegung des Rheinlaufs während der Eiszeiten, wobei jeweils tiefe Rinnen erodiert und wieder aufgeschottert wurden. Eine solche alte Rinne hat der Rhein gegen Ende der letzten Eiszeit von der Seite angeschnitten und die im Vergleich zum widerstandsfähigen Kalk relativ lockere Schotterfüllung rasch ausgeräumt.

Die Wasserkraft dieses Gefälles wurde schon früh zum Antrieb von Mühlen sowie Kupfer- und Eisenhämmern genutzt. Aus der Eisenverarbeitung ging 1853 die Schweizerische Industrie-Gesellschaft (SIG) hervor, ein mit etwa 3000 Beschäftigten wichtiger Arbeitgeber in Neuhausen. Die SIG nimmt das gesamte Areal zwischen dem Nordufer des Rheinfalls und der Bahnlinie ein; in den großen Hallen werden u. a. Waggons und Werkzeugmaschinen gefertigt. Die Wasserkraft dient heute der Elektrizitätserzeugung. Neuhausen, das keinen alten Siedlungskern erkennen läßt, lebte ursprünglich von der Landwirtschaft und der Fischerei. Das Bild zeigt auch heute ein intensiv genutztes agrares Umland.

Aber schon zu Beginn des 15. Jahrhunderts setzte die Eisenverarbeitung mit der Errichtung von Schmieden ein. Insbesondere durch die Möglichkeit der Energieerzeugung nahm die Zahl der Gewerbe- und schließlich Industriebetriebe seither immer mehr zu. Die wirtschaftliche Bedeutung der Industriesiedlung Neuhausen dokumentiert sich im Bild nicht nur in der Zahl der Industriekomplexe. 3 Eisenbahnstrecken und die linksrheinische Schnellstraße (E70) von Schaffhausen nach Zü-

NORD

rich sorgen für die Verkehrsanbindung. Daß auch der Rheinfall-Tourismus gewichtig ist, zeigen die beiden großen Parkplätze zwischen dem Schnellstraßen „ohr" und dem Schloß Laufen.

Bei Rheinfelden bildet der Rhein die Grenze zwischen Baden-Württemberg und dem Schweizer Kanton Aargau. Die Felsinsel, auf der schon um 980 n. Chr. eine Burg gestanden hat, erleichterte den Brückenschlag von Ufer zu Ufer. Unmittelbar angrenzend gründeten die Zähringer am Südufer das heutige Rheinfelden/Schweiz (links), dessen Stadtgrundriß mit Befestigungsgraben im Bild gut zu erkennen ist. Die Schwesterstadt Rheinfelden/Baden (rechts) ist dagegen noch keine 90 Jahre alt, aber nach Einwohnerzahl und Wirtschaftskraft weit davongeeilt. Wie ist die rasche Entwicklung abgelaufen? Den ersten Ansatzpunkt bot die seit 1856 bestehende Eisenbahnstrecke Basel–Säckingen mit der Station „Bei Rheinfelden". Den entscheidenden Anstoß für die Entwicklung gab 1898 die Inbetriebnahme eines Laufkraftwerkes, des ersten von inzwischen 13 Wasserkraftwerken am Hochrhein, zugleich des ersten in Europa. Stauwehr, Oberwasserkanal und Krafthaus sind im unteren Bilddrittel leicht auszumachen. Unmittelbar nach Fertigstellung des Kraftwerks folgte die Ansiedlung energieabhängiger Großbetriebe, vor allem der chemischen Industrie und der Schwerindustrie. Das Gewerbegebiet, zu erkennen an den großen Fertigungs- und Lagerhallen sowie den eigenen Gleisanschlüssen, entwickelte sich von Ost nach West zunächst zwischen dem Rhein und der Bahn mit der Aluminiumhütte Rheinfelden, dann zwischen der Bahn und der Hauptdurchgangsstraße mit den großen Unternehmen Degussa und Dynamit Nobel; zum oberen Bildrand hin schließen sich Klein- und Mittelbetriebe an.

Mit der Industrieansiedlung ging eine rege Wohnbautätigkeit einher. Die Siedlungsstruktur zeigt deutlich einen älteren Innenbereich, das ist das auf der Hauptstraße fußende Dreieck mit der Spitze nach Norden (in der oberen Bildhälfte), und eine jüngere Außenzone, die sich scharf gegen die Ackerflur absetzt. Dazwischen befindet sich ein planvoll angelegter Grüngürtel mit Parks und Sportplätzen. 1922 wurden die ehemals selbständigen Gemeinden Nollingen und Warmbach zur Stadt „Rheinfelden" erhoben. Im Zuge der Gebietsreform 1971–75 wurden weitere sieben Siedlungen eingemeindet und die Stadt zur Großen Kreisstadt erhoben, womit sie gleichzeitig die Funktion der Unteren Verwaltungsbehörde übernahm. Heute hat die Stadt rund 28000 Einwohner.

Reinhard-G. Schmidt

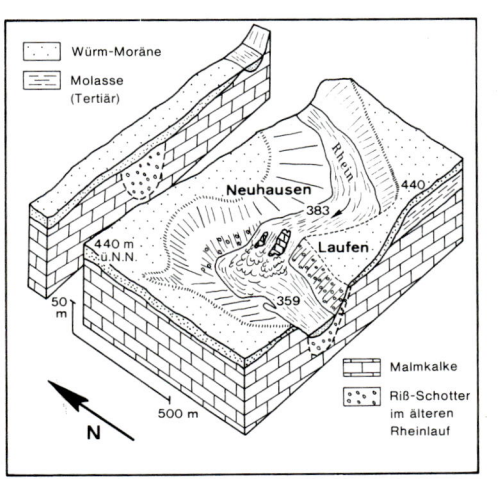

rechts: Linksrheinisch die alte Zähringerstadt Rheinfelden/Schweiz, auf der gegenüberliegenden Seite die junge Industriestadt Rheinfelden/Baden.
Flughöhe: 2700 m, Aufn.-Datum: 11. 4. 88

links: Der Rheinfall bei Neuhausen, südlich von Schaffhausen. Linksrheinisch liegen die Ortschaften Flurlingen, Uhwiesen und Dachsen (von links nach rechts).
Flughöhe: 3000 m, Aufn.-Datum: 6. 9. 86

Am Bodensee

Der 539 km² große Bodensee, auch „Schwäbisches Meer" genannt, verbindet den Reiz der großen Wasserfläche mit dem der klein gekammerten, abwechslungsreichen Landschaft seiner Umgebung. Seine Entstehung verdankt das Bodenseegebiet in erster Linie dem Eiszeitalter: Während (mindestens) vier Kaltzeiten wurde es jeweils von dem aus den Alpen kommenden Rheingletscher erreicht bzw. überfahren und damit dem mehrfachen Wechsel von Aufschotterung und beträchtlicher Erosion ausgesetzt. Der heutige Formenschatz ist im wesentlichen eine Hinterlassenschaft der letzten, der Würm-Kaltzeit. Es finden sich Gletscherablagerungen, wie Grund- und Endmoränen, ehemalige Zungenbeckenbereiche, von Schmelzwasserströmen aufgebaute Schotterflächen und sogenannte Drumlins. Letztere sind zumeist aus Grundmoränenmaterial aufgeschüttete längliche Hügel mit ovalem Grundriß und bis zu 60 m Höhe; sie treten besonders auf dem Bodanrück (NW von Konstanz) und der Nordseite des Bodensees in großer Zahl auf.

Die beiden Bildausschnitte stammen vom Nordufer des Überlinger Sees, dem 61 km² großen und maximal 147 m tiefen Nordwestzipfel des Bodensees.

Bei der Betrachtung des linken Bildes fällt zunächst die gut ausgebaute zweispurige B 31 (E 121) mit ihrem überdimensioniert wirkenden „dreiblättrigen Kleeblatt" bei Uhldingen auf. Unteruhldingen ist bekannt durch sehenswerte rekonstruierte Pfahlbauten als Zeugnisse prähistorischer Besiedlung. Auch die großen, regelmäßig gemusterten grünen Rebflächen, die alle erst nach dem II. Weltkrieg angelegt worden sind, treten hervor. Das eigentliche Kleinod dieses Bildes ist dagegen erst bei näherem Hinsehen zu erkennen: die Birnauer Marien-Wallfahrtskirche, dicht an der B 31 inmitten der Weinberge gelegen (rechte Bildhälfte), mit einem Parkplatz und einer herrlichen Aussichtsplattform zum See hin. Dieser auch als „Festsaal Gottes" gepriesene Bau wurde unter der Bauherrschaft des nur 6 km entfernten Zisterzienserklosters Salem von Meistern des Rokoko geschaffen und gilt heute als einer der schönsten Vertreter dieser Stilrichtung.

Nördlich der Kirche, jenseits der B 31, läßt sich rechts und links vom Oberhof jeweils ein Drumlin-Hügel ausmachen, weitere sind im anschließenden Wald vorhanden, aber im Bild nicht zu erkennen. Unterhalb der Wallfahrtskirche liegt Schloß Maurach direkt am See. In südöstlicher Richtung folgen dann die Ortsteile Obermaurach mit einem großen Campingplatz und Strand und Seefelden nahe der Aach-Mündung. Es sei noch auf die Kläranlage am linken Bildrand hingewiesen. Sie zeugt von dem in jüngerer Zeit verstärkten Bemühen, die Belastung des von Eutrophierung bedrohten Sees zu vermindern.

Meersburg – das malerische Touristenstädtchen zieht sich von 400 bis 450 m ü. NN einen Steilhang aus Tertiär-(Molasse-)Sandstein hinauf; sein Kern ist die „Merdesburg" aus dem 11. oder 12. Jahrhundert, das heutige alte Schloß. Im 13. und 14. Jahrhundert wurde zunächst die innere, dann die äußere Oberstadt angelegt; das ist der Teil nördlich des alten Schlosses bis zur älteren Umgehungsstraße, die mit zwei Spitzkehren hinunter zum See führt. Bald danach verbreiterte man den Strandbereich und legte darauf die Unterstadt an, die 1873 nach erneuten Aufschüttungen noch einmal erweitert wurde. 1526 bis 1803 war Meersburg Bischofssitz. In dieser Zeit entstanden einige imposante Barockbauten

am oberen Rand des Steilhangs: links neben dem alten, das neue Schloß mit einem prächtigen Garten davor (heute Heimat- und Dornier-Flugzeug-Museum). Östlich schließt sich der ehemalige Reit- und Stallhof mit dem großen Innenhof an: Hier befindet sich heute das Staatsweingut, das den Meersburger „Seewein" ausbaut. Links daneben folgt noch der Vierflügelbau des Priesterseminars.
Eine Vielzahl wunderschöner Fachwerkhäuser und die stattlichen Barockbauten prägen das Ortsbild Meersburgs, vor allem für den vom See kommenden Besucher. Und von den Besuchern, hauptsächlich Tagestouristen und Kurzurlaubern, lebt dieses Bodenseestädtchen wie kaum ein anderes. Hotels und Gaststätten, Läden und historische Bauten sind auf diese spezielle Fremdenverkehrsform ausgerichtet. Für die vielen Besucher steht ein riesiger Parkplatz auf der Westseite der Stadt nahe dem Seetor zur Unterstadt zur Verfügung. Dicht daneben befindet sich der Fährhafen, wo während der Hauptsaison alle 10 bis 15 min eine Autofähre nach Konstanz-Staad ablegt. Weil der Uferbereich unter Landschaftsschutz gestellt ist, erfolgte die Ortserweiterung der letzten 20 Jahre überwiegend landeinwärts, vorerst bis zur jüngsten Umgehungsstraße.

Reinhard-G. Schmidt

NORD

links: Die Birnauer Marien-Wallfahrtskirche zwischen Überlingen und Uhldingen-Mühlhofen (links unten).
Flughöhe: 2400 m, Aufn.-Datum: 11. 4. 88

rechts: Die Altstadt von Meersburg zwischen den beiden Häfen. Nordöstlich schließen sich Ortserweiterungen an, die bis zur 1987 fertiggestellten Umgehungsstraße reichen. Rechts unten ist der Neuweiher zwischen zwei bewaldeten Drumlinhügeln zu erkennen.
Flughöhe: 2400 m, Aufn.-Datum: 11. 4. 88

Schwäbische Alb

Am Ende des landschaftlich großartigen Donau-Durchbruchtales durch die Alb mit den massigen Kalkbastionen des Weißjuras liegt das reizvolle Städtchen Sigmaringen.
Halbkreisförmig wird die Innenstadt von der Donau umflossen. Zwischen einem bewaldeten Steilabfall und dem Fluß erkennt man an der engen Bebauung die Altstadt. Intensive Sanierungsmaßnahmen in den letzten Jahren machen sich heute bezahlt. Die Stadt ist für Einheimische wieder lebenswert und für Fremde zum Ausflugsziel geworden.
Die langgezogenen Dächer am unteren Rand der Altstadt markieren die Lage des Schlosses. Bis heute wird es von der Familie des Fürsten von Hohenzollern bewohnt. Auf einem 45 Meter aufragenden, langgestreckten Weißjurafelsen stehend, trennt es die Altstadt markant von der Donau.
Und dies war auch wichtig angesichts der Tatsache, daß der Fluß zu Hochwasserzeiten die gesamten Talwiesen unter Wasser setzte. Dadurch war der Stadt lange eine Ausdehnung in den Talraum verwehrt. Es entstanden nach und nach höher gelegene Stadtteile im Rücken der Altstadt und jenseits der Donau.
Seit 1974 ist die Donau reguliert und in ihr Bett gezwungen, so daß auch Teile der Flußaue bebaut werden konnten. Die Donauufer selbst wurden naturnah befestigt und mit Grünanlagen, Spazierwegen und einem kleinen See zu einem wichtigen Bestandteil der innerstädtischen Erholung. Die Eindämmung des Flusses ist auf der rechten Bildhälfte zu erkennen, während in der linken oberen Ecke der naturbelassene Flußlauf deutlich wird. Dort überschwemmt das Hochwasser auch heute noch alljährlich die Talwiesen.
Im Bereich der regulierten Donau entstanden rechts der Innenstadt Parkplätze, die eine Fußgängerzone und verkehrsberuhigte Gebiete ermöglichten. So konnte die Stadt ihre Bedeutung als Einkaufszentrum wieder zurückgewinnen. Im linken Teil der Donauschlinge entstand ein Verbrauchergroßmarkt.
Die zahlreichen Flachdächer verweisen nicht etwa auf Industrie, sondern überwiegend auf Schulen. Außer einer Brauerei läßt sich auf dem Luftbild nur ein größerer Firmenkomplex auf der oberen Bildhälfte ausmachen. Hier handelt es sich um ein Holz- und Baustoffunternehmen. Zahlreiche allgemeinbildende Schulen und Fachschulen, Landratsamt und Bundeswehr machen Sigmaringen heute zur Schul- und Verwaltungsstadt.
Schloß, Parkanlagen, sanierte Altstadt und Donauufer in unmittelbarer Nähe zu den Sehenswürdigkeiten des Fremdenverkehrsgebietes Oberes Donautal locken vor allem an Wochenenden zahlreiche Ausflügler an.
Die Aufnahme von Hörschwag zeigt einen typischen Ausschnitt aus dem Bereich der Kuppenalb. Harte Schwammkalke des oberen Jura wurden durch die Verwitterung und Abtragung kuppenartig herausmodelliert. Dies kommt durch die Bewaldung der Kuppen und Höhenrücken zum Ausdruck. In der Bildmitte ist der Verlauf des Laucherttales erkennbar. Von hier aus wurden die zwischen den Massenkalken lagernden Schichtkalke ausgeräumt. Die Täler, welche die Kuppen voneinander trennen, sind trockengefallen. Die Entwässerung erfolgt, wie überall in Karstgebieten, vorwiegend unterirdisch. Bei genauem Hinsehen erkennt man auf den Feldern im linken Bildteil einige von Buschwerk umgebene Dolinen, Löcher, die durch Kalklösung und beim Einsturz von Höhlen entstanden sind.
Ackerbau ist nur dort möglich, wo Verwitterungslehm eine ausreichende starke Bodenschicht auf dem Kalk bildet. Hangla-

gen werden als Wiesen genutzt, Wacholderheiden dienen als Schafweide, Laub- und Mischwald bedecken die Kuppen.
Die natürliche Ungunst des Raumes und die überall sichtbare Kleinparzellierung der Grundstücke in Folge der hier vorherrschenden Realteilung führen zu einer immer stärkeren Einschränkung der Landwirtschaft. Dies zeigt sich auch an den auf dieser Frühjahrsaufnahme besonders ins Auge springenden jungen Aufforstungen der Grenzertragsflächen.
Teilweise wird durch diese Jungwälder die Form der Kuppen -wie links oben- unterstrichen, stellenweise aber auch verfälscht. Auffällig ist, daß die Kleinparzellierung noch in den Aufforstungen gut erkennbar ist. Ob ein laufendes Flurbereinigungsverfahren wesentliche Verbesserungen für die Landwirtschaft bringen wird, sei dahingestellt.
Die Siedlungen liegen im Laucherttal, Hörschwag in Bildmitte, Hausen oben. Beide gehören zu Burladingen als Verbandsgemeinde. Die zu Hausen gehörenden Höfe reihen sich einzeln oder in kleinen Gruppen der Straße entlang aneinander. Die Gemeinde ist rein ländlich strukturiert. In Hörschwag sind eine ganze Anzahl neuer Häuser gebaut worden.
Zwei Firmen der Textilbranche nutzen das vorhandene Arbeitskräfteangebot.
Der Fremdenverkehr hat diesen Teil der Schwäbischen Alb noch nicht entdeckt, obwohl eine Vielzahl idealer Wanderwege vorhanden ist.   *Roland Eichler*

links: Sigmaringen, das Tor zum Donau-Durchbruchstal
Flughöhe: 2700 m, Aufn.-Datum: 11. 4. 88

rechts: Hörschwag auf der Kuppenalb nördlich Gammertingen
Flughöhe: 2700 m, Aufn.-Datum: 11. 4. 88

NORD

Albtrauf an der Teck

Der Albtrauf ist eine der imposantesten landschaftlichen Erscheinungen in den deutschen Mittelgebirgen. In der südwestdeutschen Schichtstufenlandschaft stellt er die oberste und mächtigste Stufe dar. Die an ihrer geschlossenen Bewaldung gut erkennbaren Steilanstiege wie die Teck (775 m NN), zwischen Bissingen (linker Bildrand, 415 m NN) und Owen (Bildmitte, 391 m NN) gelegen, und die Baßgeige (rechtes Bilddrittel, 744 m NN) überragen das Vorland um über 300 m.

Die Steilheit der Stufe und der auf der Teck erkennbare „Gelbe Felsen" deuten auf den wasserdurchlässigen, schwer erodierbaren Malmkalk als Stufenbildner hin. Dennoch findet eine langsame Auflösung und Zurückverlegung der Stufe statt. Daran beteiligt sind die Oberflächengewässer, die den Stufenrand in Buchten und durch tief eingeschnittene Täler gliedern. Dies wird an der Form der Baßgeige und dem Zurückweichen der Stufe im Bereich der beiden parallel zueinander fließenden Giesnaub und Lauter, in deren Täler Bissingen und Owen liegen, deutlich. Die Teck verdankt ihre exponierte Lage der geringen fluvialen Abtragung. Die sich aber ehemals oberhalb der Stufe anschließende Fläche, die auf der Baßgeige noch als Teil der Schwäbischen Alb zu erkennen ist, wich einer weitgehenden Zufirstung des langestreckten Rückens. Am Rand der Teck nach Owen zu ist ein Kegel erkennbar, der Hohenbol. Er ist knapp 100 m hoch und hat nichts mit dem Schichtenbau zu tun. Vielmehr ist er einer von dutzenden von tertiären Vulkanen, die das Albvorland durchragen. Die landwirtschaftliche Nutzfläche wird durch Äcker, Wiesen und vor allem durch Obstanbau geprägt. Vor allem Kirschen, aber auch Zwetschen-, Mirabellen-, Äpfel- und Birnenbäume dominieren. Der vor 100 Jahren noch intensive Weinbau ist stark zurückgegangen.

Die Extensivierung in der Landwirtschaft ist gerade in Owen eng mit der Industrialisierung verbunden. Ausgehend von der verbreiteten Leinen-Hausweberei fanden viele schon vor der Jahrhundertwende Arbeit in den sich ansiedelnden Textilfabriken. Owen wurde zusätzlich früh an das Verkehrsnetz des mittleren Neckarraumes angeschlossen. Arbeitsplätze im Ort und vor allem im Ballungsraum garantierten Owen wie auch anderen Albranddörfern eine kontinuierliche Entwicklung. Am Beispiel von Owen zeigt sich auch die Tendenz zur Dezentralisierung in der Industrieansiedlung im mittleren Neckarraum. Neben der traditionellen Textilindustrie gibt es heute auch Arbeitsplätze in mittelständischen Betrieben der Metallverarbeitung, der Elektrotechnik und der Elektronik.

Owen mit seinen rd. 3000 Einwohnern ist eine kleine, wohlhabende Landstadt geworden. Es gibt nur noch 20 landwirtschaftliche Vollerwerbsbetriebe. Trotz gestiegener Industrialisierung ist die Auspendlerquote hoch. Owens gestiegene Attraktivität als Wohnort zeigt sich im Bild an den planmäßig angelegten Straßen und der neuen Wohnbebauung. Die verstärkte Industrieansiedlung im Albvorland und auch auf der Alb selbst zeugt davon, daß der mächtige Trauf der Schwäbischen Alb zwar naturräumlich gesehen eine starke Trennung darstellt, aber für die Entwicklung des Wirtschaftsraumes am mittleren Neckar heute kaum noch von Bedeutung ist.

Joachim Alexander

Albtrauf und Vorland bei Bissingen und Owen Flughöhe: 2700 m, Aufn.-Datum: 11. 4. 88

Dörfer im Stufenland

Beide Dörfer liegen im südwestdeutschen Schichtstufenland; Weiten-Gesäß im Buntsandstein-Odenwald nahe Michelstadt, Untergröningen im Kochertal zwischen Schwäbisch Hall und Aalen.
Das Dorf Weiten-Gesäß ist allseitig von Wald umgeben und zeigt im Bild den Charakter einer Rodungsinsel. Bis zum 8./9. Jahrhundert war der Odenwald unbesiedelt, obwohl der römische Limes nur wenig außerhalb des Bildes verlief. Die Gegend um Michelstadt, das nur 6 km von Weiten-Gesäß außerhalb des rechten Bildrandes liegt, wurde 815 von Ludwig, dem Sohn Karls des Großen, an Einhard, den Architekten und Biographen seines Vaters übergeben. Dieser vermachte Michelstadt und die zugehörenden Wälder dem Kloster Lorsch. In Steinbach bei Michelstadt findet man die aus dem Jahr 827 stammende Einhardbasilika, eines der Hauptwerke karolingischer Architektur. Später, nachdem das zeitweise aufgegebene Steinbach wieder von Mönchen besetzt war, führte dann das Kloster Lorsch die Rodungsarbeiten fort, und damals wurden ungünstigere Gebiete im Buntsandstein-Odenwald besiedelt. Mehrere Dörfer werden 1113 erstmals urkundlich erwähnt, so auch Weiten-Gesäß.
Bei den von den Klöstern Lorsch und Amorbach durchgeführten Rodungs- und Siedlungswerken handelt es sich um planmäßig angelegte Reihendörfer. Die Höfe standen ursprünglich in weitem Abstand voneinander, denn die zugehörende bäuerliche Besitzeinheit, Hufe genannt, schloß sich direkt an den Hof an. In der Siedlungsforschung wird dieser Typ als Waldhufendorf oder Waldhufensiedlung angesprochen. Die Lage der Höfe und Hufen orientierte sich an einer Siedlungsachse, einem Bach oder einer Straße. Gerade in der oberen Dorfhälfte kann man am ehesten die ehemalige Flurform erkennen. Die rechwinklig nach links abknickende Straße dürfte eine ehemalige Hufengrenze nachzeichnen, und auch das unterhalb zu erkennende parallele Streifenmuster deutet darauf hin. Der Zuschnitt der Hufen, die in Richtung Wald am oberen Bildrand ziehen, ist infolge der Geländekonfiguration anders, sie sind nicht parallel sondern sektorenartig angelegt.
Die Flurformen zeigen durch ihren großzügigen Zuschnitt an, daß einerseits das System der Einzelerbfolge die Erhaltung der alten Besitzstrukturen gefördert hat und daß andererseits Flurbereinigungsmaßnahmen jüngeren Datums eine Arrondierung ermöglicht haben.
Das Dorf Weiten-Gesäß hat trotz eines nach dem II. Weltkrieg erfolgten Ausbaus seinen dörflich-landwirtschaftlichen Charakter bewahren können.
Auch Untergröningen sowie die zugehörenden kleinen Weiler und Einzelhöfe sind

praktisch allseitig waldumschlossen. Die Waldfläche der linken oberen Ecke zieht die steile Lias-Schichtstufe hinauf. Der Kocher hat sich tief in die Keuperschichten eingeschnitten und legt an den Talhängen die weniger widerständigen Bunten Mergel frei, welche vom Stubensandstein überlagert werden. Die schön ausgebildeten Mäander zeigen, wie schwer dem Fluß das Einschneiden in die mesozoischen Schichten gefallen sein muß. Untergröningen entstand etwa gleichzeitig mit der im späten 11. Jahrhundert errichteten Burg, die auf einem vom Kocher umflossenen Sporn eine strategisch günstige Lage hatte. Dennoch verlief das Wachstum der Siedlung sehr zögerlich, so bestand der Ort 1436 nur aus einer Mühle am Kocher, aus einer Badstube und zwei Bauernstellen. Mehrfache Besitzerwechsel mögen dazu beigetragen haben, daß Untergröningen und seine Burg niemals die Bedeutung erlangt haben, die vielen anderen Burgen und Burgorten in Südwestdeutschland zugefallen ist. Heute hat sich Untergröningen zu einer ländlich-gewerblichen Gemeinde mit zahlreichen Auspendlern entwickelt. Etwas Industrie ist mit dem 1903 abgeschlossenen Bau der Bahnstrecke Gaildorf-Untergröningen gekommen. Der kleine Kopfbahnhof und die großen Hallen rechts unterhalb der Burg zeigen diesen Zusammenhang.

Viele der kleinen Weiler und Einzelhöfe sind auf Rodung und Siedlung im letzten und sogar in unserem Jahrhundert zurückzuführen. Der am oberen Bildrand liegende Weiler Burren wird seit 1839 als Wohnplatz genannt, der Hof Stein (direkt in der Verlängerung der rechten Kocherbrücke gelegen) seit 1928 und der Weiler Rötenbach (am unteren Bildrand links) ebenfalls erst seit 1928.

Das Neubaugebiet am Gleithang des Kochers gegenüber der Burg wurde erst ab Mitte der siebziger Jahre errichtet. Teilweise noch unbebaute Straßenzüge in Sportplatznähe deuten an, daß mit weiterem Ausbau zu rechnen ist. Der Kocher ist im Bildausschnitt an zwei Stellen gestaut, an der genannten Mühle und zur Elektrizitätsgewinnung nahe dem linken Bildrand beim Weiler Algishofen. Im übrigen hielten sich die menschlichen Eingriffe in Grenzen, so daß der Kocher mit Baum- und Buschreihen an seinen Ufern hier als naturnaher Fluß angesehen werden kann. Dies bildet zusammen mit den bewaldeten, weil steilen Prallhängen und den flacheren, landwirtschaftlich genutzten Gleithängen, auf denen man im Bild an manchen Stellen alte Kocherläufe rekonstruieren möchte, eine derartig zusammengehörende Landschaftseinheit, die – wenn es das gäbe – unter Ensembleschutz gestellt werden müßte.

Konrad Rögner

links: Weiten-Gesäß bei Michelstadt/Odenwald
Flughöhe: 2500 m, Aufn.-Datum: 24. 4. 88

rechts: Untergröningen im Kochertal
Flughöhe: 2500 m, Aufn.-Datum: 25. 4. 88

Die aus sieben Luftbildern bestehende Folge zeigt aus ca. 2750 m Höhe einen etwa 13 km langen Abschnitt am Mittellauf des Neckar, der im Bildausschnitt von Südost nach Nordwesten (im Bild von links nach rechts) fließt. Das Zentrum der baden-württembergischen Landeshauptstadt Stuttgart liegt etwa 4 km vom oberen rechten Bildrand entfernt. Esslingen wird mit seinem alten, in das Mittelalter zurückreichenden Stadtkern noch am unteren linken Bildrand abgebildet. Der Neckar, er ist seit langem kanalisiert und wird mit Schleusenanlagen schiffbar gehalten, hat sich gegenüber dem umliegenden Gäuland (= unterste Einheit des südwestdeutschen Schichtstufenlandes) z.T. mehr als 200 m eingeschnitten. Ein Blick von dem in der Bildmitte gelegenen Württemberg (leicht am Kupferdach eines Rundbaues zu erkennen) oder dem weiter südwestlich zum Neckar hin gelegenen Mönchsberg führt dem Betrachter die räumliche Enge des Tals (hier etwa 2,5 km breit) vor Augen.

Die Gliederung des Bildes in Gäuflächen, in die Hangregionen mit den kurzen, tiefeingeschnittenen Tälern und in die z.T. ausgedehnte Neckartalebene findet eine Entsprechung in der Raumausnutzung. So ist, bis auf die von der alten Besiedlung des Neckartales (Esslingen, Ober- und Untertürkheim und Bad Cannstadt auf dem rechten, sowie Hedelfingen und Wangen auf dem linken Flußufer) beanspruchten Flächen nahezu der gesamte Raum auf der Neckarterrasse von ausgedehnten Industrie-, Versorgungs- und Verkehrsanlagen eingenommen. Das unmittelbar an der Staustufe Obertürkheim gelegene Industrieareal mit zahlreichen, z.T. ineinander verschachtelten Fabrikationshallen und gut bestückten Parkplätzen sowie das Gelände unterhalb der Doppelstaustufe Untertürkheim mit der charakteristischen angelegten Fahrzeugteststrecke zeigen, unter welchem Stern in dieser Region die Wirtschaft vorwiegend steht. Da Erweiterungsflächen für die Daimler-Benz AG im Neckartal praktisch nicht mehr zur Verfügung stehen, wurden weitere Produktionsanlagen im Südwesten des Großraums Stuttgart neu errichtet. Die verkehrstechnische Erschließung des Raumes begann mit dem Bau der Eisenbahnlinie Stuttgart-Ulm-Augsburg-München. Die Strecke folgt, ebenso wie die im Bild erkennbaren Schnellstraßen, dem Neckar und kann so größere Höhenunterschiede vermeiden. Dem Erhalt des Wagenparks dient das Ausbesserungswerk der Deutschen Bundesbahn, oberhalb des Eisenbahnknotenpunkts im rechten Bildabschnitt; hier zweigt die Bahnstrecke in Richtung Heilbronn ab. Bahn, Schnellstraßen und Neckarhafen (mit Ölhafen und

73 Industriegasse am Neckar

Panoramabild aus 7 Aufnahmen

Das Kochertal

Schwäbisch Hall und Niedernhall sind südwestdeutsche Städte, deren Gründung wie auch die Verleihung der Stadtrechte eng mit dem Salz verbunden ist, dessen lateinischer Name für beide Städte namensgebend war. Beide wurden erstmals im Jahr 1037 urkundlich erwähnt, beide liegen in dem in die Schichten des mesozoischen Deckgebirges eingeschnittenen Kochertal und beide haben dennoch eine ganz unterschiedliche Entwicklung genommen und ganz unterschiedlich die nähere und weitere Umgebung beeinflußt. Hall, das den Beinamen „Schwäbisch" erst in unserem Jahrhundert erhielt, entwickelte sich ab etwa 800 aus einem kleinen Dorf. Die schon den keltischen Vorfahren bekannte Solequelle aus dem mittleren Muschelkalk war um 150 n. Chr. durch einen Bergrutsch verschüttet und vergessen worden. Ihre Wiederentdeckung gegen 800 löste eine stürmische Entwicklung aus, die in der Ernennung zur reichsfreien Stadt (1268/80–1802) gipfelte. Nach Nürnberg, Ulm und Rothenburg war Hall bezüglich des Territoriums die viertgrößte Reichsstadt. Das Wachstum Schwäbisch Halls läßt sich aus dem Luftbild ablesen. Bis 1300 war aus dem kleinen Dorf rund um die Solequellen eine Stadt geworden. Sie schließt auch die 1156 erbaute Kirche St. Michael ein, welche mit ihrer gewaltigen Treppe die Altstadt dominiert. Vor 1156 lag die für Hall zuständige Pfarrkirche in Steinbach zu Füßen der Comburg am linken Bildrand.

Das ehemalige Areal der Solequellen ist heute ein Parkplatz gegenüber den parkartig angelegten Kocherinseln. Schwäbisch Halls berühmte Altstadt ist ein erstrangiger Anziehungspunkt für Touristen. Im alten Kern Halls zeigen die unregelmäßigen, engen Gassen und die kleinen zusammengedrängten Hausdächer das typisch mittelalterliche Stadtbild. 1324 wurde die langgestreckte Gelbinger Gasse (unterhalb des alten Kerns) in die Ummauerung miteinbezogen, die ummauerte Fläche wuchs von 11 auf mehr als 16 ha. Und als 1353 auch noch die sogenannte „Vorstadt" jenseits des Kochers mit der Kirche St. Katharina ummauert wurde, betrug die Fläche fast 25 ha. Dort lebten um 1400 etwa 5600 Menschen.

Diese Stadtfläche reichte bis weit ins 19. Jahrhundert aus. Heute ist Hall, als eine Entwicklung der Nachkriegsjahrzehnte, weit über seine mittelalterlichen Mauern hinausgewachsen. Während das mittelalterliche Schwäbisch Hall im Kochertal genug Platz fand, sind die neueren Wohn- und Industriegebiete über dem Kochertal auf den Platten des Keuper angelegt. Sie haben während der letzten drei Jahrzehnte einen Großteil der ehemals landwirtschaftlich genutzten Flächen verbraucht, wobei das neue Industriegebiet noch nicht einmal auf dem Luftbild zu sehen ist, es liegt rechts außerhalb.

Neben Hall waren zwei Burgen an der historischen und siedlungsgeschichtlichen Entwicklung beteiligt, die Limburg – heute nur noch eine Ruine – und die schon genannte Comburg. Letztere krönt mit ihrer heute noch vorhandenen Ummauerung und der darin umschlossenen, die ganze Anlage dominierenden Kirche einen Umlaufberg des im Bildausschnitt stark mäandrierenden Kochers. Die Comburg wurde früh (1078) in ein Benediktinerkloster umgewandelt, eine Erklärung für die überdurchschnittliche Größe der Kirche in einer ummauerten Burganlage.

Die schon 1575 abgebrochene Limburg, gelegen auf einem Sporn zwischen der Comburg und Hall, gehörte den Grafen von Limpurg, die vor allem als Holzhändler tätig waren und der Saline in Hall das zum Sieden notwendige Holz lieferten. Das Holz wurde teilweise auf dem Kocher geflößt. Es fällt nicht schwer sich vorzustellen, daß während der Zeit des Salzsiedens noch weniger Wald als heute in der Umgebung von Hall zu finden war. Wald gibt es heute nur in den Steillagen der Kochertalhänge und seiner Nebenbäche. Von diesen wurden früher die südexponierten Hänge für den Weinbau genutzt, der etwa gegen 1930 eingestellt wurde. Der stark mäandrierende Kocher hat infolge Abschnürung von Umlaufbergen stellenweise ein unausgeglichenes Gefälle (z. B. unterhalb der Comburg). Dort findet man dann auch ein kleines Elektrizitätswerk, und da das natürliche Gefälle zur Stromerzeugung nicht ausreicht, wurde der Kocher aufgestaut, um die für die Turbinen notwendige Fließgeschwindigkeit zu erreichen.

Niedernhall liegt etwa 30 km flußabwärts von Schwäbisch Hall in der Hohenloher Ebene. Während die alte reichsunmittelbare Stadt den Zusatz „Schwäbisch' erst unserem Jahrhundert verdankt, wird Nie-

NORD

dernhall schon bei der ersten urkundlichen Erwähnung so genannt, wohl um Verwechslungen zu vermeiden. Die Entwicklung Niedernhalls vollzog sich weit weniger schnell als die Schwäbisch Halls, und die im Bildausschnitt dargebotene Landschaft hat ihren bäuerlichen Charakter bewahrt.

Niedernhall erhielt erst 1356 Stadtrechte und wurde in den Jahren 1361–1363 mit einer Stadtmauer versehen, die bis heute den Kern der Stadt umgibt und die deutlich im Bild hervortritt. Herren in Niedernhall waren nicht die Bürger, sondern das Erzbistum Mainz und die Fürsten von Hohenlohe. Sie übten eine gemeinsame Herrschaft aus, was letztlich die Entwicklung mehr hinderte als förderte. Auch kamen die Erlöse aus der Saline nicht der Stadt zugute, sondern den Fürsten von Hohenlohe. Zeitweise wurde in Niedernhall nicht einmal die Sole versotten, sondern in Weißbach, dessen Neubaugebiet rechts in der oberen Bildhälfte zu sehen ist. Niedernhalls ummauerte Fläche beläuft sich auf etwa 6 ha, und während des Mittelalters dürften etwa 1000 Einwohner dort gewohnt haben, 1810 waren es 1350 Menschen. Erst nach dem II. Weltkrieg wuchs Niedernhall deutlich über seine Mauern hinaus. Erste Neubaugebiete waren die östlich der Stadt gelegene Häuserzeile unterhalb der Weinberge des Braunsberges und die Häuser zwischen Bahnlinie und den Straßenserpentinen zum Neubaugebiet Galgenberg. Letzteres liegt nicht mehr im Kochertal, sondern auf der Hochfläche an der linken Bildmitte. Die Siedlung jenseits des Kochers ist unterhalb des bewaldeten Steilabfalls wohl zusammen mit der Industrie am unteren Bildrand entstanden. Die nahezu vegetationslosen, im Bild nur einen leichten grünlichen Anflug zeigenden Flächen am Braunsberg und Hallberg sind nach Süden exponierte, flurbereinigte Rebflächen. Ungünstigere Lagen sind aufgegeben. Der Weinbau und der Weinhandel hatten für Niedernhall eine große Bedeutung, was man auch im größten Gebäude der ummauerten Stadt, der Kelter in der nach oben zeigenden Ecke der Stadtmauer, ablesen kann.

Auf den Hochflächen über dem Kochertal sind Aussiedlerhöfe neueren Datums auszumachen, die in bereinigter Flur liegen. Der Gutshof am oberen Bildrand ist dagegen eine Rodungsinsel aus dem 15. Jahrhundert im Waldland. *Konrad Rögner*

links: Die Stadt Niedernhall.
Flughöhe: 2600 m, Aufn.-Datum: 25. 4. 88

rechts: Die ehemals reichsunmittelbare Stadt Schwäbisch Hall.
Flughöhe: 2600 m, Aufn.-Datum: 25. 4. 88

NORD

Gäu und Steigerwald

Mit einem relativen Höhenunterschied von 200 bis 250 m zwischen Vorland und der Stufentrauf erhebt sich die nach W zeigende Steilstufe des Steigerwaldes zu einer markanten Schichtstufe in Franken. Dies ist gleichzeitig eine bedeutende naturräumliche und wirtschaftsräumliche Grenze zwischen dem waldreichen Steigerwald (35 % der Fläche sind Waldgebiete) und den unterfränkischen Gäuflächen.

Der Steigerwald wird geprägt durch weite Flächen mit Tälern, die meist von W nach O entwässern. Die Talzonen wurden im 11. und 12. Jahrhundert besiedelt. Meist erfolgte dies durch Grundherren des mainfränkischen Gebietes. Das Kloster Ebrach allerdings wurde 1127 vom Zisterzienserorden gegründet, der seine Klöster häufig in sumpfige Talzonen anlegte und eine rege Rodungstätigkeit entwickelte. Innerhalb der Rodungsinsel Ebrach sind die Klosteranlagen erkennbar. Nur die Michaeliskapelle an der Nordseite der Anlage ist noch in ursprünglicher Bauform erhalten (erbaut 1200 bis 1207). Ansonsten wurde das Kloster im 17. und 18. Jahrhundert stark umgestaltet. Unschwer ist auf dem Bild die barocke Anlage erkennbar, die sich auch in den Gartenanlagen widerspiegelt. Mit der Säkularisation 1803 endete die geistliche Bedeutung des Klosters; 1851 wurde hier ein Zuchthaus eingerichtet. Noch heute zeugt eine hohe Mauer im O und im S der Anlage – den Wirtschaftshof einschließend – von der Nutzung weiterer Teile als Justizvollzugsanstalt für Jugendliche.

Gut erkennbar ist die Grundstruktur des mittelalterlichen Marktes Ebrach. Die sich anschließenden neueren Wohnviertel zeigen aber auch, daß der Markt heute ohne wesentliche Industrie keine bauliche Dynamik entwickelt. Eine gewisse Bedeutung hat der Ort als Fremdenverkehrsort erhalten.

Die meist siedlungsleeren Hochflächen des Steigerwaldes brechen im W mit einer Stufe aus härterem Sandstein in das Vorland ab. Der Rand ist in Sporne zerschnitten, tiefe Täler dringen von W in den Stufenrand ein. In ihren Tiefenzonen sind sie versumpft bzw. von Auewiesen eingenommen, teilweise wurden auch Karpfenteiche angelegt. Auf den Lettenböden des unmittelbaren Steigerwaldvorlandes finden wir Wiesenland, auf trockeneren Standorten auch Ackerbau. An südexponierten Hängen wird Wein angebaut, an weniger günstigen Hanglagen stehen oft Obstbäume. Handthal ist eine landwirtschaftliche Ausbausiedlung des 12.

Jahrhunderts, auf deren Gemarkung am „Handthaler Stollberg" (im Bild links) ein trockener Frankenwein gebaut wird.
Das Steigerwaldvorland ist ein ca. 10 km breiter Gürtel, der sich von N nach S erstreckt. Es folgen nach W Mergelböden, die teilweise bereits mit Lößablagerungen bedeckt sind und zu den fruchtbaren mainfränkischen Gäuflächen gerechnet werden. Hier beherrschen Weizen- und Zuckerrübenanbau auf großen Parzellen die landwirtschaftliche Flur. Dieses Gunstgebiet ist gleichzeitig altes landwirtschaftliches Nutzland, das im frühen Mittelalter besiedelt wurde. Auch Gerolzhofen, am Ostrand der Gäufläche gelegen, ist bereits Anfang des 8. Jahrhunderts erwähnt. Gut erkennbar ist noch die regelmäßige rechteckige Stadtanlage des 13. Jahrhunderts mit einem Marktplatz und der katholischen Pfarrkirche aus dem 15. Jahrhundert im Zentrum. Die Hauptstraße verläuft – ein seltener Fall – diagonal innerhalb der Stadtmauer. Im 15. Jahrhundert wurden die außerhalb der alten Mauer gelegenen Vorstädte durch einen erweiterten Mauerring befestigt.
Der spätmittelalterliche Kern bildete bis zu Beginn des 20. Jahrhunderts auch die Siedlungsfläche von Gerolzhofen. Erst die im 20. Jahrhundert an der Bahnlinie und später auch im N der Altstadt angesiedelten Industrie- bzw. Gewerbeunternehmen brachten auch eine Ausdehnung der Stadt, die sich in neuen Wohnvierteln – überwiegend Eigenheimen – dokumentiert. Gleichzeitig wurde die B 286 zur Entlastung der Innenstadt als Umgehungsstraße östlich der Stadt gebaut, wodurch aber wertvolle landwirtschaftliche Nutzflächen geopfert werden.   *Helmut Ruppert*

links oben: Gerolzhofen im Steigerwaldvorland
Flughöhe: 2400 m, Aufn.-Datum: 24. 4. 88

links unten: Markt Ebrach im Steigerwald
Flughöhe: 2400 m, Aufn.-Datum: 24. 4. 88

rechts: Stufe des Steigerwaldes bei Handthal
Flughöhe: 2400 m, Aufn.-Datum: 24. 4. 88

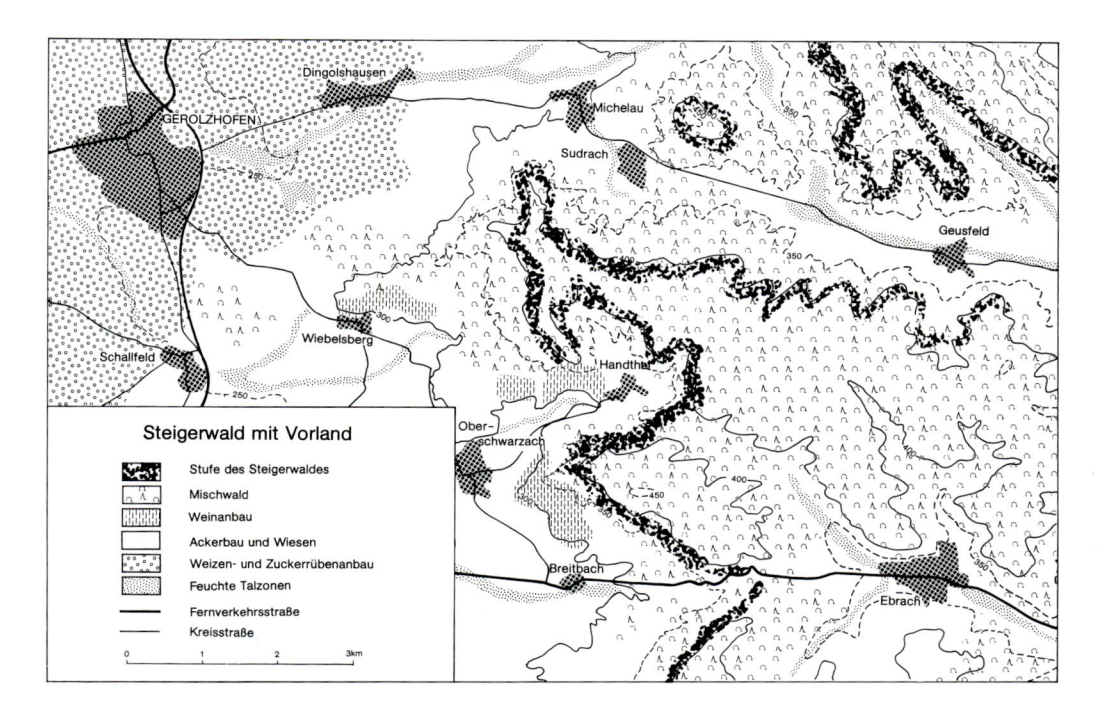

Weinbau und Flurbereinigung am Main

Das Bildpaar zeigt die bekannte Mainschleife von Volkach im mittleren Maintal, links in einer Aufnahme von 1971, rechts von 1986.

Das Maintal ist hier um 70–100 m in die Fränkische Gäulandschaft eingetieft, die am oberen und unteren Bildrand erscheint. Auch der Bergsporn innerhalb der Mainschleife ist ein Rest der Hochfläche. Im Tal wechseln steile Prallhänge und sanftere Gleithänge. Dort liegen einander zwei Siedlungspaare gegenüber: das alte Weinstädtchen Volkach und Astheim sowie Nordheim und Escherndorf. Dieser etwas abgelegene Talabschnitt ist agrarisch strukturiert. Seine landwirtschaftliche Nutzung scheint gleichsam von der Natur vorgegeben: Die oft von Löß bedeckten Hochflächen des Gäu tragen Feldfluren, die günstig zur Sonne exponierten Steilhänge Rebland, und die sandigen Böden im Tal Obstanlagen. Aber auch die Agrarstruktur prägt die Nutzung: Die vorherrschend klein- bis mittelbäuerlichen Betriebe müssen intensiv wirtschaften. Weinbau und Obstbau sind beide arbeitsintensiv. Die folgerichtige Spezialisierung auf eine von beiden Kulturen läßt sich aus dem Luftbild ablesen: In Astheim dominiert der Obstbau, vor allem auf Zwetschgen. Als Unterkultur werden Gemüse gezogen, oft Buschbohnen. Andere Gemeinden, wie Escherndorf und Nordheim, weisen dagegen weite Rebfluren, aber nur wenig Obstbau auf.

Ein schwieriges Hemmnis für die rationelle Bewirtschaftung der Flächen war und ist die Besitzzersplitterung. Die 1954 begonnene Flurbereinigung konzentrierte sich daher zuerst auf die „klassischen" südexponierten Rebhänge. Im Luftbild von 1971 sind die Volkacher Reblagen rechts von der Wallfahrtskirche, die Astheimer Lagen zwischen dem Ort und der Vogelsburg und die am Escherndorfer Berg bereits bereinigt und durch hangparallele Gürtelwege gegliedert.

Für den Weinbauern brachte dies größere Parzellen, den freien Zugang zu jeder Parzelle von beiden Seiten und die maschinelle Bodenbearbeitung. Je nach Zeilenbreite, Erziehungsart und Steilheit wurde dadurch der Arbeitsaufwand je Flächeneinheit auf die Hälfte oder weniger reduziert.

Dies schuf die Voraussetzung für die Bewirtschaftung größerer Rebflächen bei gleichem Arbeitseinsatz. Steigende Betriebskosten, höhere Lebensansprüche und eine florierende Nachfrage nach dem Bocksbeutel-Wein der Region boten den Anreiz zu einer Erweiterung der Rebfläche, die im Vergleich der Bilder von 1971

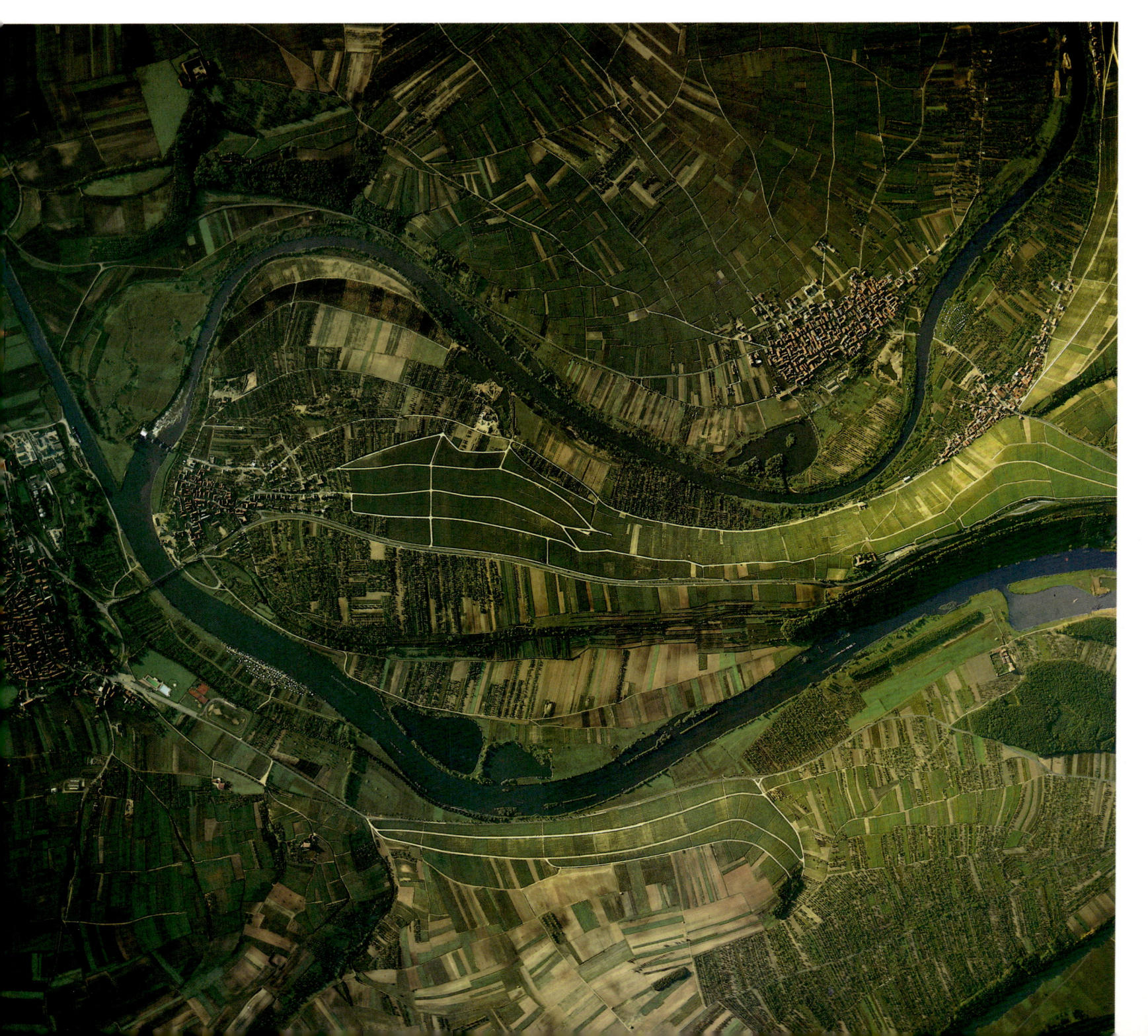

und 1986 ins Auge springt: Sowohl oberhalb von Northeim wie rechts der Wallfahrtskirche wurde früheres Ackerland großflächig zu Rebland.
Dies wurde der Trend in vielen Weingebieten der EG. Intensivere Bewirtschaftung und die Neuzüchtung von Rebsorten ließen auch die Hektarerträge steigen. Allmählich bildete sich der „Weinsee" der EG-Staaten. Die Gesetzgebung reagierte mit einem vorläufig befristeten generellen Anbaustop für neue Rebflächen. Die Lösung des Problems ist damit allerdings nur aufgeschoben .... Gerold Richter

links: Die Mainschleife bei Volkach 1971
Flughöhe: 3300 m, Aufn.-Datum: 6. 10. 71

rechts: Die Mainschleife bei Volkach 1986
Flughöhe: 3000 m, Aufn.-Datum: 20. 9. 86

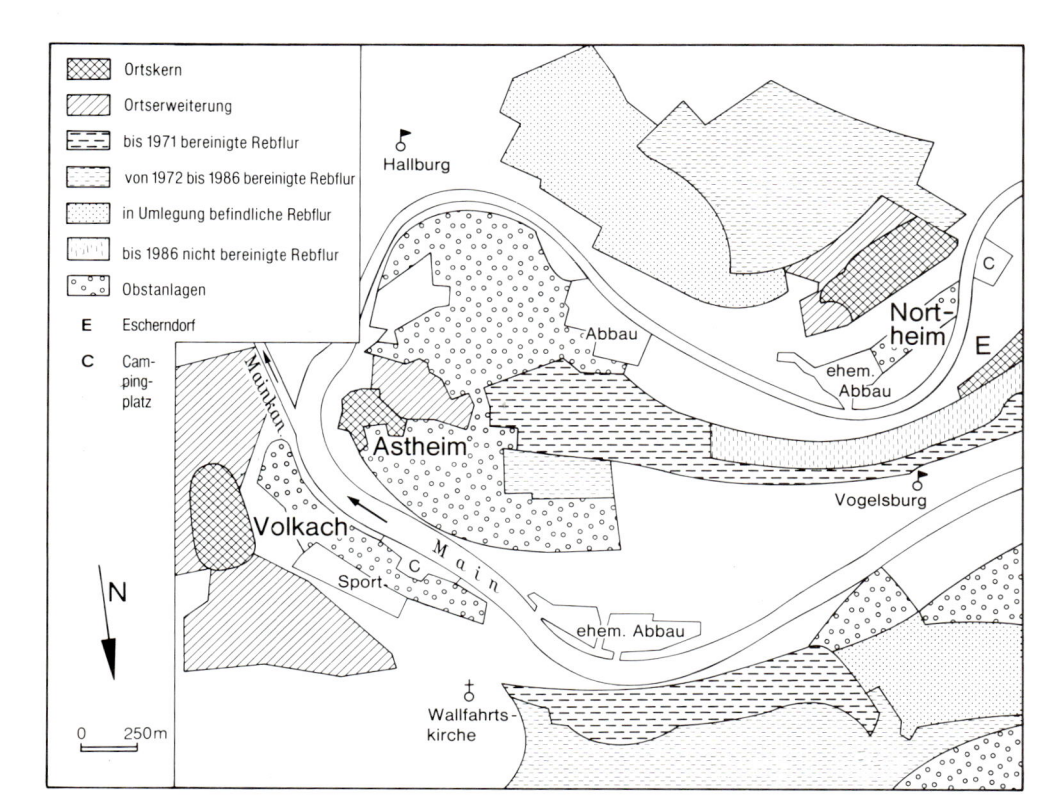

⊠	Ortskern
⁄⁄	Ortserweiterung
	bis 1971 bereinigte Rebflur
	von 1972 bis 1986 bereinigte Rebflur
	in Umlegung befindliche Rebflur
	bis 1986 nicht bereinigte Rebflur
○	Obstanlagen
E	Escherndorf
C	Campingplatz

Bamberg

Bamberg hat ein reiches städtebauliches Potential mit historisch wertvoller Bausubstanz. Mit Lübeck und Regensburg hat sich die Stadt in einer Aktionsgemeinschaft anläßlich des Europäischen Denkmalschutzjahres 1975 im Rahmen eines nationalen Ergänzungsprogrammes zur Erhaltung und Erneuerung historischer Bausubstanz vorgestellt. Mit seinem mittelalterlichen und barocken Stadtbild, das heute weitgehend unter Ensembleschutz steht, ist Bamberg Ziel vieler Touristen. Vom linken und rechten Flußarm der Regnitz und von der Eisenbahnlinie wird die Stadt in SE-NW-Richtung in vier Bereiche geteilt:

- Das Berggebiet mit seinem zentralen Teil, dem Dombezirk, liegt westlich des linken Regnitzarmes (im Luftbild oben). Eine Ummauerung sicherte die Domimmunität und Klösterimmunitäten in diesem geistlichen Stadtteil Bambergs. Neben dem Domberg, der Dom wurde 1003 erbaut, treten nördlich die mächtige Benediktinerabtei St. Michael (gegründet 1015), südlich das Kollegiatstift St. Stephan (gegründet 1009) und westlich das Kollegiatstift St. Jacob (gegründet 1072) hervor. Zur geistlichen Stadt gehören neben vielen Kirchen, Residenzen, Studienheimen, Bibliotheken und geistlichen Behörden auch viele schmale und steile Straßen, die sich meist in Gärten (Obstanbau, früher auch Hopfen- und Weinanbau, danach auch Häckerviertel genannt) verlieren.
- Das Inselgebiet liegt zwischen den beiden Regnitzarmen. Es ist die bürgerliche Stadt mit zahlreichen Wohnhäusern, Handelshäusern und Märkten. Die städtebaulich schöne Verbindung von der bürgerlichen Stadt zur geistlichen Stadt verläuft über zwei alte Brücken aus dem 10. und 11. Jahrhundert mit dem Brückenrathaus aus dem 14. Jahrhundert. Das Inselgebiet war mit seinen Märkten, Handelshäusern und alten Handwerkerstraßen traditionelles Wirtschaftszentrum und ist gleichzeitig Herz der heutigen Geschäfts- und Verwaltungsstadt. Mehrere restaurierte Gebäude dienen der neuen Universität Bamberg (gegründet 1976) als Institutgebäude.
- Mit dem Eisenbahnanschluß Bambergs 1845 begann der Ausbau des sog. Bahngebietes zwischen rechtem Regnitzufer und der Bahntrasse. Auch die Straßenführung war hier gegenüber den winkeligen und engen Straßen und Gassen der Inselstadt und insbesondere der Bergstadt deutlich gradliniger.
- Jenseits der Bahntrasse haben wir im Stadtteil Bamberg-Ost (im Luftbild unten) die Ausbauten des 20. Jahrhundert für Wohnungen, Gewerbe, Verwaltung und Bildung.

Bamberg hat heute ca. 70 000 Einwohner. Das Grundstücksangebot für Industrieflächen und Wohnbebauung ist relativ gering, da die Stadt traditionell viele Gartenbaubetriebe auf ihrer Gemarkungsfläche hat. Die Betriebsinhaber sind nur sehr zögernd bereit, ihre Intensivkulturflächen zu verkaufen und damit eine andere Flächennutzung zu ermöglichen. Das Luftbild zeigt deutlich – auch im Vergleich der Aufnahmen von 1971 und 1986 – die Standortkontinuität dieser Gartenbaubetriebe im nördlichen Inselgebiet, im Bahngebiet, in Bamberg-Ost. Nur im Bereich des in den 60er Jahren neu gestalteten Staatshafens (im Luftbild rechts) mit seinen 2 Becken und insgesamt 3,6 km Kailänge mußte Gartenland zum Bau von Großhandelslagern und Industriebetrieben zur Verfügung gestellt werden.

Bamberg hatte schon früher als Umschlagplatz der alten Main- und Regnitzschiffahrt und -flößerei große Bedeutung; seit 1845 war Bamberg Endpunkt des alten Ludwig-Donau-Main-Kanals. Die heutige Rhein-Main-Donau-Großschiffahrtsstraße nutzt teilweise den kanalisierten rechten Regnitzarm und verläßt diesen über eine Schleuse (vgl. Luftbild von 1986) am linken Bildrand.

Die früher durch die Innenstadt verlaufenden Bundesstraßen können den modernen Durchgangsverkehr nicht mehr aufnehmen und umgehen heute diesen Bereich. Mit dem Bau von jeweils zwei neuen Brücken über die beiden Regnitzarme wurden die engen und steilen Straßen des Berggebietes zusätzlich entlastet. Die im Luftbild linke Trasse, der Münchner Ring, führt dabei aber auch durch den Bamberger Hain und beeinträchtigt damit ein wertvolles Naherholungsgebiet.

Neue Wohngebiete sind im Vergleich der beiden Luftbilder im nördlichen und südlichen Teil des Berggebietes entstanden. Diese Hanglagen sind sehr begehrt; Bauplätze sind in diesen ehemaligen Häckervierteln (früher Weinbau, heute Obstbau) leichter erhältlich als in den Gemüseanbaugebieten, in den Gärtnervierteln des Inselgebietes und des Bahngebietes. Hier spielt die Tradition des Anbaus und die

Bamberg, Dombezirk, Altstadt und Bamberg-Ost
links: 1971
Flughöhe: 3200 m, Aufn.-Datum: 6. 10. 71
rechts: 1986
Flughöhe: 3000 m, Aufn.-Datum: 20. 9. 86

NORD

Tatsache, daß viele Gartenbaubetriebe als Erwerbsbetriebe in Familienbesitz sind, eine Rolle.

Insgesamt sind durch das fehlende Baulandangebot Wohngebiete, Industriegebiete und Großhandelsunternehmen in den unmittelbaren Nachbargemeinden der Stadt entstanden. Die Wirtschaftskraft und das Selbstbewußtsein dieser Stadtrandgemeinden wurden gestärkt, einer Eingemeindung in den zentralen Ort stehen sie ablehnend gegenüber. So nimmt die Bevölkerungszahl Bambergs ab, während die Randgemeinden wachsen.

Helmut Ruppert

Nürnberg

Die Stadt Nürnberg ist Zentrum des mittelfränkischen Ballungsraumes mit ca. 1,3 Mill. Einwohnern. Das Wachstum von Nürnberg ist – obwohl die Stadt bereits im Mittelalter ca. 50000 Einwohner zählte – eine Folge des Industrialisierungsprozesses im 19. und 20. Jahrhundert. (1840: 47000 E., 1871: 83200 E., 1900: 261000 E., 1933: 410400 E., 1985: 467000 E.).
In ihrem räumlichen Wachstum mußte sich die Stadt an vorgegebene historische Raumstrukturen halten. Im W begrenzt die Stadt Fürth jegliche Ausdehnung; im N haben wir das traditionsreiche Gemüseanbaugebiet des Knoblauchslandes, im O die Staatsforstflächen des Reichswaldes als Barrieren für bauliche Entwicklungen. So spielte sich die wichtigste Expansion Nürnbergs in den letzten 100 Jahren im Süden ab, vorläufig letzte Entwicklung ist hier der Bau der Trabantenstadt Langwasser. Seit 1957 läuft das Bauprojekt Langwasser. Die Zielsetzung, auf dem ehemals für Zwecke der Reichsparteitage erschlossenem Übungsgelände (Märzfeld) nicht eine reine Schlafstadt, sondern eine relativ eigenständige Trabantenstadt für 60000 Bewohner zu bauen, ist gelungen. Über die breite, von NW nach SO verlaufende Münchner Straße (im Bild rechts oben) wird das Siedlungsgebiet erschlossen. Die einzelnen Siedlungsgruppen werden durch Stich- oder Ringstraßen erreicht, wodurch ein Wohnen ohne allzu große Lärmbelästigung erzielt wird. Die Wohneinheiten, die über einen solchen Straßenzug zugänglich sind, werden als Nachbarschaften bezeichnet. Sie haben meist noch ein kleines Einkaufszentrum, Kindergarten und Grundschule; sie sollen als kleine soziale Einheit der großstädtischen Vermassung entgegenwirken. Die ersten Nachbarschaften konnten 1959 bezogen werden. Kennzeichnend sind auch die starke Vielfalt von verschiedenen Bautypen (vom Bungalow über das Reihenhaus zu mehrgeschossigen Miet- und Eigentumswohnungen sowie Hochhäusern) und die Mischung von Miets- (60%) und Eigentumswohnungen (40%), die eine einseitige Sozialstruktur vermeiden sollen.
Im Brennpunkt der Anlage finden wir als städtisches Subzentrum ein größeres Einkaufs- und Dienstleistungszentrum mit Kaufhaus, spezialisiertem Einzelhandelsangebot, Ärzten und Anwälten sowie ein Gemeinschaftshaus (Bildmitte links). Als Nebencity hat dieses Gebiet auch Bedeutung für die südlichen Stadtrandgemeinden.
Auch im Bildungs- und Kulturbereich erreicht die Satellitenstadt eine gewisse Eigenständigkeit. In vielen Nachbarschaften befinden sich Grund- und Hauptschule sowie Kirchen. Speziellere Einrichtungen, wie Sonderschule, Gesamtschule, Blindenanstalt, Sozialzentrum und Altenheime sind je einmal vorhanden. Für Freizeitaktivitäten stehen Spiel- und Sportplätze, ein Hallen- und Freibad sowie ein Jugendheim zur Verfügung.
Neben den Arbeitsplätzen im Dienstleistungsbereich wurden für die Bevölkerung Langwassers aber auch ca. 6000 Industriearbeitsplätze geschaffen. In enger Anlehnung an die Bundesbahnlinie wurde eine größere Industriefläche ausgewiesen (Bildmitte), um weite Pendlerwege für die Arbeitnehmer zu vermeiden. Hier finden wir auch das zentrale Heizhaus, das alle Wohnungen Langwassers mti Wärme versorgt und damit zur Luftreinhaltung beiträgt.
Trotz einer gewissen städtischen Eigenständigkeit ist Langwasser aber auch auf die City und die Industriegebiete Nürnbergs angewiesen. Viele Bindungen im

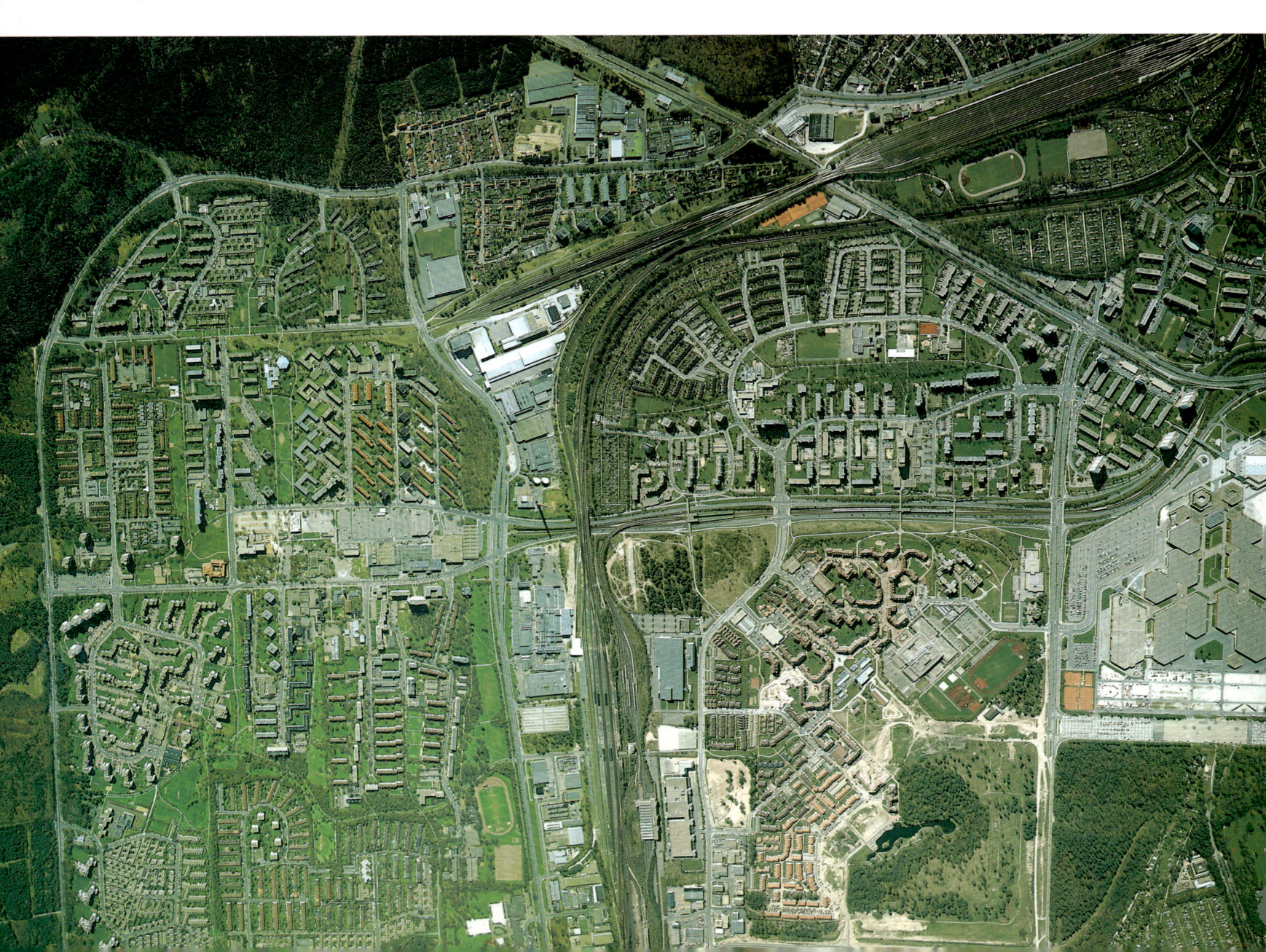

NORD
Die Trabantenstadt Nürnberg-Langwasser
Flughöhe: 2500 m, Aufn.-Datum: 24. 4. 88

Bereich des Arbeitens, Einkaufens, der Bildung oder Freizeitwahrnehmung sind mit der City bzw. anderen Stadtteilen gegeben. Deshalb benötigt man schnelle und leistungsfähige Verkehrsverbindungen in das Stadtzentrum. Bundesbahn, U-Bahn und Autoschnellstraße sind deshalb als Verbindungslinien wichtig. Ebenso ist es über die Autoschnellstraße möglich, ohne zeitliche Verzögerung die benachbarte Autobahn zu erreichen.

Diese hervorragenden Verkehrsmöglichkeiten in das Stadtzentrum und in das Umland bzw. entferntere Regionen waren – in Verbindung mit dem freien Bauland – auch Grundlagen für den Bau des Messezentrums (rechter Bildrand), das Anfang der 80er Jahre erstellt wurde. Eine weltweite Bedeutung kommt dabei der alljährlich stattfindenden Spielwarenmesse zu.

Ganz anders ist die räumliche Situation im Norden Nürnbergs. Im traditionellen Gemüseanbaugebiet, dem Knoblauchsland, reichen die landwirtschaftlichen Flächen fast bis an den Rand der mittelalterlichen Mauern Nürnbergs. Diese Tradition des Anbaus ist unter mittelalterlichen Verkehrsverhältnissen und im Hinblick auf die Verderblichkeit des Gemüses entstanden. Durch den Bezug städtischer Fäkalien (heute teils durch Klärschlamm ersetzt) ist aber auch hier ein funktionaler Zusammenhang zu sehen. Seit dem 14. Jahrhundert ist der Gemüseanbau (Zwiebel, Erbsen, Spinat, Lauch, Kohl, Kraut, Rettiche, Petersilie, Salat und Spargel) nachgewiesen. Die Flächen haben sich zu Lasten der Getreide- und Hackfruchtanbauflächen ausgeweitet. Allerdings werden bis heute noch vielfältige Rotationssysteme des Anbauwechsels von Gemüse, Getreide und Kartoffeln gepflegt, nur an den Dorfrändern wird ewiger Gemüseanbau unter hohen Düngergaben mit 2–3 Ernten pro Jahr betrieben.

Ein in 1966 fertiggestelltes Beregnungssystem brachte eine starke Ausweitung des Gemüselandes von 378 ha (1956) auf 630 ha (1980). Der auf den trockenen Sandböden limitierende Faktor Wasser wurde durch die Bohrung von Grundwasserbrunnen minimiert. Heute sind ca. 60% der landwirtschaftlichen Nutzfläche von Gemüseland eingenommen. Durch Konzentrationsprozesse ging die Zahl der Betriebe zurück, wobei die durchschnittliche Besitzgröße auf ca. 6 ha pro Betrieb stieg, die überwiegend vollbäuerlich bewirtschaftet werden. Im Flurbereinigungsverfahren wurden 1964 die früher zersplitterten Parzellen zusammengelegt, wodurch eine rationale Bewirtschaftung möglich wurde. Die verstärkte Einführung von Glashäusern und die Anwendung von PVC-Folientunnels im Frühjahr steigerten den Ertrag bei allerdings hohem Arbeitsaufwand.

Der Absatz des Gemüses erfolgt überwiegend im Verdichtungsraum Nürnberg–Fürth–Erlangen, teilweise über die traditionellen Wochenmärkte, über den Großmarkt und in jüngerer Zeit auch durch direkte Belieferung von Kettengeschäften und Verbrauchermärkten. Da der Vertragsanbau für Konservenfabriken kaum eine Rolle spielt, und die Haupterntezeit teilweise mit der Reisezeit der Stadtbevölkerung als Hauptabnehmer zusammentrifft, kommt es zeitweise auch zu einer Überproduktion.

Nachdem die Gemüseanbauorte Kraftshof, Buch, Schnepfenreuth, Lohe oder Almoshof bereits 1920–1930 nach Nürnberg eingemeindet wurden, konnte die Stadtplanung durch Bauverbote den landwirtschaftlichen Charakter des Gebietes zwischen den Großstädten Nürnberg, Fürth und Erlangen erhalten, zumal ein Teil des Sonderkulturanbaugebietes auch in der Einflugschneise des Flughafens Nürnberg liegt. Neben den landwirtschaftlichen Flächen, die als Freiflächen im landespflegerischen Sinne auch eine große Bedeutung für Umweltpflege und Naherholung haben, sind die traditionellen, aus Sandstein erbauten, kleinen Gehöfte in den Orten charakteristisch.

Helmut Ruppert

Das Knoblauchsland im NW von Nürnberg
Flughöhe: 2550 m, Aufn.-Datum: 24. 4. 88

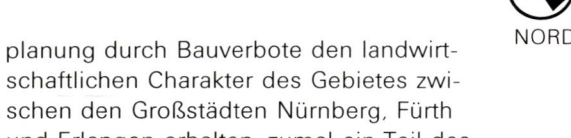

NORD

Die Stadt Erlangen wird heute durch den Standort einer über 200 Jahre alten Universität und durch die 1945 von Berlin verlegten Siemenswerke bestimmt. Die Bevölkerungszahl stieg dadurch rasch von 36 000 E (1939) auf 100 000 (1985). Erlangen ist siedlungsmäßig klar gegliedert. In einer Spornlage am Zusammenfluß von Schwabach und Regnitz liegt die Keimzelle Erlangens, die heutige „Altstadt", die von Karl IV. 1362 Stadtrechte

NORD

*Erlangen
im Ost-West-Profil
Flughöhe: 2500 m,
Aufn.-Datum: 24. 4. 88*

79 Erlangen

Panoramabild aus 5 Aufnahmen

erhi
spit
setz
als
not
wur
der
Ma
gar
Uni

Eichstätt im Altmühltal

Die Kleinstadt Eichstätt zählt mit einigen Eingemeindungen heute etwa 14 000 Einwohner. Der historische Stadtkern befindet sich auf dem Schwemmkegel eines von Norden einmündenden Trockentales (Buchtal). Dieser hochwasserfreie Standort ist seit der Hallstattzeit besiedelt und wurde später auch von Römern, Alemannen und Bajuwaren bewohnt. Im Jahre 741 errichtete der hl. Willibald hier einen Bischofssitz. Um den ersten Dom und das Kloster Willibalds entwickelte sich eine Siedlung, die 908 das Recht erhielt, eine Münz-, Zoll- und Marktstätte sowie eine Stadtmauer zu errichten.

In der Nachfolge Willibalds bauten die Fürstbischöfe Eichstätt zum geistlichen und geistigen Zentrum aus. Sie errichteten den heutigen Dom (1250–1396) sowie die Willibaldsburg im Südwesten der Stadt. Um den Dom entwickelte sich die geistliche Stadt, die sich im Grundriß von der Bürgerstadt um den Marktplatz abhebt. Nach der fast völligen Zerstörung im 30-jährigen Krieg ließen die Fürstbischöfe Eichstätt als Residenzstadt im einheitlichen Barock aufbauen. Herausragend sind der *Residenzplatz* im Süden des Domes mit fürstbischöflicher Residenz, Hofkanzlei und Kavaliershöfen, der *Leonrodplatz* mit der Schutzengelkirche und einem Kranz palastähnlicher Bauten, der *Domplatz* mit zwei Domherrenhöfen, sowie die Sommerresidenz mit Hofgarten an der Ostenstraße.

Zum geistlichen Eichstätt zählen auch zahlreiche Klöster an der Peripherie der Stadt. Das bedeutendste ist das im Westen errichtete Kloster St. Walburg, seit dem 8. Jhd. eine bekannte Wallfahrtsstätte und das zweite religiöse Zentrum Eichstätts.

Die Gebäude um Dom-, Residenz-, und Leonrodplatz beherbergen auch heute noch bedeutende kirchliche Einrichtungen, wie Diözesanverwaltung, bischöfliches Palais und Priesterseminar. Hier finden sich heute auch andere Einrichtungen der öffentlichen Verwaltung. Deutlicher ist der Nutzungswandel bei einigen Klöstern und Kirchenbauten, z. B. dem Dominikanerkloster (Gabrieli-Gymnasium), Notre Dame (Naturpark-Zentrum) und Johanniskirche (Ausstellungsraum).

Neben dem bereits im Mittelalter entwickelten Handwerk bildete vor allem die Natursteinindustrie Ansatzpunkte eines gewerblichen Ausbaus. Grundlage der Natursteinindustrie sind die fossilreichen Solnhofener Platten des oberen Jura. Oberhalb der Stadt nehmen die Steinbrüche große Flächen ein. Mit ihren Schutthalden haben sie eine deutliche Veränderung des Landschaftsbildes bewirkt. Bedeutende Fossilien aus den Steinbrüchen (Archaeopteryx) sind im Juramuseum auf der Willibaldsburg ausgestellt.

NORD

Ein erstes Industriegelände entstand in der Nähe des Stadtbahnhofs, doch nimmt sich die frühe industrielle Entwicklung, bedingt durch die ungünstige Verkehrslage, recht bescheiden aus. Erst in jüngster Zeit siedelten sich moderne Industriebetriebe in für den Straßenverkehr günstiger Lage am östlichen Stadtrand an. Das alte Gelände um den Bahnhof wird dagegen heute von Supermärkten und Lagerhallen geprägt. In der Ostenvorstadt sind die großen Bauten moderner Dienstleistungen zu sehen (Krankenhaus, Schulzentrum). Wie im Westen der Stadt dehnt sich der Ort auch hier zunehmend in die Talaue der seit 1930 begradigten Altmühl aus. Die Neubauten der Kath. Universität gruppieren sich um die als Zentralverwaltung genutzte Sommerresidenz. Eichstätt hat eine lange Tradition als Hochschulstandort. Von dem 1564 als Ausbildungsstätte für Geistliche gegründeten Kollegium Willibaldinum führt die Entwicklung über eine Phil.-Theol. und Pädagogische Hochschule zur Kirchl. Gesamthochschule (1972) und zur Errichtung der Kath. Universität im Jahre 1980 mit z.Zt. etwa 2100 Studenten in 7 Fachbereichen. Mit dem wirtschaftlichen Ausbau dehnten sich die Wohnsiedlungen auf die Talhänge, in Seitentäler und auf die Hochfläche nordöstlich der Stadt aus. Die in die Altmühlaue ausgelagerten Parkplätze dokumentieren das gestiegene Verkehrsaufkommen, das die engen Straßen der Altstadt kaum bewältigen.

Das historische Erbe der Stadt und das naturräumliche Potential der Altmühlalb werden zunehmend touristisch genutzt. Durch Stadtsanierung, Bau von Freizeiteinrichtungen und Gründung des Naturparks Altmühltal wurde die Attraktivität erhöht. Radwandern, Bootfahren und Fossiliensammeln sind neben dem Besuch der Altstadt beliebte Freizeitbeschäftigungen. Zu der Bedeutung als geistliches und geistiges Zentrum ist damit eine größere wirtschaftliche Vielfalt und die Entwicklung zu einem Touristenort gekommen.

Gisbert Rinschede/Thomas Breitbach

links: Steinbrüche bei Eichstätt
Flughöhe: 1600 m, Aufn.-Datum: 21. 9. 86

rechts: Bischofs- u. Hochschulstadt Eichstätt
Flughöhe: 1600 m, Aufn.-Datum: 21. 9. 86

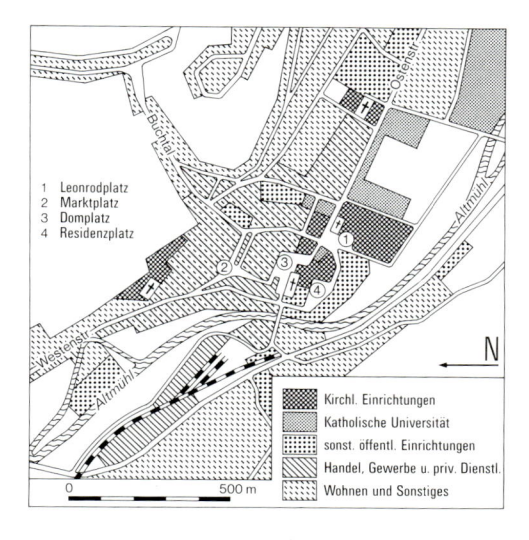

1 Leonrodplatz
2 Marktplatz
3 Domplatz
4 Residenzplatz

Kirchl. Einrichtungen
Katholische Universität
sonst. öffentl. Einrichtungen
Handel, Gewerbe u. priv. Dienstl.
Wohnen und Sonstiges

Marktorte in Niederbayern

In den ersten Nachkriegsjahrzehnten verliehen zwei mit großer Regelmäßigkeit zu Ende des Winters eintretende Ereignisse der Stadt Vilshofen eine weite Publizität: das Hochwasser der Donau und der einmündenden Vils und der „Politische Aschermittwoch". Schon im 14. Jh. wurde die Stadtmauer an Donau und Vils durch Hochwasser und Eisstoß eingerissen. Die Fluten drangen oft bis zum ersten Stock der Wohnhäuser ein, so daß die untere Altstadt im Winkel zwischen Donau und Vils nur mehr mit Kähnen zu befahren war. Die katastrophalen Überschwemmungen der Jahre 1954 und 1956 gaben schließlich den Anstoß für wirksame Schutzmaßnahmen. Mit einem von 1957 bis 1959 errichteten Damm ließ sich auch das dringende Problem des Durchgangsverkehrs lösen, indem die Dammkrone entlang der Donau die Umgehungsstraße der B 8 aufnahm. Die Aschermittwochveranstaltungen erwuchsen aus der alten Marktfunktion der Stadt. Im 19. Jh. erfuhren vor allem die Viehmärkte eine Wiederbelebung und gegen 1880, als zehn solche abgehalten wurden, eine überörtliche Bedeutung. Die Aufwärtsentwicklung hing maßgeblich mit dem Bau der Donautalbahn (1860 Regensburg–Passau) und zweier Stichstrecken zusammen. Die erste politische Großkundgebung richtete im Jahre 1919 der Bayerische Bauernbund aus. 1927 bis 1931 folgten Veranstaltungen des Christlichen Bauernvereins und 1932/33 traten zum erstenmal mehrere Parteien auf. Nach dem Zweiten Weltkrieg nahm 1948 die Bayernpartei die Vorkriegstradition wieder auf. Spätestens ab 1980, seitdem die CSU ihre Großkundgebung in Passau abhält, hat der „Politische Aschermittwoch" von Vilshofen an Originalität, Brisanz und Publizität verloren.

Am Anfang der Geschichte von Vilshofen steht die Schenkung von fünf Bauernanwesen „zu Vilusa" an das Kloster Mondsee im Salzkammergut (776–854). Die Keimzelle der Siedlung lag am rechten Ufer der Vils nahe der heutigen Straßenbrücke. Erst im 12. Jh. wird der Name Vilshofen gebräuchlich. Damals war der Bischof von Passau Grundherr des Ortes. Einer seiner Lehensträger, Graf Heinrich I. von Ortenburg, erhob im Jahre 1206 den jungen Markt zur befestigten Stadt. Bereits 1241 bemächtigte sich Herzog Otto der Erlauchte der Donaustadt und richtete dort ein herzogliches Pfleggericht ein. Die zentralen Funktionen, wie Pfleggericht, später Landgericht und Landratsamt, blieben über 700 Jahre erhalten. Erst mit der Gebietsreform von 1972 verschwand der alte Landkreis Vilshofen. Der damit verbundene Verlust an Zentralität und Wirtschaftskraft konnte durch die Eingliederung mehrerer Nachbargemeinden nicht wettgemacht werden. Denn die Verwaltungs- und Handelsfunktion war stets dominierend, während die gewerbliche Produktion nur der lokalen Versorgung diente. Heute nimmt sich die industriegewerbliche Ausstattung des Unterzentrums mit 650 Industriebeschäftigten bescheiden aus. Gerade die in den 60er Jahren mit drei Betrieben noch stark vertretene Textil- und Bekleidungsindustrie hat im großen Umfang Arbeitsplätze abgebaut. Die vielfältigen Möglichkeiten von Sport und Erholung tragen zusammen mit der reizvollen Lage zu einer Lebensqualität bei, können aber dem Fremdenverkehr keine Impulse vermitteln. Große Bedeutung hat Vilshofen in jüngster Zeit als Schulstandort gewonnen: In Grund-, Haupt-, Sonder-, Berufsschule, zwei Gymnasien und einem Bildungszentrum für Hauswirtschaft und Kinderpflege werden über 5000 Schüler unterrichtet.

Vilshofen an der Donau
Flughöhe: 2 700 m, Aufn.-Datum: 21. 9. 86

NORD

Am Ausgang einer Mittelgebirgspforte und an der Querung der Donau belegt die Stadt Deggendorf eine typische Grenzlage an der Nahtstelle von zwei naturrräumlichen Haupteinheiten. Wenige hundert Meter unterhalb der heutigen Donaubrücke wird der „Urvar", eine kleine Siedlung des 8. Jhs., am alten Übergang über den Strom vermutet. Auf einen bereits 788 bezeugten Königshof folgte 960 eine Probstei. Zu dieser Zeit entwickelte sich in nördlicher Verlängerung des heutigen Stadtplatzes (am oberen Bildrand) eine kleine Siedlung, die 1039 „oppidulum", später „Altstadt", genannt wurde. Etwa ein Kilometer südlich davon ließ nach 1242 Herzog Otto II von Bayern auf der Au vor der Probstei die befestigte „Neustadt" anlegen. Diese besitzt die Form einer Ellipse und war von Mauer, Graben und vier Toren umschlossen. Von der 450 m langen, zum Straßenmarkt erweiterten, Nord-Süd-Achse zweigen je vier Seitengassen ab, so daß der Kern in vier Viertel gegliedert wird. Damit gehört die Stadt Deggendorf zur Reihe der alten, planmäßigen Anlagen der bayerischen Herzöge aus der Mitte des 12. Jh. Da während des österreichischen Erbfolgekrieges 1743 fast die gesamte Stadt abgebrannt war, findet sich heute fast keine mittelalterliche Bausubstanz mehr. Die moderne Wohnbebauung hat die altstadtnahen Hügel fast völlig in Besitz genommen. Wegen der lange Zeit vorhandenen Hochwassergefahr mußte die Umgebung des inzwischen kanalisierten Bogenbaches frei bleiben.

Die historische Wirtschaft war geprägt durch die enge Verbindung einer stadtnahen Landwirtschaft mit Sonderkulturen (Kraut, Wein) und Ansätzen einer industriegewerblichen Produktion. Neben metallverarbeitenden Betrieben bestimmten heute Textil- und Bekleidungsfabriken die Deggendorfer Industriestruktur. Letztere sind überwiegend Neugründungen von Flüchtlingen ohne lokale Tradition. Einer der ältesten und größten Betriebe ist die „Deggendorfer Werft- und Eisenbau GmbH". 1924 zu gleichen Teilen von der Bayer. Lloyd und der Gute-Hoffnung-Hütte gegründet, ging sie 1926 ganz in den Besitz letzterer über. Nach dem Zweiten Weltkrieg bildete der Eisenbau zunächst den Schwerpunkt. Später traten zur Werft u. a. Silo-, Schiffsbagger- und Reaktorenbau hinzu.

Verlief die Zunahme der Bevölkerung im 19. Jh. auch nach dem Anschluß an die „Waldbahn" (1877 Plattling–Eisenstein) eher verhalten, so übertraf die Entwicklung mit 22,2% Zuwachs 1961–1985 die anderen größeren Städte Niederbayerns ganz deutlich. Wesentlich zu dem Anstieg auf gut 30 000 Einwohner trug eine relativ früh einsetzende Industrialisierung bei. Das gemeinsame Mittelzentrum Deggendorf-Plattling läßt aufgrund sehr günstiger Standortfaktoren auch für die Zukunft eine weitere Aufwärtsentwicklung erwarten.

Ulrich Pietrusky

Deggendorf an der Donau
Flughöhe: 2200 m, Aufn.-Datum: 21. 9. 86

Regensburg

Die Keimzelle Regensburgs – ein Römerlager am Südufer der Donau gegenüber der Einmündung des Regen – wurde über verschiedene Stadien des weltlichen Ausbaus der Karolinger und der bayerischen Stammesherzöge sowie der geistlichen Gründungen (Klöster, Dom des Bistums Regensburg) erweitert. Im 12./13. Jahrhundert erreicht Regensburg seine wirtschaftliche Blüte; 1146 wird die Steinerne Brücke (Bildmitte vom Zentrum über Insel) eröffnet, für lange Zeit der einzige Brückenübergang der Donau und bis heute ein Symbol der Stadt. Um 1250 erhält die Stadt die Reichsfreiheit und um 1300 werden Altstadt und westliche und östliche Vorstadt von einer Mauer umgeben. Die ummauerte Altstadt (Bildmitte), die sich am südlichen Donauufer erstreckt, ist in ihrer baulichen Dichte und dem sie umgebenden Grüngürtel gut im Luftbild erkennbar.

Bis Mitte des 19. Jahrhunderts wird im wesentlichen nur die von einem Donauarm umschlossene Insel Stadtamhof (Bild oben) bebaut. 1859 erfolgt der Bahnanschluß, der Bahnhof kann in unmittelbarer Nähe der Altstadt gebaut werden (Bildmitte unten).

Mit dem Ausbau ihrer Hafenanlagen stieg die Bedeutung der Stadt Regensburg als Großhandels- und Umschlagplatz. Die Gesamthafenanlagen gliedern sich in einen neuen Osthafen (außerhalb des Bildes), in den Petroleumhafen mit den Tanklagern (rechts Bildseite), daran anschließend den sog. Winter- und Umschlaghafen mit Gleisanschlüssen, Kränen als Umschlageinrichtungen, Lager- und Kühlhäusern und Getreidesilos sowie die Donaulände am Südufer der Donau östlich der Altstadt. Die Hauptgüter werden unter österreichischer Flagge (ca. 43%) und unter osteuropäischen Flaggen (41%) umgeschlagen. 1970 erreichte der Hafen mit

NORD

5 Mio. t Gesamtumschlag ein Spitzenergebnis, 1986 waren es nur noch 3,2 Mio. t. Mit der endgültigen Fertigstellung des Rhein-Main-Donau-Kanals um 1992 wird wohl ein Teil der Hauptumschlaggüter des Hafens, wie Eisen, Stahl, Erze und Kohle, nicht mehr in Regensburg umgeschlagen werden. Man versucht, diesem Bedeutungsverlust durch einen geplanten Freihafenstatus entgegenzuwirken. Gewerbe-, Großhandels- und Industrieflächen wurden im Umfeld des Hafengeländes (Bildrand rechts) flächenmäßig ausgeweitet. Hierzu trugen auch gute Erschließungen über Eisenbahn und Straße bei. Mit dem Donaueinkaufszentrum (Bildmitte oben rechts) wurde ein großes Dienstleistungszentrum mit 75000 m² Geschoßfläche und 3000 Parkplätzen errichtet. Eine gute Straßenanbindung fördert den Kundenstrom aus der Stadt und einem größeren ländlichen Einzugsbereich.

Im Rahmen der umfangreichen Stadtsanierung wurde auch die Wohnfunktion der Altstadt belebt, wobei infolge der hohen Sanierungskosten allerdings auch ein Bevölkerungsaustausch wegen erhöhter Mieten verbunden war. Heute zählt Regensburg zu den besterhaltenen mittelalterlichen deutschen Städten. Als Kulturdenkmal von europäischem Rang ist die Stadt auch Ziel eines ständig wachsenden Stadttourismus (1986: 310000 Übernachtungen).

Mit dem Aufbau einer Universität seit 1964 (1986: 13000 Studenten) und der jüngsten industriellen Entwicklung in Richtung Wachstumsbranchen (BMW-Werk im Südosten der Stadt und das Megabitchip-Werk der Siemens AG) sind in Regensburg zukunftsorientierte Investitionen erfolgt, die die Stellung dieser Stadt als Zentrum Ostbayerns stärken werden.

Helmut Ruppert

Regensburg an der Donau im W-O-Profil
Flughöhe: 2500 m, Aufn.-Datum: 25. 4. 88

Donaumoos und Hallertau

Am Beispiel von Karlshuld, einer Moorhufensiedlung im Donaumoos, kann die wirtschaftliche Entwicklung der Niedermoorlandschaft aufgezeigt werden. Voraussetzung für die Besiedlung war der Ausbau von Bach- und Kanalsystemen sowie die Trockenlegung des sumpfigen Geländes.

1795 wurde Karlshuld als Moorkolonistendorf von Karl von Eckart gegründet. Typisch für die Erschließung ist die schnurgerade Straßenanlage mit aufgereihten Höfen, oft parallel zu den Kanälen, sowie der regelmäßige Flurgrundriß. Diese Struktur hat sich seit der Gründung kaum verändert. Gewandelt hat sich aber das Bild der Nutzungsarten, die Betriebsgrößen sowie das Arbeitsplatzangebot. Durch die 1900 gegründete staatliche Moorwirtschaftsstelle (linke Straßenseite unterhalb der Kirche) wurde der Anbau hochwertiger Saatkartoffeln entwickelt, für lange Zeit die wichtigste Anbaufrucht. Durch Nematodenbefall kam es in den letzten Jahren zu einem Rückgang im Kartoffelanbau. Unter Mithilfe des Moorversuchsgutes, welches Anbausorten speziell für diese Region testet, setzt nun verstärkt der Roggenanbau u. a. ein.

Bis ins 19. Jh. herrschten kleinere Betriebe vor. Das Bild läßt heute unterschiedliche Betriebsgrößen erkennen. Nur noch 10% der bäuerlichen Betriebe sind Vollerwerbsbetriebe. 80–90% der Arbeitnehmer pendeln in das nahegelegene Ingolstadt. In geringerem Maße betreiben sie Landwirtschaft im Nebenerwerb. Die Erschließung von Neubaugebieten im Ort führt zu einem leichten Anwachsen der Bevölkerung, eine Entwicklung, die nicht auf alle Orte im Donaumoos zu übertragen ist.

Etwa 30 km weiter östlich liegt der Markt Wolnzach im Hopfenland der Hallertau. Die Entwicklung des Ortes ist eng mit der des Hopfenbaus verknüpft. 1310 wird bereits vom Markt Wolnzach gesprochen. 1834 erhält der Ort das Hopfensiegelrecht. Nach 1945 wird er zum bedeutendsten Hopfenumschlagplatz Deutschlands. Alle wichtigen Verarbeitungsformen des Hopfens sind am Ort mit Werken vertreten: Brauerei (im Ortszentrum), Hopfenextraktionswerk (nahe der Autobahn), Hopfenhallen (z. B. links unterhalb der Kirche). Dennoch hat Wolnzach seinen dörflichen Charakter nicht ganz verloren. Dies zeigt sich an der Physiognomie der Bauernhöfe im Ortsverband, an einigen größeren Höfen in Streulage sowie an den ortsumschließenden Blockfluren. Der Hopfen nimmt heute in der Hallertau ca. 20% der landwirtschaftlichen Nutzungsfläche ein (1961 10% LN). Im Zuge der Rationalisierung vollzieht sich der Übergang zu einer maschinengerechteren Anbauweise: Weitständige Hopfenreihen mit speziellen Erziehungsarten stehen den traditionellen engständigen gegenüber. Diese offene Ackerbaulandschaft erforderte Erosionsschutzmaßnahmen, die an den Terrassensystemen zu erkennen sind. Mit der Anbindung an die Autobahn ist der agrarisch geprägte Wirtschaftsraum infrastrukturell gut erschlossen. Nicht alle Einwohner finden Arbeit im Ort, so daß ein großer Teil in die Industriezentren München und Ingolstadt pendelt. Neubaugebiete bilden einen Gegensatz zur bäuerlichen Marktatmosphäre. Hat sich im Orts- und Landschaftsbild vieles gewandelt, so kann im Dt. Hopfenbaumuseum die Geschichte Wolnzachs, stellvertretend für die Hallertau, vor Ort nachvollzogen werden.

Elisabeth Krames

links: Karlshuld im Donaumoos
Flughöhe: 2600 m, Aufn.-Datum: 25. 4. 88

rechts: Markt Wolnzach in der Hallertau
Flughöhe: 2100 m, Aufn.-Datum: 21. 9. 86

Ulm und Neu-Ulm

Die Doppelstadt Ulm/Neu-Ulm, beiderseits der von unten nach oben den Bildausschnitt querenden Donau gelegen, ist ein recht ungleiches Schwesternpaar. So scharf sich die Altstadt von Ulm mit unregelmäßigem Straßenbild um Münster und Münstervorplatz, während das südlich der Donau gelegene Neu-Ulm eine äußerst regelmäßige, planmäßige Anlage zeigt.
Bis zum Jahre 1810 gab es Neu-Ulm nicht; seitdem trennen infolge der napoleonischen Grenzziehung die von Süden kommende Iller (mit hellgrünem Wasser aus den Kalkalpen) und die von Westen kommende Donau (mit dunkelgrünem Wasser) das württembergische Ulm vom bayerischen Neu-Ulm.
Das Luftbild zeigt die ‚Keimzelle' der ehemals ummauerten, reichsunmittelbaren Stadt Ulm. Sie umfaßte den Bereich südlich des Münsters bis zur Blaumündung im Westen, die östliche Grenze kann mit der mittleren der drei Straßenbrücken angegeben werden.
Ulm war 854 erstmals urkundlich erwähnt worden und hatte 1165 durch Friedrich I. (Barbarossa) die Stadtrechte erhalten. Aus dieser Zeit stammt der unregelmäßige Kern.

Eine große Stadterweiterung um das Vierfache der bisherigen Fläche im Jahre 1316 führte dazu, daß der Platz um das Münster mehr ins Zentrum der Altstadt zu liegen kam. Obwohl Ulm im 14. Jahrhundert nur 12000 Einwohner hatte, wurde 1377 mit dem Bau einer großen Kirche, dem Ulmer Münster, begonnen, das für 29000 Menschen Platz bot.
Die strategisch wichtige Lage an der Kreuzung zweier alter Handelswege führte schon ab 1600 zum Ausbau Ulms zu einer Festung. Als Folge dieses Ausbaus wurde Ulm stärker in kleinere politische Streitigkeiten miteinbezogen, und die ehemals blühende einheimische Wirtschaft kam in Schwierigkeiten. Deshalb reichte die Stadterweiterung aus dem Jahre 1316 bis weit ins 19. Jahrhundert aus, Ulm wuchs nicht über seine mittelalterlichen Grenzen hinaus.
Als 1810 die Grenze zwischen Württemberg und Bayern neu festgelegt wurde, war Neu-Ulm nur eine kleine Siedlung. Der bayerische Brückenkopf an der Donau begann aus kleinsten Anfängen zu wachsen. Erst als 1842 begonnen wurde, Ulm und Neu-Ulm zusammen – damals schon grenzüberschreitend – als Bundesfestung auszubauen, wuchs Neu-Ulm stärker und erhielt 1869 das Stadtrecht. Die Forts, Bastionen und Glacis sind noch deutlich im Luftbild zu sehen. Sie begrenzen die regelmäßigen, quadratischen Straßenzüge Neu-Ulms im Westen, Süden und Osten und sind vor allem südlich und westlich des Bahnhofs als Grüngürtel (Naherholungsbereich) im Bild zu sehen. Als 1850 die Eisenbahn von Stuttgart über Geislingen Ulm erreichte und 1853 die Strecke nach München über Neu-Ulm freigegeben wurde, erhielt Ulm eine große Bedeutung als Eisenbahnknoten, denn weitere Linien führten nach Südwesten (Sigmaringen, 1868), zum Bodensee (‚Schwäbische Eisenbahn', 1850), nach Norden (Heidenheim, 1876) und Süden (Memmingen, 1862). Die ausgedehnten Gleisanlagen, wobei der Güterbahnhof noch außerhalb des Bildausschnitts liegt, geben dafür ein beredtes Zeugnis.
Wie überall in Deutschland wuchsen auch in Ulm Teile des Handwerks ab Mitte des 19. Jahrhunderts zu Industrieunternehmen. Neben dem Maschinenbau (z. B. in den südlich des Bahnhofs gelegenen Magiruswerken) ist es traditionsgemäß die Textil- und Bekleidungsindustrie, die Ulm zu einer Industriestadt werden ließ.
Die Lage Ulms auf einen Schwemmfächer unterhalb der Stufe zur Schwäbischen Alb, die Geleise der Eisenbahnen und die noch bestehenden Fortifikationen der

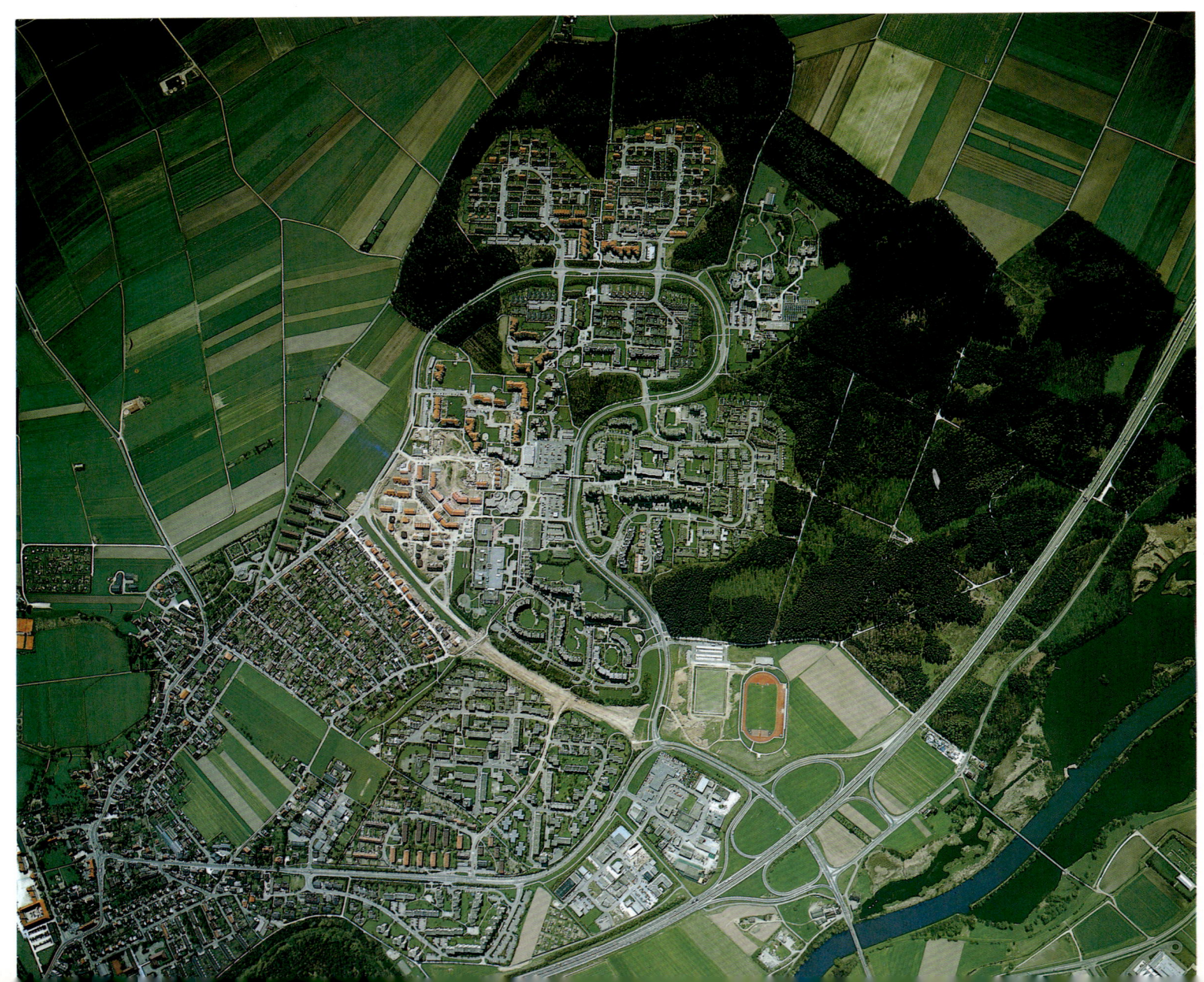

Bundesfestung behinderten zunächst noch das Wachstum. Nachdem aber ab 1899 der äußere Festungsgürtel geschleift und 1900 mehrere Dörfer eingemeindet wurden, konnten Industriebetriebe zunehmend in die Außenbezirke der Stadt verlegt werden. Heute konzentriert sich die Industrie in der Weststadt (außerhalb des Bildausschnitts), in Ulm-Söflingen und im jüngsten Industriegebiet „Donautal" (in der rechten unteren Ecke des Bildes Wiblingen).

Die Siedlung Ulm-Wiblingen geht auf ein Kloster zurück, das im Jahre 1093 durch die Grafen von Kirchberg gestiftet wurde. Die heutigen Bauten, als größeres zusammenhängendes Gebäude in der linken unteren Bildecke zu sehen, wurden 1714 errichtet. 1806 wurde das Kloster säkularisiert und fiel an Württemberg. Die Siedlung Wiblingen wurde 1927 nach Ulm eingemeindet. Das alte Klosterdorf Wiblingen ist vor allem in den letzten beiden Jahrzehnten nach Westen und Südwesten gewachsen. Ausgangspunkt war das Kloster zu dem auch ein kleines Straßendorf gehörte, das sich entlang einer leicht gewundenen Straße vom Kloster nach Südwesten hinzog. In unserem Jahrhundert kamen dann die Siedlungsgebiete mit regelmäßiger Anlage westlich des Klosters und südwestlich des alten Dorfes hinzu. Zuerst wurden die Neubaugebiete im Offenland angesiedelt. Die jüngsten, die am weitesten im Süden gelegenen, haben sich hingegen weit in das Waldgebiet der Wiblinger Hart hineingefressen. Im noch verbliebenen Offenland liegen Aussiedlerhöfe. Ihre zugehörigen Felder sind flurbereinigt, wie man den großen Schlägen und dem regelmäßigen, gut ausgebauten Wegenetz entnehmen kann. Augenfällig ist der Unterschied in der Anlage der ‚alten' Neubaugebiete näher bei Wiblingen und der ‚jungen'. Erstere zeigen regelmäßige und gerade verlaufende Straßenzüge, letztere geschwungene Straßenführung mit Ringstraßen, Sackstraßen, Wendehämmern.

Die Donau quert den rechten unteren Bildabschnitt in einem begradigten Flußbett. Bis 1880 mäandrierte sie in einer breiten Talaue zwischen der Schotterplattenlandschaft im Süden und der Schwäbischen Alb im Norden. Die großen Wasserflächen beiderseits der Donau sind überwiegend beim Kiesabbau geschaffen worden. Heute sind sie Naturschutzgebiet.

Konrad Rögner

links: Das Klosterdorf Ulm-Wiblingen sowie seine jüngeren und jüngsten Ausbauphasen
Flughöhe: 2600 m, Aufn.-Datum: 25. 4. 88

rechts: Die Stadtkerne von Ulm und Neu-Ulm beiderseits der Donau
Flughöhe: 2600 m, Aufn.-Datum: 25. 4. 88

Städte im Alpenvorland

Wir blicken auf die Altstädte zweier Zentren im Alpenvorland:
Landshut (über 40000 Ew.) ist Sitz der Regierung von Niederbayern. Nach einer kurzen Zeit der überregionalen Bedeutung als Residenzstadt im 15. Jh. war die Stadt Marktort eines reichen bäuerlichen Umlandes. Die Verarbeitung landwirtschaftlicher Produkte wurde in den letzten Jahrzehnten von anderen Industriezweigen überholt.
Augsburg (fast 250000 Ew.), die Hauptstadt des Regierungsbezirks Schwaben, entstand aus römischen Ursprüngen. Die mittelalterliche Stadt bildete sich aus einer Kaufmanns-Siedlung. Das Handwerk, besonders die Barchentweberei, und der Fernhandel, der von Handelshäusern wie den Fuggern betrieben wurde, brachten der Stadt im 15. und 16. Jh. höchste Bedeutung. Aus der Weberei entwickelte sich im 19. Jahrhundert die Textilindustrie und der Maschinenbau. Heute ist Augsburg Mittelpunkt eines Agglomerationsraumes mit vielseitiger Industrie.
Die Altstadt von Landshut entstand auf hochwasserfreien Terrassen und Schwemmkegeln. Zwei ehemalige Straßenmärkte gliedern sie. Vom Dreifaltigkeitsplatz, dem ältesten Teil der Stadt, führt die „Altstadt" (13.Jh.) über die Stadtpfarrkirche St. Martin zur Isarbrücke. Die „Neustadt" (14. Jh.) zieht von der Jesuitenkirche zum Ursulinenkloster. Nach dem 2. Weltkrieg verschwanden die charakteristischen Mühlen. Am Ludwigswehr stand die größte bayerische Mühle. Sie wurde abgerissen und nach Ergolding verlegt. Am Wehr entstanden Grünanlagen und ein Parkhaus. Andere Industriezweige kamen: Textil- und optische Betriebe und elektrotechnische Firmen. Industrie und neue Wohnviertel vergrößerten die Stadt. Nur wenige Isarbrücken verbinden die Altstadt mit ihren Ämtern, Schulen und Geschäften mit den nördlichen Industriebetrieben, Wohnvierteln und dem Bahnhof. Das Einkaufszentrum an der Münchner Straße belegt die Versorgungsfunktion, die hellgrauen Dachflächen die Bautätigkeit der letzten Jahrzehnte.
Augsburg liegt am Zusammenfluß von Lech und Wertach. Die ehemalige Umwallung der Altstadt ist gut zu erkennen. Die Maximilianstraße wurde zur Entwicklungsachse im mittelalterlichen Augsburg. Zwischen Rathaus und St. Ulrich erinnert ihre Breite an den früheren Straßenmarkt und markiert die Zweiteilung: in der östlichen Unterstadt das winkelige Straßennetz, schmale Parzellen und viele rote Dächer. Hier lebten Handwerker und Kleinbürger. Bäuerliche Märkte bestimmten das Bild. Westlich der Maximilianstraße die Oberstadt mit regelmäßiger Straßenführung und repräsentativen Bauten auf großen Grundstücken.
Augsburgs frühe Bedeutung beruhte auf Handwerk und Fernhandel. Ein vielseitiges Gewerbe nutzte die Wasserkräfte des verzweigten Kanalsystems der Unterstadt. Hier lagen die Werkstätten der Papier- und Getreidemüller, Gerber, Lodenwalker und zahlreicher Weber. Hier liegt die älteste Sozialsiedlung der Welt, die Fuggerei (1514–23).

Landshut
- Altstadt
- Jüngerer Stadtbereich
- Grünanlage

1 Stadtpark
2 Ludwigswehr
3 Dreifaltigkeits-Platz
4 Burg Trausnitz
5 Sankt Martin
6 Jesuiten-Kirche
7 Altstadt
8 Neustadt
9 Dominikaner-Kloster
10 Ursulinen-Kloster
11 Bischof-Sailer-Platz
12 Maxwehr
13 Münchner Straße

NORD

Augsburg (19. Jh.)

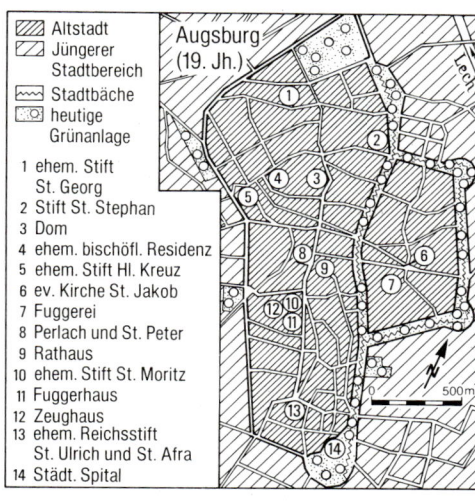

Legende:
- Altstadt
- Jüngerer Stadtbereich
- Stadtbäche
- heutige Grünanlage

1. ehem. Stift St. Georg
2. Stift St. Stephan
3. Dom
4. ehem. bischöfl. Residenz
5. ehem. Stift Hl. Kreuz
6. ev. Kirche St. Jakob
7. Fuggerei
8. Perlach und St. Peter
9. Rathaus
10. ehem. Stift St. Moritz
11. Fuggerhaus
12. Zeughaus
13. ehem. Reichsstift St. Ulrich und St. Afra
14. Städt. Spital

Die Industrialisierung prägte das weitere Wachstum, als die Mauern 1860 abgetragen wurden. Grünzüge markieren heute deren Verlauf. Graue Dächer und hohe Schornsteine weisen auf die Fabrikanlagen im Norden und Osten der Altstadt hin. Nach der Regulierung von Lech und Wertach seit 1841 ließen sich Baumwollspinnereien und Webereien und als Ergänzungsindustrie der Maschinenbau (MAN 1840) nieder. Inzwischen gibt es Betriebe der Elektrotechnik, Feinmechanik und Holzverarbeitung. Im Zuge der Industrialisierung entstanden auch Wohnviertel in lockerer Bauweise, z.B. in Lechhausen. Im Gebiet zwischen Altstadt und Bahnlinie stammen viele Villen aus der Gründerzeit. Öffentliche Großbauten nutzen heute den repräsentativen Charakter dieses Viertels. Die Auflösung alter Gewerbebetriebe führte zu neuen Wohnbauten, z.B. zwischen Lech und der östlichen Altstadt.

Werner Stroppe

links: Landshut an der Isar
Flughöhe: 2200 m, Aufn.-Datum: 21. 9. 86

rechts: Augsburg am Lech
Flughöhe: 2250 m, Aufn.-Datum: 6. 9. 86

NORD

München

Von links nach rechts zeigt das Luftbild einen in NW-SE-Richtung verlaufenden, etwa 4,5 km breiten Streifen, der die Altstadt (im Südosten an der Isar) und die späteren Erweiterungen der bayrischen Landeshauptstadt nördlich und nordwestlich davon beinhaltet. Mit ca. 1,3 Mill. Einwohnern ist die Stadt im Alpenvorland die drittgrößte der Bundesrepublik. Zahlreiche öffentliche Einrichtungen, Hochschulen, weltbekannte Industriefirmen, sowie nicht zuletzt ein Kulturangebot, das seinesgleichen sucht, zeichnen Deutschlands „heimliche Hauptstadt" aus.

Das Zentrum der Stadt liegt etwa 1 km nordwestlich der Museumsinsel (z.T. kupfergedeckter Gebäudekomplex des Deutschen Museums) auf dem linken Isarufer. Hier befand sich an der Kreuzung wichtiger Salzstraßen des Mittelalters (Reichenhall, Hallein) eine Siedlung, die im 12. Jhd. den Namen „ad munichem" (= bei den Mönchen) trug. Die Ausdehnung dieser sog. Heinrichstadt mit dem Marienplatz in der Mitte, den beiden großen Kirchen St. Peter und der Frauenkirche mit den charakteristischen, kupfergedeckten Türmen, sowie mit dem Rathaus, läßt sich im Luftbild durch den ringförmigen Verlauf der Straßen im Zentrum der Altstadt erfassen. Die Straßen folgen dem Verlauf der 1. Befestigungsanlage der Stadt. Bereits im 14. Jhd. wurde eine Erweiterung rund um diesen Kern notwendig. Als Sitz der Herzöge von Bayern war die Stadt bis 1792 von einer 2. Stadtmauer umgeben, deren Verlauf die Straßenzüge, die die sog. Ludwigstadt umschließen, auch im Luftbild erkennen lassen.

Das 19. Jhd. brachte unter LUDWIG I und MAXIMILIAN II eine Umgestaltung der Handelsstadt zu einer modernen Regierungszentrale. Repräsentative Gebäude, darunter das Maximilianeum (erkennbar am rechten Bildrand in einem Straßenrondell, heute Sitz des Bayrischen Landtags), das Haus der Kunst (am Südrand des Englischen Gartens), sowie die Bauten der 1826 von Landshut nach Schwabing verlegten Universität (entlang der im Bild etwa in Süd-Nord-Richtung verlaufenden Ludwig-Str./Leopold-Str., westl. des Englischen Gartens) bestimmen das Stadtbild. Mit in diese Zeit gehört die Anlage der Maxstadt (quadratischer Straßengrundriß nordwestl. der Altstadt und die Anbindung der Stadt an das entstandene Eisenbahnnetz durch einen Kopfbahnhof (1848–50 gebaut, am unteren, rechten Bildrand).

Die linke Bildhälfte ist vor allem durch Stadterweiterungen des 20. Jhds. geprägt. Unmittelbar neben den Mietshäusern der Stadtteile Milbertshofen (oberer Bildrand), Moosach (unterer Bildrand) und dem Wohngebiet Harthof im Nordwesten liegen städtische Versorgungsbetriebe, die Fertigungsanlagen der Bayrischen Motorenwerke AG und der Knorr-Bremse AG. Entlang der Bahngleise ist, bei guter verkehrstechnischer Anbindung, der Euro-Industriepark entstanden.
Auf dem Gelände des Oberwiesenfeldes, ca. 4 km nördlich des Zentrums wurden von 1965–72 die Einrichtungen des Olympiaparks gebaut. Die gläsernen Zeltdachkonstruktionen gehören wie die Silhouette des neuen Fernsehturms (in der Bildmitte als Schattenriß erkennbar) zu den neuen Wahrzeichen der Stadt München.

Ralph Hansen

NORD

*München zwischen Olympia-Park und Isar
Flughöhe: 3000 m, Aufn.-Datum: 6. 9. 86*

Deltabildung im Chiemsee

Der Chiemsee ist der größte bayerische See und – nach dem Bodensee – der zweitgrößte im nördlichen Alpenvorland:

Einzugsgebiet	1388 km²
max. Länge und Breite:	12,8 km, 6,2 km
Uferlänge:	64,0 km
Oberfläche:	79,9 km²
Volumen:	2048 Mill m³
max. Tiefe:	73,4 m
mittlere Tiefe:	25,6 m
mittlerer Abfluß:	62,9 m³/sec
theoretische Wassererneuerung:	1,3 Jahre

Entstanden als Zungenbeckensee eines eiszeitlichen alpinen Vorlandgletschers, hat der Chiemsee heute nur noch etwa die Hälfte seiner spätseiszeitlichen Ausdehnung. Dies liegt einerseits an der Anzapfung. Durch das natürliche Einschneiden seines Abflusses, der Alz, sank der Seespiegel allmählich um etwa 20 m ab. Einen bedeutenden Anteil an seiner Schrumpfung haben auch die Zuflüsse des Sees, vor allem die aus den Alpen kommende Tiroler Ache. Sie bringt jährlich etwa 0,3 Mill. m³ an Geröll, Schweb und gelösten Stoffen in den See, und nur ein kleiner Teil davon wird als Lösungs- und Schwebstofffracht durch die Alz wieder abtransportiert. Der See wird zur Sedimentfalle. Bei seinem Wasservolumen von 2048 Mill. m³ würde es rechnerisch nur noch etwa 6800 Jahre dauern, bis der Chiemsee verschwinden würde. Schon heute besteht das Südufer von Bernau bis nach Hirschau aus einer bis über 5 km breiten und 12 km langen Verlandungsebene. Einen Ausschnitt aus dieser Verlandungsebene von Flußablagerungen und Niedermoor zwischen dem Ortsteil Seethal-Baumgarten (links unten) und der Hirschauer Bucht (rechts) bieten uns 2 Luftbilder, von denen das linke 1970, das rechte 1986 aufgenommen wurde. Ihr Vergleich bietet uns doch die Gelegenheit, einen weitgehend natürlich gestalteten Landschaftswandel innerhalb der kurzen Zeit von nur 16 Jahren zu studieren.

Der älteste noch erkennbare Lauf der Tiroler Arche verläuft im Bogen von Seethal zur Halbinsel im NW des Ortes. Ein Teil des alten Flußlaufes wird durch Teiche markiert. Die beiderseits angrenzenden Flächen wurden entwässert und vor allem als Grünland genutzt.

Immer wieder hat die Tiroler Ache ihre Mündung mit den eigenen Flußablagerungen verbaut und bei Hochwasser verlegt. So wuchs das Delta in die Breite.

1869–76 wurde dann ein gerader, künstlicher Durchstich geschaffen und beiderseits mit Leitdämmen versehen. Seither hatte sich das Delta bis 1950 um etwa 1400 m nach vorn verlagert, und seine Hauptarme drehten mehr und mehr nach O auf die Hirschauer Bucht ein, diese verlandend. 1968 wurde dieser Flußarm durch Verlängerung des rechten Leitdammes abgeriegelt (siehe linkes Bild und Skizze). Seither hat sich das Delta mit seinen Hauptarmen weiter nach NO vorgebaut. Vor den Sandbänken des Jahres 1970 sind neue aufgewachsen. Vor ihnen ist die zum Seegrund hinabführende Halde zu erkennen. Die „alten" Sandbänke von 1970 sind inzwischen vom Silberweidengebüsch erobert worden. Dahinter folgen ein Grauerlen-Auewald und schließlich ein artenreicher Eschen-Bergahorn-Auewald mit Eichen, Hainbuchen, Pappeln und anderen Bäumen. Er zeigt die abnehmende Überschwemmungsgefahr und zunehmende Bodenbildung an.

In diesem Stadium der Aufhöhung wurden früher die Auewälder gerodet, entwässert und in Grünland überführt. So entstanden die Wiesenflächen rund um Seethal und Baumgarten. Da es in Betrieben mit reiner Grünlandwirtschaft bei winterlicher Einstellung an Streu fehlt, wurden auch die verschilften Sauerwiesen am

links: Das Delta der Tiroler Ache 1970
Flughöhe: 3000 m, Aufn.-Datum: 29. 9. 70

rechts: Das Delta der Tiroler Ache 1986
Flughöhe: 2700 m, Aufn.-Datum: 21. 9. 86

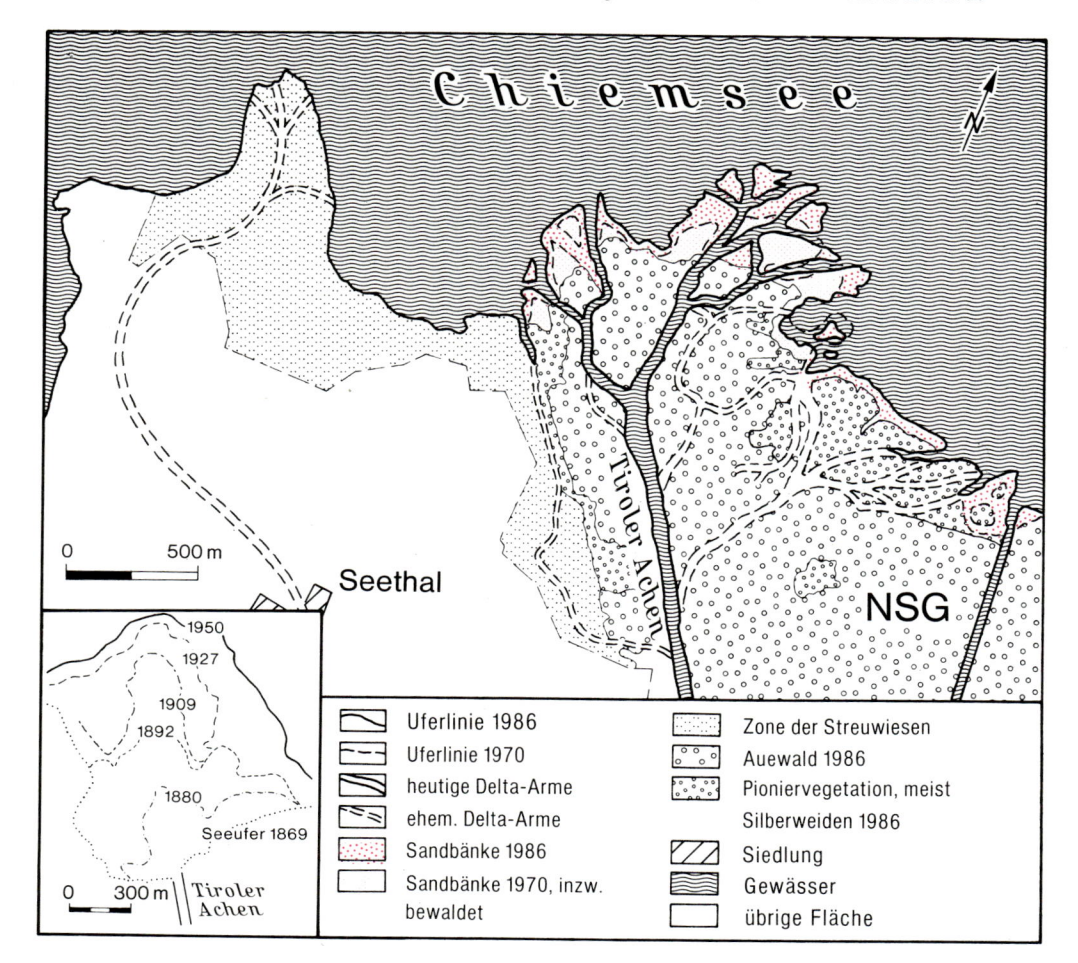

Seeufer als Streuwiesen genutzt und gemäht.

Diese Streuwiesen zählen bereits zum Naturschutzgebiet des Achendeltas. In seinem Kern ist es ein fast unzugängliches amphibisches Bruchwaldgebiet und daher als Vogelschutzgebiet besonders geeignet. Auf den teilentwässerten Sauerwiesen entwickelte sich aus den Standortbedingungen unter Einschluß der Mahd eine Pflanzengesellschaft aus Schilf, Sauergräsern und Blütenpflanzen, die ebenfalls schützenswert ist. Sie dürfen daher erst im September betreten und gemäht werden. In den Luftbildern erscheinen die Streuwiesen meist gelblich-hell, weil sie frisch gemäht sind.

Die Bauern als Eigner der Streuwiesen erhalten zwar eine gewisse Nutzungsentschädigung, sind aber über diese Beeinträchtigung der Bewirtschaftung wohl nicht gerade glücklich. Veränderungen in der Stalltechnik machen heute die Nutzung der Streuwiesen entbehrlich. Möglicherweise geht die Mahd hier bereits in den nächsten Jahren zurück. Dies und der Verfall der Entwässerung könnte jedoch die heutige Pflanzengesellschaft der Streuwiesen wieder in einen Schilfgürtel zurückverwandeln – eine Entwicklung, die nicht im Interesse des Naturschutzes stehen dürfte.

Gerold Richter

Geographisches Institut
der Universität Kiel
Neue Universität

Der Königssee

Das Auto läßt man auf dem großen Parkplatz. Quer durch die Hotelsiedlung erreicht man das Seeufer. Von hier fahren 20 Elektroboote der Staatlichen Schiffahrt Königssee in stetigem Pendelverkehr auf den See hinaus, zum Jagdschloß St. Bartholomä und zur Sallet-Alm an der Südspitze. 1¾ Stunden dauert die Rundfahrt auf dem 7,7 km langen und maximal 1,3 km breiten See. Beiderseits steigen steile bewaldete Hänge und fast senkrechte Kalksteinwände um 600–900 m zur Almzone empor, wie in einem norwegischen Fjord. Über dem Eisgraben hinter St. Bartholomä erheben sich die steilen Schroffen der Ostwand um 1900 m bis zum Watzmann-Gipfel auf 2713 m. Es ist der zweithöchste Berg der deutschen Alpen, die höchste Steilwand der Ostalpen. Diese Landschaft ist eines der meistbesuchten Naturwunder der Alpen. Rund 800 000 Tagesgäste werden im Jahr gezählt, die mit Autos, Bussen und Sonderzügen der DB anreisen. Und doch liegt der Königssee im Zentrum des Nationalparkes Berchtesgaden, also eines Naturschutzgebietes. Massentourismus und Naturschutzgedanke – ist beides miteinander zu vereinbaren?

Das Gebiet des Nationalparkes wurde Anfang des vorigen Jahrhunderts „Königlich-bayerisches Hofjagdrevier". Zwischen Reiteralm, Watzmann und Hagengebirge gelegen, ist das Gebiet Staatseigentum. Dies erleichterte die Umwandlung in ein Naturschutzgebiet (1921), seine Erweiterung auf 200 km² (1950) und schließlich die Schaffung des 2. deutschen Nationalparkes (1978). Dieser ist nur ein Teil des Alpenparks, welcher mit mehr als 460 km² etwa die alte Fürstpropstei Berchtesgaden umfaßt. Der Alpenpark hat 3 Zonen: im S den Nationalpark mit 210 km², nördlich davon das der Erholung dienende Vorfeld um Berchtesgaden und Bischofswiesen

bis vor die Tore von Reichenhall, bestehend aus der Siedlungszone (80 km²) und der Erholungszone (180 km²).
Nur das Gebiet des Königssees steht dem Massentourismus im Naturpark offen. Eine Beeinträchtigung der Natur ist hier kaum zu erwarten, da der See von Steilwänden begrenzt wird. Nur auf dem Schwemmfächer bei St. Bartholomä, von der Sallet-Alm bis zum Obersee und von Königssee bis zum Malerwinkel ergeben sich Spaziermöglichkeiten. Das übrige große Gebiet ist den echten Bergwanderern, Bergsteigern und Schitouristen vorbehalten: der Watzmann und die Karsthochfläche des Steinernen Meeres, die Täler und Bergregionen oberhalb von Ramsau. Die Kapazität der Berghütten wird nicht erweitert. Die Steige und Wanderwege werden gepflegt, aber nicht vermehrt. Nur bei den Almen macht man bewußt eine Ausnahme. Von ihnen lagen früher 60 im Bereich des Nationalparkes. Heute sind nur noch wenige in Funktion, wie die Königsbachalmen und die Gotzenalm (östlich des Sees im Bild). Diese will man erhalten, um die Almwiesen, gewachsen aus dem Zusammenwirken von Natur und Mensch, als typisch alpines Ökotop zu bewahren. *Gerold Richter*

Der Königssee im Nationalpark Berchtesgaden
Flughöhe: 3400 m, Aufn.-Datum: 21. 9. 86

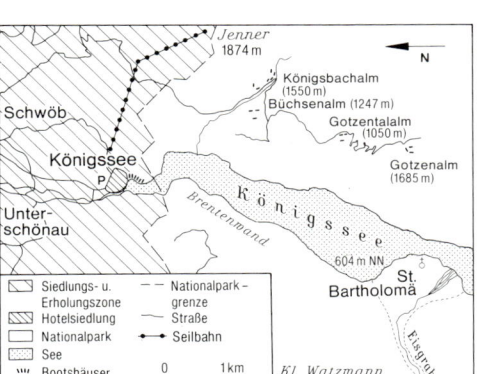

89 Die Allgäuer Alpen

Aus steilen, aber weichgeformten Grashängen steigen rings um den Oberstdorfer Talkessel unvermittelt schroffe Wände aus grauem Kalk oder Dolomit empor. Oberhalb der Nadelwälder, welche die Talflanken meist bis in Höhen um 1500 m überziehen, finden sich ausgedehnte grüne Matten, die sich teils bis zu den Gipfeln der „Grasberge" auf Höhen von über 2000 m emporschwingen. Weite Almen finden wir hier. Den Kontrast bilden Steilwände sowie Tobel und Murenbahnen, deren frischer Kalkschutt im Luftbild fast wie Schnee leuchtet. Einige der Kare bergen stille Karseen, wie der Seealpsee, dessen Karschwelle über die steilen Seewände zum Oytal abbricht (siehe Skizze). Der Gegensatz zwischen sanften Formen und Schroffen ist gesteinsbedingt. Erstere finden wir überall dort, wo die weichen Schiefer, Mergel und Sandsteine des „Flysch" die Hänge bilden oder „Fleckenmergel". Die Kalkklötze der Gipfelzone, wie das Nebelhorn (2224 m) und der Daumen (2280 m) bestehen dagegen aus dem „Hauptdolomit".

Die Alpen wurden seit etwa 100 Mill. Jahren, gefaltet und herausgehoben. Die Gesteine des Faltengebirges sind großenteils weit älter (bis zu 230 Mill. Jahre). Seit dem Beginn der Gebirgsbildung wurden sie nicht nur intensiv gefaltet, sondern auch als Überschiebungsdecken langsam bis zu 100 km nach N gedrückt (in 100 Mill. Jahren entspricht das einer mittleren Bewegung bis zu 1 km in einer Jahrmillion).

Dabei geriet hier am Nordrand der Alpen buchstäblich das unterste zuoberst. Der Hauptdolomit aus der Triaszeit wurde in der Allgäuer Schubdecke über die viel jüngeren Flysche geschoben und bildet heute den Nebelhorn-Daumen-Kamm. Wenig östlich davon baut derselbe Hauptdolomit, aufgeschoben auf die jüngeren Lias-Fleckenmergel der Allgäuer Decke, den Hauptkamm der Allgäuer Alpen vom Biberkopf (2600 m) über die Mädelegabel (2649 m) bis zum Hochvogel (2594 m) auf. Er gehört dort der nächsthöheren, der Lechtaler Schubdecke an.

Mit der Heraushebung der Alpen und der Taleintiefung durch Fluß und Gletscher

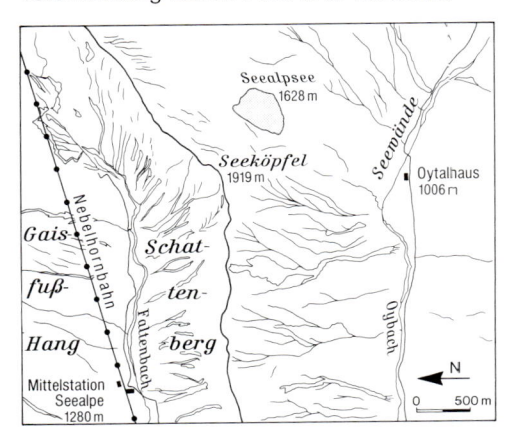

*links: Zwischen Oberstdorf und Nebelhorn
Flughöhe: 3 000 m, Aufn.-Datum: 6. 9. 86*

*rechts: Grate, Kare und Almen am Gr. Daumen
Flughöhe: 3 600 m, Aufn.-Datum: 6. 9. 86*

wurde der Deckenbau „aufgeschnitten". Im Endergebnis formte sich ein kompliziertes Nebeneinander und Übereinander von Gesteinen unterschiedlicher Eigenschaften: Der Hauptdolomit ist hart und bildet die Gipfelzonen. Seine Steilwände sind verkarstet und liefern viel Kalkschutt, der aus den Kaminen heraus breite Schuttbänder und Murenbahnen aufbaut (besonders ausgeprägt auf dem Schattenberg im linken Bild). Die weichen, aber wasserstauenden Flysche und Mergel bilden sanftere Formen, aber sie weisen ein vielverzweigtes Geäst von Rinnen und Tobeln auf (siehe rechtes Bild). „Flysch" kommt von „fließen". Am Steilhang lagert er bei hohen Niederschlägen und starker Durchfeuchtung instabil und neigt zu Rutschungen (siehe rechtes Bild).

Andererseits entwickeln sich gerade hier die üppigen Grasfluren der Bergweiden. Der Mensch hat diese Almzone nach unten zu in die Zone der Bergwälder erweitert. Obwohl das Allgäu viel kleiner ist als die Oberbayerischen Alpen, zählt man in beiden Gebieten etwa die gleiche Zahl an Almen, und die Besatzdichte ist im Allgäu deutlich höher. Nur heißen sie hier nicht „Alm" sondern „Alpe", wie in Voralberg und in der Schweiz. Sie begründeten den Ruf des Allgäu als Milchland.
Die Hinwendung des Allgäu zur Milchwirtschaft erfolgte seit 1830 mit dem Aufblühen der Käse-Herstellung. Mit steigendem Milchbedarf wurden viele der Galtalmen (Jungviehalmen) in Sennalmen (Kuhalmen mit eigener Milchverwertung) verwandelt. Seit Beginn dieses Jahrhunderts sinkt jedoch die Zahl der Sennalmen wieder. Die durch Düngung vermehrte Futterproduktion im Tal und die besseren Produktionsbedingungen großer Talsennereien und Käsewerke begünstigten die Konzentration der Milchviehhaltung im Tal und auf talnahen Almen. Dennoch finden wir im Allgäu im Gegensatz zu Oberbayern kaum aufgelassene „Almwüstungen". Dies liegt wohl einerseits an den günstigen natürlichen Bedingungen, andererseits an genossenschaftlichen Zusammenschlüssen und Konzentrationsvorteilen. Sicher trägt auch die Gewährung staatlicher „Auftriebsprämien" dazu bei, die Almwirtschaft aufrechtzuerhalten. Vielfach ist es „Pensionsvieh" von Betrieben aus dem Alpenvorland, das die Galtalmen im Sommer nutzt.
Subventionierte Almwirtschaft als Erhalterin der alpinen Kulturlandschaft? Sicherlich tragen der Wechsel von Wald und Grasfluren, die Hütten und das Weidevieh sehr zum Wert der Erholungslandschaft bei, sie gehören zum „typischen" Bild der Alpen. Zudem mußte man erkennen, daß sich Hanganbrüche und Muren nicht nur auf überbesetzten Almen häufen, sondern gerade auch auf den nicht mehr beweideten, ungepflegten Hängen.

Gerold Richter

Das Wettersteingebirge

Das Wettersteingebirge ist aus dem sehr mächtigen, grauen Wettersteinkalk aufgebaut. Über den Hauptkamm verläuft die deutsch-österreichische Grenze bis zur Zugspitze. Von diesem 2962 m hohen Gipfel, dem höchsten der deutschen Alpen, zweigen nach O der Blasenkamm und nach NO der Waxensteinkamm ab. Zwei Täler liegen zwischen den drei Kämmen: das langgestreckte Reintal und das kürzere, aber steile Höllental. Im Bereich des Höllentalkares ist es im rechten Bild. Am oberen Bildrand, fast in der rechten Ecke, erkennt man die Gipfelbebauung der Zugspitze. Seine Formung erhielt das Gebirge durch die Gletscher der alpinen Vereisung. Sie prägten die Talenden zu Karen mit steiler Rückwand um. Da die Karwände von allen Seiten rückschreitend auf die Kämme „zuwanderten", verschmälerten sich diese zu scharfen Graten, ihre Gipfel zu zerklüfteten „Karlingen". Die Zugspitze ist so ein Karling, geformt durch die Steilwände zu vier flankierenden Karen. Längst sind die eiszeitlichen Gletscher bis auf Reste verschwunden. Dadurch wurden die steilen Karwände freigelegt. Sie stehen heute unter beschleunigter Abtragung durch Verwitterung und Schwerkraft. Sie zeigt sich in mächtigen Gesteinshalden, die unterhalb der Riffelköpfe besonders deutlich erscheinen. Das Schwinden der Gletscher und die Freilegung der Steilwände hat in prähistorischer Zeit größere Bergstürze ausgelöst. Einem von ihnen verdankt wohl der Eibsee seine Entstehung. Bergsturzmassen bedeckten während des Rückganges der Alpenvergletscherung eine Toteismasse. Mit ihrem Abschmelzen entstand die Hohlform des Sees, die gegen das Loisachtal natürlich abgedämmt ist. Deutlich sind Inseln und Untiefen im See zu erkennen, ein typisches Bergsturzrelief.

Heute liegt im Höllentalkar unterhalb der Steilwand zur Zugspitze der Höllentalferner, einer der fünf Gletscher der deutschen Alpen. Er setzt in einer Höhe von 2570 m an und reicht, obwohl nur 850 m lang, bis 2200 m hinunter. Die Aufnahme aus dem September 1986 zeigt deutlich die Grenze zwischen dem oberen Nährgebiet und dem Zehrgebiet des Gletschers. Ersteres ist schneebedeckt, im letzteren liegt die Gletscherzunge ausgeapert, schneefrei vor unseren Augen. Im Bereich einer Versteilung sind Querspaltensysteme ausgebildet, während die Gletscherzunge in ihrem unteren Teil durch Radialspalten gegliedert ist. Der Höllentalferner hat nur ein relativ kleines Nährgebiet. Er ist jedoch durch seine Nordostexposition und die Überhöhung durch steile Wände gut beschattet. Außerdem erhält er durch Schnee-Einwehung und durch Lawinen zusätzliche Ernährung. Dennoch ist er im Laufe der letzten 120 Jahre zurückgegangen, die Folge eines Klima-Umschwunges. Deutlich erkennt man vor der heutigen Gletscherzunge die Endmoräne aus der Zeit um 1850. Hier die Vergleichszahlen:

	1856	1950
Länge	1290 m	850 m
Fläche	32 ha	27 ha
Volumen	20 Mill m³	9 Mill m³

Seit etwa 1960/70 hat sich der Rückgang der Alpengletscher verlangsamt, und der Höllentalferner beginnt wieder zu wachsen.

Mit dem Einsetzen des Alpen-Tourismus wurde die Zugspitze der am besten erschlossene Gipfel der Ostalpen. 1897 wurde das Münchner Gipfelhaus erbaut, 1900 das Meteorologische Observatorium und 1930 das Schneefernerhaus. Längst ist der Zugspitzgipfel nicht mehr nur

Der Eibsee unterhalb der Zugspitze
Flughöhe: 3000 m, Aufn.-Datum: 6. 9. 86

NORD

Bergwanderern erreichbar. 1926 wurde von Ehrwald her die tirolerische Zugspitzbahn (Seilbahn) eröffnet, 1930 folgte die bayerische Zugspitzbahn als Zahnradbahn, die von Garmisch kommt und vom Haltepunkt Riffelriß (1639 m) bis zum Schneefernerhaus (2656 m) über mehr als 4 km im Tunnel geführt wird. 1963 kam die Seilbahn vom Eibsee zur Zugspitze hinzu. Diese Massierung von drei leistungsfähigen Bahnen ist wohl nicht allein durch die Anziehungskraft der Zugspitze als Aussichtsberg zu erklären. Hinzu kommt die Möglichkeit, auf dem Zugspitzplatt bis weit in den Sommer hinein Wintersport zu treiben. So gibt es Tage, an denen allein von der deutschen Seite bis zu 5000 Besucher zur Zugspitze hinauffahren. Von den Fremdenverkehrseinrichtungen sehen wir auf dem linken Bild die Haltestelle Eibsee der bayerischen Zugspitzbahn mit der Hotelsiedlung und der Talstation der Eibsee-Seilbahn, auf dem rechten Bild die Trasse der bayerischen Zugspitzbahn bis zum Beginn des Tunnels am Haltepunkt Riffelriß, daneben am unteren Bildrand den mächtigen Pfeiler der Eibsee-Drahtseilbahn.

Zugspitze und Höllental
Flughöhe: 3 900 m, Aufn.-Datum: 6. 9. 86

Gerold Richter

91 Berlin (West): Zentrenbildung

Glanz und Elend begleiteten den dramatischen Wandel des Stadtgebietes am Zoo, wo Ende des 19. Jahrhunderts sog. Terraingesellschaften, Bauunternehmer und Private auf der „grünen Wiese" repräsentative Straßenzüge erbauten. Die in geschlossener Bauweise errichteten Wohngebäude bestanden aus reich ausgestatteten Vorderhäusern mit prächtigen Fassaden im Stil des Wilhelminischen Eklektizismus und aus einfacher gehaltenen Hinterhäusern. Zwischen Jahrhundertwende und Erstem Weltkrieg bahnte sich an der Tauentsienstraße und dem Kurfürstendamm ein erster Wandel an: Der Handel mit Mode- und Luxuswaren begann die Wohnbevölkerung zu verdrängen. Einen Markstein dieser Entwicklung bildete 1907 die Eröffnung des Kaufhaus des Westens, das unter der Abkürzung KaDeWe als eines der größten Kaufhäuser Europas weltbekannt geworden ist (noch halb abgebildet am oberen rechten Rand). In den sog. Goldenen Zwanziger Jahren entfaltete sich das Stadtgebiet am Zoo zum kulturellen Zentrum Berlins. Im Feuersturm alliierter Luftangriffe versank Berlin in Schutt und Asche. Die Zerreißung des Deutschen Reiches und seiner Hauptstadt leiteten den dritten Wandel des Stadtgebietes am Zoo ein: Es entwickelte sich zur City der Teilstadt Berlin (West). – In der Mitte des Bildes, das nur einen City-Ausschnitt zeigt, erkennt man den Breitscheidplatz mit der Gedächtniskirche. Die Turmruine der durch Bomben zerstörten Kirche wurde als Mahnmal gegen den Krieg in das Ensemble einbezogen. Bei der Neugestaltung des Straßennetzes führte man – vom Bildbetrachter aus gesehen – Kurfürstendamm und Tauentsien rechts sowie Kant-, Hardenberg- und Budapester Straße links am Breitscheidplatz vorbei. Hinter der Gedächtniskirche sieht man das 22geschossige Hochhaus und die übrigen Gebäude, die das Europacenter bilden. Das KaDeWe und das 1963–65 auf 10000 m² Trümmerfläche errichtete Europacenter wirkten stimulierend auf die bauliche und wirtschaftliche Entwicklung der benachbarten Geschäftsstraßen. Von den weit über die Grenzen Berlins bekannten Einkaufsstätten seien nur das 1971 eröffnete Kaufhaus Wertheim und das 1972 fertiggestellte Ku'-Damm-Eck genannt, das zu den modernsten Einkaufszentren Deutschlands zählt (rechte untere Bildecke). Zwischen Budapester Straße und Tauentsien (obere rechte Bildecke) entstand auf öden Trümmergrundstücken seit den sechziger Jahren ein Mischgebiet aus Wohn- und Bürohochhäusern, teilweise mit Läden im Erdgeschoß und durchsetzt mit einigen Hotels, von denen das Hiltonhotel mit seiner Schachbrettmusterfassade am Rande des Zoos auffällt. Zwischen Zoo und Gedächtniskirche wurde 1956–59 das Zentrum der Berliner Damenoberbekleidung (BDO) errichtet, das sich vor dem Krieg am Hausvogteiplatz in der alten City Großberlins befand. Die Berliner Damenoberbekleidung konnte ihre frühere Weltgeltung nicht zurückerlangen, aber sie ist ein wichtiger Wirtschaftsfaktor.

Großberlin wuchs aus 8 Städten, 59 Dörfern und 27 Gutsbezirken zusammen, in denen sich lokale Zentren gebildet hatten. Durch die Zerstörung Berlins entwickelten sich einige dieser Zentren zu Subzentren mit zentralen Funktionen für jeweils einen Teilbereich Westberlins, wie z. B. die

Schloßstraße Steglitz im Südwesten der Stadt. Der historische Ortskern von Steglitz ist verschwunden. Er lag am Hermann-Ehlers-Platz, wo heute die Schloßstraße und die Südtangente der Berliner Stadtautobahn zusammentreffen (unterer Bildrand). Neben der Südtangente verläuft die S-Bahnlinie, die Berlin in Nord-Süd-Richtung durchquert, hier im Bild mit dem S-Bahnhof Steglitz. – Die Schloßstraße entwickelte sich um die Jahrhundertwende zu einer „gutbürgerlichen" Wohnstraße mit Läden für den täglichen und gehobenen Bedarf in den Erdgeschossen der vierstöckigen, in geschlossener Bebauung errichteten Gebäude. Nach dem Zweiten Weltkrieg verdrängten im Zuge des Strukturwandels im Einzelhandel Filialbetriebe die Familienbetriebe in der Schloßstraße. Große Warenhäuser mit breitem Sortiment und hervorragend ausgestattete Fachgeschäfte für Damen- und Herrenoberbekleidung, Schuhe, Schmuck und andere Waren des gehobenen Bedarfs versorgen heute mehrere Hunderttausend Kunden im Südwesten Berlins. In einer dritten Phase des Wandels wurden – wie in der City am Zoo – multifunktionale Gebäudekomplexe geschaffen. Das 1970 eröffnete Forum Steglitz (langgestrecktes Bauwerk mit vier turmartigen Gebäuden am linken oberen Bildrand) gilt als eines der größten Einkaufs- und Vergnügungszentren Berlins. Das bekannteste multifunktionale Großobjekt an der Schloßstraße ist der Steglitzer Kreisel mit seinem 27geschossigen Hochhaus und den weißen Gebäuden, die es im Bildvordergrund überragt. Seine Errichtung in den siebziger Jahren wurde wegen der Finanzierungsprobleme lange verzögert. Der Steglitzer Kreisel beherbergt eine U-Bahnstation, einen Busbahnhof, Parkraum für 1300 PKWs, zahlreiche Geschäfte, einige Zehntausend m² Büros und das Bezirksamt Steglitz, das früher gegenüber in dem roten Backsteingebäude untergebracht war. In der linken unteren Bildecke erkennt man das beliebte Schloßparktheater. Das ehemalige Schloß war Sommersitz des volkstümlichen Generalfeldmarschalls Wrangel (1784–1877), als die Schloßstraße noch eine staubige „Chaussee" war, auf der die preußischen Könige von Berlin nach Potsdam kutschierten.

Hans Hecklau

links: Berlin, Kurfürstendamm und Zoo
Flughöhe: 300 m, Aufn.-Datum: Juli/Aug. 85

rechts: Berlin, Steglitzer Schloßstraße
Flughöhe: 300 m, Aufn.-Datum: Juli/Aug. 85

Berlin (West): Verkehr

Schon als Reichshauptstadt und größte deutsche Industriestadt besaß Berlin ein dichtes Nah- und Fernverkehrsnetz. Die isolierte Lage innerhalb der heutigen DDR erhöhte die Bedeutung der Fernverkehrsverbindungen – vor allem seit der Blokkade durch die Sowjets, als Berlin (West) vom 24. 6. 1948 bis zum 12. 5. 1949 nur durch die Luft versorgt wurde. In dieser Zeit landeten täglich bis zu 1344 Flugzeuge in der Stadt. Auch nach dem Transitabkommen von 1971 beobachteten die Berliner die Entwicklung des Verkehrs von und nach Westdeutschland mit großer Sensibilität.

Das Luftbild zeigt den bedeutendsten Verkehrsknoten von Berlin (West): Am unteren Bildrand verlaufen die Gleise der Fernbahn nach Westdeutschland. Rechts ist der gebogene Schienenstrang des S-Bahnringes sichtbar, der die Mietskasernenviertel der Innenstadt umschließt, während außerhalb des S-Bahnringes lockere Bebauung überwiegt. Über der S-Bahn ist der Bahnhof Westkreuz sichtbar – wichtig als Umsteigebahnhof von der Ringbahn zur S-Bahn Friedrichstraße–Zoo–Wannsee.

Während das Bahnnetz im Bild aus den Jahren vor 1870 stammt, sind die Hauptstraße neueren und neuesten Datums. Doch wurde die AVUS bereits 1913 begonnen und 1921 als Rennstrecke und Mautstraße eröffnet.

Links im Bild beginnt die AVUS als Autobahn nach Westdeutschland, auch die heute nur noch leicht überhöhte Kurve der Rennstrecke und das rötliche Gebäude für die Rennleitung sind zu sehen.

Die AVUS trifft auf den Autobahn-Stadtring, der sich in zwei Richtungsfahrbahnen gabelt (Bildmitte). AVUS und Stadtring sind an vorhandene Schienenstränge angelehnt. Die ausgedehnten Bahnanlagen, noch mehr die Verknüpfung der vielspurigen Stadtautobahn mit der AVUS und zahlreiche Straßenanschlüsse u.a. für das Messegelände und ICC bieten das Bild einer reinen Verkehrslandschaft. Oberhalb vom ICC liegt der zentrale Busbahnhof.

Der Nachrichtenübermittlung dient der Funkturm (Bildmitte). Dahinter liegen die dreistöckigen Gebäude des Senders Freies Berlin von 1931, links sein weißer Hochhausneubau. Links davon arbeitet der RIAS.

An diesem vielfältigen Verkehrsknoten – auch mit U-Bahn und Buslinien – liegen das Messegelände und Internationale Congress Centrum (ICC). 1914 wurde die erste Ausstellungshalle errichtet, heute bestehen 24 Hallen – in der Mitte der Sommergarten. Das ICC wurde 1979 eröffnet. Es hat 70 Konferenzräume und 10 Kongreßsäle, dessen größter 5000 Personen faßt. Trotz hoher Investitions- und Betriebskosten stärkt es Berlins Position als Anbieter hochwertiger Dienstleistungen. Der Berliner Flugverkehr entwickelte sich ab 1923 auf dem ehemaligen Paradefeld Tempelhof. Bereits 1938 wurden 63000 Luftbewegungen mit 247000 Passagieren registriert. Seinen Höhepunkt im zivilen Flugverkehr erlebte der Flughafen 1971 mit 5,5 Mio. Fluggästen. Im Jahr 1975 wurde praktisch der gesamte Flugverkehr nach Tegel verlegt, da in Tempelhof die Kapazitätsgrenze erreicht wurde und die Einflugschneisen über dicht besiedeltes Wohngebiet führen.

Der Flughafen Tegel liegt inmitten der Jungfernheide, einer ehemals mit Kiefern bestandenen Sanderfläche. Das Gebiet diente seit 1828 meistens militärischen Zwecken – 1930–32 wurden hier die ersten Flüssigkeitsraketen erprobt. Während der Blockade wurde in nur drei Monaten eine erste, 2400 m lange Startbahn gebaut. Mit der Einführung der Düsenflugzeuge im Berlin-Verkehr nahm die Air France den Linienverkehr am Flughafen Tegel auf. Die Abfertigungsgebäude wurden in Tegel-Nord (linker Bildrand) nach und nach ausgebaut. 1968 wurde der gesamte Charterverkehr nach Tegel verlegt. Von 1970–1974 wurde der Flughafen Tegel-Süd mit dem Sechseckigen Flugsteigring errichtet. Allerdings ging der Berlin-Flugverkehr Mitte der 70er Jahre stark zurück, da die Landwege seit dem Transitabkommen verstärkt genutzt werden. Erst 1988 werden wieder 5,7 Mio. Passagiere erwartet – nach 6,1 Mio. 1971 in Tegel und Tempelhof. Da jetzt die Kapazitätsgrenze von Tegel erreicht ist, werden kleine Ausbauten vorgenommen und der zweite Flugsteigring vorgeplant. Es werden hauptsächlich Ziele in Westdeutschland angeflogen, mit der Zulassung weiterer alliierter Fluggesellschaften auch zusätzliche Ziele im westlichen Ausland. Der Ostblock ist nur über den DDR-Flughafen Schönefeld zu erreichen. Dort werden auch Billigflüge in zahlreiche Länder angeboten, eine große Konkurrenz für die westlichen Chartergesellschaften.

Im Vordergrund des Bildes verläuft der Berlin-Spandauer-Schiffahrtskanal. Rechts davon liegt ein Kabelwerk der Siemens AG, auf der anderen Seite eine Siemens-Siedlung. Am unteren Bildrand befinden sich Kohlelager des Senats für Krisenfälle.

Christoph Becker

*links: Verkehrsknoten am Funkturm
Flughöhe: 300 m, Aufn.-Datum: Juli/Aug. 85*

*rechts: Der Flughafen Berlin-Tegel
Flughöhe: 300 m, Aufn.-Datum: Juli/Aug. 85*

Literaturverzeichnis

1 Helgoland

Guenther, E. W.: Die Insel Helgoland: Bau und Formen. – In: Schleswig-Holstein. Ein geographisch-landeskundlicher Exkursionsführer, Kiel 1969, S. 340–344
Stahr, A.: Helgoland und die Helgoländer, Leer 1976
Degn, Ch. u. Muuß, U.: Topographischer Atlas Schleswig-Holstein und Hamburg. – Neumünster, 4. Aufl. 1979
Schlenger, H., Paffen, KH. u. Stewig, R. (Hrsg.) Schleswig-Holstein. Ein geographisch-landeskundlicher Exkursionsführer, Kiel 1969

2 Naturpark Wattenmeer

Abrahmse, J. u. a.: Wattenmeer. – Neumünster 1977
Degn, Ch. u. Muuß, U.: Topographischer Atlas Schleswig-Holstein und Hamburg. – Neumünster, 4. Aufl. 1979
Der Minister für Ernährung, Landwirtschaft und Forsten des Landes Schleswig-Holstein (Hrsg.): Nationalpark Schleswig-Holsteinisches Wattenmeer. – Kiel 1985
Ministerium für Ernährung, Landwirtschaft und Forsten Schleswig-Holstein (Hrsg.): Deichverstärkung, Deichverkürzung und Küstenschutz in Schleswig-Holstein, Generalplan, Fortschreibung Kiel 1977
Petersen, M.: Probleme des Küstenschutzes in Nordfriesland. Landverluste im Einzugsbereich der Hever. – In: Min. f. Ernährung, Landwirtschaft und Forsten Schleswig-Holstein (Hrsg.): Schleswig Holstein '77, Kiel 1977, S. 72–74
Petersen, M. u. Rohde, H.: Sturmflut – Neumünster 1977
Schlenger, H., Pfaffen, Kh. u. Stewig, R. (Hrsg.): Schleswig-Holstein. Ein geographisch-landeskundlicher Exkursionsführer. – Kiel 1969
Stadelmann, R.: Meer – Deiche – Land. Küstenschutz und Landgewinnung an der deutschen Nordseeküste. – Neumünster 1981

3 Kiel

Beseler, H. (Hrsg.): Stadtkernatlas Schleswig-Holstein. Neumünster 1976
Degn, Ch. u. Muuß, U.: Topographischer Atlas Schleswig-Holstein. Neumünster. 3. Aufl. 1966
Jensen, J.: Seestadt Kiel. Geschichte und Gegenwart. Neumünster 1975

4 Küste in Ostholstein

Degn, Ch., Muuß, U.: Topographischer Atlas Schleswig-Holstein. Neumünster. 3. Aufl. 1966
Degn, Ch., Muuß, U.: Luftbildatlas Schleswig-Holstein und Hamburg. Neumünster 1984.
Hassenpflug, W. u. a. An Nord- und Ostsee: Schleswig-Holsteins Küsten. Husum 1985.
Muuß, U., Petersen, M.: Die Küsten Schleswig-Holsteins. Neumünster. 3. Aufl. 1978

5 Holsteinische Schweiz

Beseler, H. (Hrsg.): Stadtkernatlas Schleswig-Holstein. Neumünster 1976
Degn, Chr. u. Muuß, U.: Topographischer Atlas Schleswig-Holstein. Neumünster. 3. Aufl. 1966
- diess.-: Luftbildatlas Schleswig-Holstein und Hamburg. Neumünster 1984
- diess.-: Luftbildatlas Schleswig-Holstein, Teil II. Neumünster 1972
Schmidtke, K.-D.: Schleswig-Holstein: Ein Land im Bild. Husum 1987

6 Lübeck

Senat der Hansestadt Lübeck. Stadtplanungsamt (Hrsg.): Sanierungskonzept Block 4, Block 9/10, Block 13. Lübeck 1985
Beseler, H. u. a. (Hrsg.): Stadtkernatlas Schleswig-Holstein. Neumünster 1976

7 Elbtal bei Geesthacht

Degn, Ch. u. Muuß, U.: Topographischer Atlas Schleswig-Holstein. Neumünster. 3. Aufl. 1966
diess. –: Luftbildatlas Schleswig-Holstein, Teil II. Neumünster 1972

8 Hamburg

Ferger, I.: Stadtgeographie Hamburg 1, Steilshoop. In: Staatliche Landesbildstelle Hamburg (Hrsg.): Beiheft zur Lichtbildreihe H 85, Hamburg 1977
Möller, J.: Hamburg, Klett-Länderprofile. Stuttgart 1985

9 Der Hamburger Hafen

Strom- und Hafenbau (Hrsg.): Hamburger Hafen – Zahlenspiegel '87, Hamburg, 1987
Architekten- und Ingenieurverein Hamburg e.V. u. Hamburg. Ges. zur Beförderung d. Künste u. nützl. Gewerbe (Hrsg.): Hamburg und seine Bauten 1969–1984, Hamburg, 1984

10 „Unterelbe" oder „Niederelbe"

Linde, R.: Die Niederelbe. In: Monographien zur Erdkunde 28, Bielefeld u. Leipzig 1921, 5. Aufl.
Brütt, E.: Die Unterelbe und ihre Häfen. In: Hamburg, Großstadt und Welthafen. Festschrift zum 30. Deutschen Geographentag in Hamburg, Kiel 1955, S. 262–291
Krebs, J.: Neuere Industrieansiedlungen im Unterelberaum. In: Exkursionen in Nordwestdeutschland. Exkursionsführer zum 17. Deutschen Schulgeographentag in Bremen, Kiel 1980, S. 169–178
Oßenbrügge, J.: Industrieansiedlung und Flächennutzungsplanung in Stade-Bützfleth und Drochtersen. In: Wirtschafts- und sozialgeographische Beiträge zur Analyse der Regionalentwicklung und Planungsproblematik im Unterelberaum, Hamburg 1982, S. 29–78

11 Wattenmeer zwischen Elbe und Weser

Göhren, H.: Die Strömungsverhältnisse im Elbmündungsgebiet. Hamburger Küstenforschung, Heft 6, 1969
Newton, R. S. u. Werner, F.: Luftbildanalyse und Sedimentgefüge als Hilfsmittel für das Sandtransportproblem im Wattgebiet vor Cuxhaven. Hamburger Küstenforschung, Heft 8, 1969

12 Baltrum

Niemeier, G.: Ostfriesische Inseln. In: Sammlung geographischer Führer Bd. 8, Berlin und Stuttgart 1972
Reinecke, H.-E. (Hrsg.): Das Watt - Ablagerungs- und Lebensraum. Frankfurt/M., 2. Aufl. 1978
Sindowski, K.H.: Die geologische Entwicklung des ostfriesischen Wattgebiets und der Inseln im Laufe des Quartärs. In: Z. d. Dt. Geol. Ges. Bd. 112, 1960

13 Dangast am Jadebusen

Dede, K.: An der Jade – Ein Heimatbuch. Fischerhude, 1978

Grotelüschen, W. u. Muuß, U.: Luftbildatlas Niedersachsen. Neumünster, 1974
Güntheroth, H.: Die Nordsee – Portrait eines bedrohten Meeres. Hamburg, 1986
Heydemann, B.: Wattenmeer. Bedeutung – Gefährdung – Schutz. Bonn, 1981
Nds. Landesverwaltungsamt – Landesvermessung – (Hrsg.): Topographischer Atlas Niedersachsen und Bremen. Neumünster, 1977
Nds. Landesverwaltungsamt – Statistik – (Hrsg.): Statistische Berichte Niedersachsen. Gäste und Übernachtungen im Reiseverkehr. Hannover, März 1987
Quedens, G.: Strand und Küste – Wattenmeer. München, 1984
Singer, P. u. a.: Harms Landeskunde Niedersachsen. München, 1970
Verordnung über den Nationalpark „Niedersächsisches Wattenmeer" vom 13. 12. 1985. In: Nds. Gesetz- und Verordnungsblatt. Nr. 48 (39. Jg), ausgeg. am 21. 12. 1985

14 Bremerhaven

Strohmeyer, D.: Bremerhaven – Das Dilemma einer auf Vorhafenfunktionen gewachsenen Stadt. In: Taubmann, W. (Hrsg.): Exkursionen in Nordwestdeutschland, Kiel, 1980, S. 93–108
Basse, L. u. Strohmeyer, D.: Bremerhaven findet seine Mitte. In: Geogr. Rd. 1980, S. 235–236 u. 241–246
Fastenau, R.: Der Strukturwandel des Seeverkehrs und seine Auswirkungen auf die Häfen. In: Geogr. Rd. 1980, S. 228–232
Bremer Lagerhaus-Gesellschaft (Hrsg.): 25 Jahre BLG Bremerhaven, Bremen-Bremerhaven 1978

15 Bremen – Wandel der Stadtlandschaft
16 Die Innenstadt von Bremen

Hanefeld, H.: Exkursionen in Bremen. In: Exkursionen in Nordwestdeutschland und angrenzenden Gebieten. Kiel 1980. S. 5–44
Der Senator für das Bauwesen (Hrsg.): Freie Hansestadt Bremen – Strukturatlas. Bremen 1978
Der Senator für das Bauwesen (Hrsg.): Grundsätze zur Stadtentwicklung. Bremen 1975
Der Senator für das Bauwesen (Hrsg.): Flächennutzungsplan. Bremen 1983
Statistisches Landesamt (Hrsg.): Bremen in Zahlen. Bremen 1987
Schwarzwälder, H.: Geschichte der Freien Hansestadt Bremen. Bremen 1975–76
Taubmann, W.: Bremen – Entwicklung und Struktur der Stadtregion. In: Geographische Rundschau 1980, S. 206–218

17 Oldenburg/O.

Seedorf, H. H. u. Meyer, H. H.: Niedersachsen. Landeskundlich-statistische Übersichten. Hannover 1982
Deutscher Schulgeographentag Oldenburg/O.: Oldenburg und der Nordwesten. In: Westfälische Geogr. Studien H. 25, Münster 1971
Grotelüschen, W.: Die Altstadt von Oldenburg. In: Luftbildatlas Niedersachsen, Neumünster 1967, S. 100-101

18 Geest zwischen Weser und Ems

Windhorst, H. W.: Spezialisierte Agrarwirtschaft in Südoldenburg. Nordwestniedersächsische Regionalforschungen Bd. 2, Leer 1975
DLG (Hrsg.): Bodenschutz mit der Landwirtschaft. Arbeiten der DLG Bd. 185, Frankfurt/M. 1986
Dassau, P.: Die Dümmerregion – Perspektiven eines Konflikts zwischen Landwirtschaft und Landschaftsschutz. In: Geogr. Rundschau H. 6, 1988

19 Im Hümmling

Böckenhoff-Grewing, I.: Landwirtschaft und Bauerntum auf dem Hümmling. Reprint Lingen 1981
Hugenberg, G., Bechtluft H. H., Franke, W: Das Emsland. Hannover 1982

Landzettel, W.: Architektenwettbewerbe zur Dorferneuerung in Niedersachsen. Hannover 1987
Emsländischer Heimatbund (Hrsg.): Clemenswerth. Schloß im Emsland. Sögel 1987
Emsländischer Heimatbund (Hrsg.): Jagdschloß Clemenswerth auf dem Hümmling. Sögel 1975
Völksen, G.: Das Emsland. Eine Landschaft im Wandel. In: Aktuelle Themen zur niedersächsischen Landeskunde, Heft 4, Göttingen und Hannover 1986

20 Das Bourtanger Moor

Göttlich, K. (Hrsg.): Moor- und Torfkunde, Stuttgart, 2. Aufl. 1980
Hugenberg, G.: Zur Entwicklung von Planung und Durchführung bodenverbessernder Verfahren im Emsland. In: Zeitschrift für Kulturtechnik und Flurbereinigung, Heft 1, 1979, S. 2–11
Hugenberg, G., Bechtluft, H., Franke, W.: Das Emsland. Hannover 1982
Emsländischer Heimatbund (Hrsg.): Moor im Emsland. Sögel 1979
Völksen, G.: Das Emsland. Eine Landschaft im Wandel. In: Aktuelle Themen zur niedersächsischen Landeskunde, Heft 4, Göttingen und Hannover 1986
Winterberg, A.: Das Bourtanger Moor. In: Forschungen zur deutschen Landeskunde, Bd. 95, Remagen 1957

21 Lüneburger Heide

Brosius, D. u. a.: Die Lüneburger Heide. In: Schriftenreihe der Nieders. Landeszentrale für pol. Bildung, Landschaften Niedersachsens und ihre Probleme, Folge 3, Hannover 1984
Ferger, I.: Lüneburg – Eine siedlungsgeogr. Untersuchung. In: Forschungen zur Deutschen Landeskunde, Bd. 173, Bonn – Bad Godesberg, 1969
Groteüschen, W. u. Muuß, U.: Luftbildatlas Niedersachsen, 1974
Kroß, E.: Fremdenverkehrsgeogr. Untersuchungen in der Lüneburger Heide, Göttingen, 1970
Schrader, E.: Die Landschaften Niedersachsens – Ein Topographischer Atlas, Hannover, 1957
Seedorf, H. H.: Topographischer Atlas Niedersachsen und Bremen, Neumünster, 1977

22 Wolfsburg

Bock, K. H.: Wachstum aus wilder Wurzel, Köln 1982
Forndran, E.: Die Stadt- und Industriegründungen Wolfsburg und Salzgitter, Frankfurt/Main 1984
Hodemacher, J.: Wolfsburg, Düsseldorf 1983
Seedorf, H. H. u. Meyer, H.-H.: Landeskundlich-statistische Übersichten – Niedersachsen, Hannover 1982
Seedorf, H. H.: Topographischer Atlas Niedersachsen und Bremen, Neumünster 1977
Sroka, O.: Wie Wolfsburg wurde, Wolfsburg 1984

23 Braunschweig

Groteüschen, W. u. Muuß, U.: Luftbildatlas Niedersachsen. Neumünster, 1974
Hofer, V. u. a.: Braunschweig Portrait, Hameln 1985
Mayer, F.: Atlas Braunschweig und Umgebung, Braunschweig 1976
Seedorf, H. H. u. Meyer, H.-H.: Landeskundlich-statistische Übersichten – Niedersachsen, Hannover 1982
Seedorf, H. H.: Topographischer Atlas Niedersachsen und Bremen, Neumünster 1977
Stadt Braunschweig (Hrsg.): Braunschweig in der Statistik, 16. Folge. Braunschweig 1984
Städteforum: Stadt Braunschweig, 3. Folge. Osterode/Harz 1979

24 Die Landeshauptstadt Hannover

Eriksen, W. (Hrsg.): Hannover und sein Umland, = Festschrift zur Feier des 100-jährigen Bestehens der Geogr. Gesellschaft zu Hannover 1878–1978, Hannover, 1978
Groteüschen, W. u. Muuß, U.: Luftbildatlas Niedersachsen, Neumünster, 1974
Landeshauptst. Hannover (Hrsg.): Schriften zur Stadtentwicklung. Band 30: Hannover und andere Großstädte aus der Sicht von Zu- und Abwanderern. Hannover, 1983. Band 33: Stadtentwicklung Hannover. Grundlagen und Rahmenbedingungen und: Sonderteil: Umwelt und natürliche Lebensgrundlagen. Hannover, 1986. Band 36: Stadtentwicklung Hannover. Diskussion und Stellungnahmen zum Stadtentwicklungsprogramm. Hannover 1986
Seedorf, H. H.: Topographischer Atlas. Niedersachsen und Bremen. Neumünster, 1977
Zweckverband Großraum Hannover: Umweltschutz im Großraum Hannover. Stadtklima und räumliche Planung. In: Beiträge zur Regionalen Entwicklung, H. 17, Hannover, 1987

25 Goslar und Okertalsperre

Clemens, H.: Wirtschaftsstrukturelle Wandlungsprozesse in Niedersachsen – dargestellt am Beispiel der Städte Northeim, Bad Bevensen, Goslar und Wilhelmshaven. In: Neues Archiv für Niedersachsen, Bd. 34, Teil 1: H. 3, S. 203–218, Teil 2: H. 4, 317–334, Göttingen 1985
Mohr, K.: Harzvorland, Westlicher Teil. In: Sammlung Geologischer Führer, Bd. 70, Stuttgart 1982
Schrader, E.: Der nördliche Harzrand und die Harzrandstadt Goslar. In: Die Landschaften Niedersachsens, 4. Aufl.,Neumünster 1970
Schrader, E.: Das Okerbecken und die Okertalsperre. In: Die Landschaften Niedersachsen, 4. Auf., Neumünster 1970

26 Kleinstädte in Nordhessen

Habedank, K.-D.: Trendelburg und Umgebung, Trendelburg 1986
Sante, G. W. (Hrsg.): Handbuch der historischen Stätten Deutschlands, Bd. 4, Hessen, Stuttgart 1976
Schneider, A.: Das Amöneburger Becken. In: Schulze, W. u. Uhlig, H. (Hrsg.): Gießener Geographischer Exkursionsführer, Mittleres Hessen, Bd. III, Vogelsberg, Rhön und nördliches Mittelhessen, Gießen 1982, S. 223–238

27 Bergbau in Hessen

Negendank, J. F. W.: Geologie. München 1981
Negendank, J. F. W.: Massenrohstoffe in Rheinland-Pfalz, Symposium in Trier. In: Geol. Jahrbuch, D, 74, 1985
Eggert, P., Priem, J. & Wettig, E.: Versorgung mit heimischen oberflächennahen Rohstoffen. – DIW, Gutachten, 1985
Eggert, P. u. a.: Steine und Erden in der Bundesrepublik Deutschland – Lagerstätten, Produktion und Verbrauch. In: Geol. Jahrbuch, D, 82, 1986
Pauly, E.: Rohstoffsicherung und Rohstoffvorsorge in Hessen. In: Natursteinindustrie, 5, S. 3–10, 1980
Wirtschaftsvereinigung Bergbau e.V. Bonn (Hrsg.): Das Bergbauhandbuch. – Essen 1976

28 Ländliche Siedlungen in Ostwestfalen

Deutsche Gesellschaft für Landentwicklung (Hrsg.): Agrarstrukturelle Vorplanung für das Stadtgebiet Steinheim, Kreis Höxter. Düsseldorf 1981
Heimatverein Stadt Steinheim (Hrsg.): Steinheim. Steinheim/Paderborn 1982
Lesch, W., Schubert, P., Segin, W.: Heimatchronik des Kreises Paderborn. Köln 1970

29 Städte in Westfalen

Köhn, G. (Hrsg.): Soest. Stadt – Territoriuum – Reich = Festschrift zum 100jährigen Bestehen des Vereins für Geschichte und Heimatpflege Soest mit Beiträgen zur Stadt-, Landes- und Hansegeschichte, Soest 1981
Jakob, V., Köhn, G.: Wege zum Modell einer mittelalterlichen Stadt – Sozialtopographische Ermittlungen am Beispiel Soest. In: CIVITATUM COMMUNITAS. Studien zum europäischen Städtewesen. Festschrift Heinz Stoob zum 65. Geburtstag, 2 Bde., Köln, Wien 1984, S. 296–308
Stadt Minden (Hrsg.): Minden. Zeugen und Zeugnisse seiner städtebaulichen Entwicklung, Minden 1979

30 Das Beckumer Zementrevier

Allkämper, D.: Das Beckumer Zementrevier. In: Westfalen im Bild, Münster 1985

31 Wandel der Anbaustruktur

Linke, W.: Altes Hauswerk und Handwerk auf dem Lande – Die Flachsverarbeitung. In: Unterricht in westfälischen Museen, Heft 3.1, Münster 1982
Niggemann, J.: Die Entwicklung der Landwirtschaft auf den leichten Böden Norddeutschlands. In: Zeitschrift für Agrargeographie Heft 1, 1983, S. 17–43
Unveröffentlichte Statistiken der Landwirtschaftskammer Westfalen-Lippe

32 Münster

Heineberg, H.: Münster. Entwicklung und Funktion der westfälischen Metropole. In: Geographische Rundschau 1983, S. 204–211
Heineberg, H. u. de Lange, N.: Die Cityentwicklung in Münster und Dortmund seit der Vorkriegszeit – unter besonderer Berücksichtigung des Standortverhaltens quartärer Dienstleistungsgruppen. In: Münstersche Geographische Arbeiten, Bd. 15, Münster 1983, S. 221–285
Gutschow, N. u. Wolf, J. A.: Historische Entwicklung und Perspektiven der Stadtplanung in Münster In: Münstersche Geographische Arbeiten, Bd. 15, Münster 1983, S. 205–220
Beyer, L. u. Heineberg, H.: Stadtexkursion Münster. In: Münstersche Geographische Arbeiten, Bd. 16, Münster 1983, S. 9–30

33 Denkmalschutz

Dehio, G.: Handbuch der Deutschen Kunstdenkmäler. Nordrhein-Westfalen, Zweiter Band. Westfalen. Darmstadt 1969, S. 48, S. 469–485
Lorentz, K. O.: Bürgerinitiativen Ravensberger Spinnerei. Warum setzten sich Bielefelder Bürger so ausdauernd ein für die Erhaltung der Alten Ravensberger Spinnerei? In: Schriftenreihe des Deutschen Nationalkomitees für Denkmalschutz, Band 32. Bonn 1987
Mummenhoff, K. E.: Wasserburgen in Westfalen. München u. Berlin 1958

34 Dortmund

Stadt Dortmund: Freiraumentwicklungsprogramm Dortmund. In: Beiträge zur Stadtentwicklung, Nr. 7. Dortmund 1983
Luntowski, G. u. Reimann, N. (Hrsg.): Dortmund. 1100 Jahre Stadtgeschichte. Festschrift. Dortmund 1982
Kühne, J. M.: Wohnungsbau und Siedlungsentwicklung in Dortmund. In: Schriftenreihe Landes- und Stadtentwicklungsforschung des Landes Nordrhein-Westfalen. Materialien Bd. 4.013. Dortmund 1983
Heineberg, H.: Innerstädtische Standortentwicklung ausgewählter quartärer Dienstleistungsgruppen seit dem 19. Jahrhundert anhand der Städte Münster und Dortmund. In: Heineberg, H., Innerstädtische Differenzierung und Prozesse im 19. und 20. Jahrhundert. = Städteforschung, Reihe A: Darstellungen, Bd 25. Köln/Wien 1987

35 *Bergbau und Energiegewinnung im Ruhrgebiet*

Der Minister für Umwelt, Raumordnung und Landwirtschaft des Landes Nordrhein-Westfalen (Hrsg.): Gesamtkonzept zur Nordwanderung des Steinkohlenbergbaus an der Ruhr. Düsseldorf 1986
Forschungsgruppe Trent-Umwelt der Universität Dortmund: Umweltschonende Bergbaunordwanderung. Dortmund 1985
Nordwanderung des Steinkohlenbergbaus an der Ruhr: Wortprotokoll der Anhörung beim Minister für Umwelt, Raumordnung und Landwirtschaft des Landes Nordrhein-Westfalen am 5. und 6. September 1985. Düsseldorf 1985

36 *Strukturwandel im Ruhrgebiet*

Cordes, G.: Zechenstillegungen im Ruhrgebiet. Die Folgenutzung auf ehemaligen Bergbau-Betriebsflächen. In: Schriftenreihe SVR 34, Essen 1972
Dege, W. u. Dege, W.: Das Ruhrgebiet. Berlin/Stuttgart, 1983
Eversberg, H.: Die Entstehung der Schwerindustrie um Hattingen 1847-1857. Ein Beitrag zur Grundlegung der schwerindustriellen Landschaft an der Ruhr. In: Westf. Geogr. Studien 8, Münster 1955
Kommunalverband Ruhrgebiet: Städte- und Kreisstatistik 1986. Essen, 1986
Mayr, A.: Planungshoheit, Wirtschaftsförderung und Kommunale Neugliederung, dargestellt am Beispiel des Kreises Unna. In: Westf. Forsch., Bd. 22, 1971, S. 281-300
Ragsch, A. u. Ponthöfer, L.: Wirtschaftsraum Ruhrgebiet. Frankfurt, 1982
Siedlungsverband Ruhrkohlenbezirk: Industriestandort Ruhr. Essen, 1975
ders.: Konzeption zur Industrieansiedlung. Essen, 1977
Stahl, L.: Kommunale Wirtschaftsförderung. In: Schriftenreihe des Kreises Unna, Bd. 1, Köln/Berlin, 1970
Wiehl, P.: Wirtschaftsgeschichte des Ruhrgebietes. Essen, 1970

37 *Wuppertal*

Goebel, K. u. a.: Geschichte der Stadt Wuppertal. Wuppertal 1977
Hoth, W.: Die Industrialisierung einer rheinischen Gewerbestadt – dargestellt am Beispiel Wuppertal. In: Schriften zur Rheinisch-Westfälischen Wirtschaftsgeschichte, Band 28. Köln 1975
Jordan, H. u. Wolff, H. (Hrsg.): Werden und Wachsen der Wuppertaler Wirtschaft. Wuppertal 1977
Kolbe, W. (Hrsg.): Wuppertal Natur und Landschaft. Wuppertal 1979
Kürten, W. von: Die Wupper-Ennepe-Verdichtungszone im räumlichen Gefüge. In: Wuppertaler Geographische Studien, Heft 5. Wuppertal 1985
Stadt Wuppertal (Hrsg.): Umweltschutzbericht 1987. Wuppertal 1987

38 *Der archäologische Park Xanten*

Landeskonservator Rheinland (Hrsg.): Xanten. Europäische Beispielstadt, Köln 1975
Landschaftsverband Rheinland (Hrsg.): Colonia Ulpia Traiana. 1. und 2. Arbeitsbericht zu den Grabungen und Rekonstruktionen. In: Veröffentlichungen zum Aufbau des Archäologischen Parks Xanten, Köln, 2. Aufl. 1978
Landschaftsverband Rheinland (Hrsg.): Archäologischer Park Xanten, Kurzführer, Köln, 4. Aufl. 1981

39 *Verkehrsknoten Rhein-Ruhr*

Achilles, F. W.: Rhein-Ruhr Hafen Duisburg. Duisburg 1985
Pietsch, H.: Industrialisierung und soziale Frage in Duisburg. In: Quellen und Materialien zur Geschichte der Stadt Duisburg, Bd. 1, 1982
Roden, G. von: Geschichte der Stadt Duisburg. 2 Bd., Duisburg 1970/74
Schulz, M.: Die Entwicklung Duisburgs und der mit ihm vereinigten Gemeinden bis zum Jahre 1962. In: Duisburger Forschungen, Bd. 24/25, 1977
Wagemann, K.: Die Stunde Null – 40 Jahre danach. Duisburg 1984

40 *Landeshauptstadt Düsseldorf*

Kellersohn, H.: Düsseldorf – Lage und räumliche Struktur. Vom fränkischen Dorf zur Landeshauptstadt. In: Schüttler, A. (Hrsg.): Topographischer Atlas Nordrhein-Westfalen. Düsseldorf 1968, Nr. 50 u. 51
Knübel, H.: Düsseldorf – das Bild der Hauptstadt von Nordrhein-Westfalen als Spiegel seiner Entwicklung. In: Geogr. Rundschau 1950, S. 407-410
Muuß, U. u. Schüttler, A.: Die Altstadt von Düsseldorf. / Düsseldorf – Karlstadt, Königsallee und Landtag. In: Luftbildatlas Nordrhein-Westfalen. Neumünster 1969, Nr. 50 u. 51

41 *Flughafen Düsseldorf*

Flughafen Düsseldorf (Hrsg.): Zum Jubiläum 50 Jahre Flughafen Düsseldorf 1927-1977. Kaarst 1977
Flughafen Düsseldorf (Hrsg.): Geschäftsbericht 1983. Kaarst 1984
Flughafen Düsseldorf (Hrsg.): Geschäftsbericht 1986. Kaarst 1987
Flughafen Düsseldorf (Hrsg.): Daten-Zahlen-Fakten. Kaarst 1987
Flughafen Düsseldorf (Hrsg.): Verkehrsergebnisse 1986. o. O. 1987
Hilsinger, H.-H.: Das Flughafen-Umland. In: Bochumer Geographische Arbeiten, Bd. 23. Paderborn 1976
Hupfeld, B.: Der Flughafen Düsseldorf als ein Zentrum des Luftfrachtverkehrs. In: Materialien zur Raumordnung, Bd. XIX, Bochum 1978

42 *Petrochemie am Niederrhein*

Altrup, H. F.: Mineralölverarbeitung und Petrochemie um Köln. In: Sammlung Geographischer Führer, Bd. 6, Kölner Bucht und angrenzende Gebiete. Stuttgart 1972, S. 20-32
Tüllmann, W.: Wesseling am Rhein. Eine junge Stadt mit alter Tradition. Köln-Wesseling, 2. Aufl. 1978

43 *Köln: Messe – Museen – Medien*

Kellenbenz, H.: Zweitausend Jahre Kölner Wirtschaft. 2 Bände. Köln 1975

44 *Braunkohle am Niederrhein*

Förster, H.: Zielkonflikte in der Raumplanung. Dargestellt am Beispiel des Rheinischen Braunkohlereviers (Hambach). In: Geographische Rundschau 6/1979, S. 230-235
Mayer, F.: Die Energiewirtschaft in der Bundesrepublik Deutschland. Gegenwartsanalyse und Zukunftsperspektiven. In: Geographische Rundschau, Heft 20, 1974, S. 257-273
Stadt Mönchengladbach (Hrsg.): Braunkohle und Sümpfung. Natur – Landschaft – Ökologie. Auswirkungen des Braunkohletagebaus auf die Stadt Mönchengladbach. Mönchengladbach, 3. Aufl. 1987

45 *Tourismus am Kahlen Asten*

Meynen E. u. a. (Hrsg.): Handbuch der naturräumlichen Gliederung Deutschlands, Bd. I, Bad Godesberg 1962
Stadt Winterberg (Hrsg.): Verwaltungsbericht der Stadt Winterberg. Winterberg 1986.

46 *Städte im Sauerland*

Biegel, R.: Baugeschichte der Stadt Lüdenscheid. In: Buch der Bergstadt Lüdenscheid, o. O. o. J., S. 111-132
Büttner, R.: Meinerzhagener Geschichte(n). Meinerzhagen 1981
Deitenbeck, G.: Zur Geschichte der Stadt Lüdenscheid. In: Der Märker 34, 1985, S. 156-164
Heimatbund Märkischer Kreis (Hrsg.): Lüdenscheid/Märkischer Kreis – Kreisstadt im Grünen. Beiträge zur Heimat- und Landeskunde. Balve 1978
Heimatbund Märkischer Kreis (Hrsg.): Meinerzhagen (Märkischer Kreis). Beiträge zur Heimat- und Landeskunde. Meinerzhagen 1980
Hostert, W.: Die Entwicklung der Lüdenscheider Industrie vornehmlich im 19. Jahrhundert. Diss. Münster 1960
Reichow, H. B.: Die Stadtlandschaft Meinerzhagen. In: Der Märker 13, 1964, S. 200-205
Sauerländer, W.: Zeittafel zur Geschichte Lüdenscheids. In: Buch der Bergstadt Lüdenscheid, o. O. o. J., S. 70-110

47 *Bundeshauptstadt Bonn*

Ennen, E. u. Höroldt, D.: Vom Römerkastell zur Bundeshauptstadt. Kleine Geschichte der Stadt Bonn. Bonn, 4. Aufl. 1985
Pohl, J.: Die Bundeshauptstadt Bonn. In: Topographischer Atlas Bundesrepublik Deutschland. München u. Neumünster 1977, S. 88-89

48 *Aachen*

Landesplanungsgemeinschaft Rheinland: Gebietsentwicklungsplan. Teilabschnitt Kreisfreie Stadt Aachen/Kreis Aachen. Köln 1977
Monheim, I.: Aachen ein Stadtführer. Neustadt/Aisch 1968
Monheim, I. u. Monheim, F.: Die Aachener Innenstadt. In: Aachen und benachbarte Gebiete. Ein geographischer Exkursionsführer. In: Aachener Geographische Arbeiten, H. 8, Aachen 1976, S. 1-47
Poll, B.: Geschichte Aachens in Daten. Aachen 1960
Schmitt, M.: Die städtebauliche Entwicklung Aachens im Mittelalter unter Berücksichtigung der stadtbildenden Faktoren. Diss., Aachen 1972
Schopp, W.: Das Aachener Bergbaugebiet – Grenzrevier im Wandel. In: Aachen und benachbarte Gebiete. Ein geographischer Exkursionsführer. Aachen 1976, S. 47-81. = Aachener Geographische Arbeiten, H. 8

49 *Rennstrecken*

Hornung, T.: 50 Jahre Nürburgring, Koblenz 1977
Sander, W.: Der Nürburgring, Bedeutung einer Rennstrecke für die wirtschaftliche Entwicklung eines Raumes. In: Geographie und Schule, Heft 47, 1987, S. 21-43
Scheuer, L.: Nürburgring — Tradition und Fortschritt. Koblenz 1984
Vogt, D.: Schauplatz Deutschland 8. – Ortstermin Hockenheim. In: FAZ v. 30. 7. 1987 (Sonderdruck)

50 *Laacher Vulkan*

Meyer, W.: Geologie der Eifel, Stuttgart 1986
Fischer, H.: Das Nuturschutzgebiet „Laacher See" als Objekt von Landespflege und wirtschaftlicher Nutzung. In: Berichte zur dt. Landeskunde, Bd. 55, 1981, S. 83 - 101

51 *Kernkraftwerke*

Bundesminister für Forschung und Technologie (Hrsg.): Zur friedlichen Nutzung der Kernenergie. Bonn 1877
Fischer, H.: Die Koblenzer Landschaft. In: Tagungsführer 29. Dtsch. Kartographentag. Koblenz 1980, S. 46-48
Laux, E. u. Kiefer, H.: Der Großraum Koblenz in Luftbildern. Koblenz, 2. Aufl. 1983
Volwahsen, A. u. a.: Anforderungen an Standorte von Energieanlagen aus der Sicht von Raumordnung und Städtebau (Standortvorauswahl). Bonn 1977

52 Koblenz und das Kannenbäckerland

Fischer, H.: Der Westerland in geographisch-landeskundlicher Sicht. In: Das Westerwaldbuch, Bd 1. Altenkirchen 1972. S. 9–74

Fischer, H.: Die Koblenzer Landschaft. In: Tagungsführer 29. Deutscher Kartographentag, Koblenz 1980, S. 35–71

Fischer, H.: Bodenschätze und Wirtschaft des Westerwaldes. In: Großer Westerwald-Führer. Montabaur 2. Aufl. 1980 S. 78–85

Fischer H.: Rheinland-Pfalz und Saarland. Eine Regionalkunde. München 1981

Graafen, R.: Das mittelrheinische Becken, besonders die Koblenz-Neuwieder Talweitung. In: Die Mittelrheinlande. Wiesbaden 1967 S. 208–216

Haubrich, H.: Der Großraum Koblenz in Luftbildern. Koblenz 1972

53 Mittelstädte

Hagedorn, H.: Innenstadt muß attraktiver Mittelpunkt bleiben. Aufgaben und Ziele der Stadtentwicklung in Wittlich. In: Mitteilungen der IHK Trier, Heft 2, Trier 1985, S. 52–56

Oberbürgermeister der Stadt Idar-Oberstein (Hrsg.): B 41 – Neubau in Idar-Oberstein. o. O. 1986

54 Neues aus dem römischen Trier

Cüppers, H.: Konservierung – Restaurierung und Rekonstruktion im Stadt- und Landgebiet von Trier. In: Ulbert, G. u. Weber, G. (Hrsg.): Konservierte Geschichte? Stuttgart 1985, S. 99–116

- ders.: Das gerettete Denkmal: Basilika und Kaiserthermen in Trier. In: Archäologie in Deutschland. Heft 1, 1986

Heinen, H.: Trier und das Treverland in römischer Zeit. Trier 1985

55 Kanalisierung von Mosel und Saar

Werle, O.: Das Weinbaugebiet der deutsch-luxemburgischen Obermosel. In: Trierer Geographische Studien, Heft 2, Trier 1977

Wasser- und Schiffahrtsamt Saarbrücken (Hrsg.): Ausbau der Saar – eine Dokumentation. o. O. 1987

56 Saarbrücken

Lehnert, Ch.: Großer Stadtführer Saarbrücken. Saarbrücken 1984

Mathias, K.: Wirtschaftsgeographie des Saarlandes. Saarbrücken 1980

Monz, H.: Die kommunale Neuordnung städtischer Ballungsräume. Saarbrücken 1962

57 Städte im Saartal

Helwig, F.: Alte Pläne von Stadt und Festung Saarlouis. Saarbrücken 1980

Kiefer, W.: Dillingen – Fotos von gestern und heute (1890–1980). Saarbrücken 1983

Staerk, D.: Das Saarlandbuch. Saarbrücken 1981

58 Mainz

Förster, H.: Die funktionale und sozialgeographische Mainzer Innenstadt. In: Bochumer Geographische Arbeiten H. 4, Paderborn 1968

May, H.-D. u. Büchner, H. J.: Mainz im Luftbild. Eine Stadtgeographie. Mainz 1972

Klug, H.: Mainz, Grundzüge einer stadtgeographischen Entwicklung. In: Mainzer Almanach 1962, Mainz 1961, S. 123–144

59 Der Rheingau und Wiesbaden

Ernst, E. u. Klingsporn, H.: Hessen in Karte und Luftbild Teil I und Teil II. – Neumünster 1969 u. 1973

Glatthaar, D.: Wiesbaden. - In: Institut für Landeskunde. (Hrsg.): Die Städte in Hessen, Bad Godesberg 1968, S. 212–215

Kreuz, W.: Das Klima des Rheingaus. – In: Das Rheingaubuch, Bd. 1, Vom Werden der Landschaft, S. 25–30, Rüdesheim 1965

Michels, F.: Das Werden der Landschaft. – In: Das Rheingaubuch, Bd. 1, Vom Werden der Landschaft, S. 1–24, Rüdesheim 1965

Tisowsky, K.: Ackerland, Rebflächen und Obstkulturen im oberen Rheingau. – In: Frankfurter Geographische Hefte 37, S. 389–424, Frankfurt 1961

Waldt, H.-O.: Veränderungen der Agrarstruktur im Rheingau seit 1948. – In: Mainz und der Rhein-Main-Nahe-Raum. Festschrift zum 41. Deutschen Geographentag vom 31. Mai bis 2. Juni 1977 in Mainz, S. 363–377, Wiesbaden 1978

Zakosek, H.: Die Böden des Rheingaus. – In: Das Rheingaubuch, Bd. 1, Vom Werden der Landschaft, S. 31–44, Rüdesheim 1965

60 Frankfurt am Main

Fricke, W.: Frankfurt am Main. In: Ber. z. dt. Landeskunde 37/2, Bad Godesberg 1966, S. 210–216

Geipel, R.: Neuzeitliches Wachstum der Stadt Frankfurt/Main. In: Ernst, E. u. Klingsporn, H. (Hrsg.): Hessen in Karte und Luftbild. Teil I, Neumünster 1969, Nr. 47

Hübschmann, E.: Frankfurt (Main) – City- und Viertelbildung. In: Ernst, E. und Klingsporn, H. (Hrsg.): Hessen in Karte und Luftbild. Teil I, Neumünster 1969, Nr. 48

61 Frankfurt Flughafen

Ernst, E.: Im Flughafenstreit weht ein eisiger Wind. In: Geogr. Rundschau 7-81, 1981, S. 262–274

Ernst, E.: Der Interkontinentalflughafen Frankfurt am Main. In: Ernst, E. u. Klingsporn, H. (Hrsg.): Hessen in Karte und Luftbild. Teil II, Berlin 1973, S. 17–21

Flughafen AG (Hrsg.): Flughafen-Nachrichten. Jahrgänge 1970–1987, Frankfurt a. M. 1970–1987

Flughafen AG (Hrsg.): Geschäftsberichte. Jahrgänge 1970–1987, Frankfurt a. M. 1970–1987

62 Weinbau am Haardtrand

Fischer, H.: Regionalkunde Rheinland-Pfalz und Saarland. München 1981

Glesius, A.: Der Weinbau. In: Landkreis Landau, Monographie einer Landschaft. Trautheim 1964

Kirchberg, G.: Mittelhaardt. In: Der Erdkundelehrer. Sdh. Führer z. d. Exkursionen. Schulgeographentag 1972 Ludwigshafen. Stuttgart 1972. S. 33 – 35

Pemöller, A.: Die naturräumliche Einheiten auf Blatt 160 Landau in der Pfalz. Bad Godesberg 1969. = Geogr. Landesaufnahme 1:200000. Naturräumliche Gliederung Deutschlands.

Ströhlein, G.: Der Wandel der agrasozialen Verhältnisse in der nördlichen Vorderpfalz. In: Geogr. Rundschau, Jg. 24, 1972, Heft 5. S. 183 – 189

63 Chemiestadt Ludwigshafen

Amt für Stadtentwicklung Ludwigshafen am Rhein: Information zur Stadtentwicklung Ludwigshafen 87

Liedtke, H., Scharf, G., Sperling, W.: Topographischer Atlas Rheinland-Pfalz Koblenz 1973

Sperling, W., Strunk, E.: Luftbildatlas Rheinland-Pfalz. Koblenz 1970

Werle, O.: Grundatlas Rheinland-Pfalz. Braunschweig 1981/82

64 Die Rheinaue bei Speyer

Alter, W. (Hrsg.): Pfalzatlas, Speyer 1962.

Beeger, H. (Bearb.): Atlas Rheinhessen-Pfalz. Braunschweig 1987

Leser, H.: Geographisch-landeskundliche Erläuterungen der Topographischen Karte 1:100000 des Raumordnungsverbandes Rhein-Neckar. In: Forschungen zur deutschen Landeskunde Bd. 221, Trier 1984

Raumordnungsverband Rhein-Neckar (Hrsg.): Raumordnungsplan Rhein-Neckar, Mannheim 1979

Raumordnungsverband Rhein-Neckar u. a. (Hrsg.): Raumnutzungskonzept für die Rheinniederung von Iffezheim bis zur Mainmündung, Mannheim 1986

65 Heidelberg

Fezer, F. u. Muuß, U.: Luftbildatlas Baden-Württemberg. München u. Neumünster 1971. Topographischer Atlas Baden-Württemberg. Neumünster 1979

Die Stadt- und die Landkreise Heidelberg und Mannheim, Band 2. Heidelberg/Karlsruhe 1968

66 Karlsruhe

Bohtz, C. H.: Karlsruhe, o.O.o.J.

Doerrschuck, H.: Karlsruhe so wie es war. Düsseldorf 1971

Doerrschuck, H. u. Meininger, H.: Stadtgeschichte und Bilddokumentation. Karlsruhe 1984

Landesbildstelle Baden (Hrsg.): Karlsruhe, eine neuzeitliche Stadtentwicklung. Karlsruhe 1986

Sander, E.: Karlsruhe einst und jetzt in Wort und Bild. Karlsruhe 1978

Schallhorn, E. u. Baustein D.: Karlsruhe. In: Politik und Unterricht, Heft 2, 1983, S. 53 ff

67 Der Schwarzwald

Borcherdt, Chr. (Hrsg.): Geographische Landeskunde von Baden-Württemberg. Stuttgart 1983

Krummer-Schroth, I.: Oberrheinisches Mosaik. Freiburg 1976

Rieple, M.: Schwarzwaldstraßen, Schwarzwaldtäler. Karlsruhe 1976

Staatliche Archivverwaltung B.-W.: Freiburg im Breisgau – Stadtkreis und Landkreis. Freiburg 1972

68 Am Hochrhein

Mohr, B.: Rheinfelden (Baden). Siedlungsentwicklung und ihre Bestimmungsfaktoren, räumliches Wachstum und Bauträger einer Industriestadt am Hochrhein. – In: Regio Basiliensis, XIX, H. 2, 1978, S. 97–142

Schwendemann, F.: Europäische Energiedrehscheibe Hochrhein. – In: Exk.führer d. 18. Dt. Schulgeogr.tages Basel/Lörrach, Basel 1982, S. 40–49

Tesdorpf, J. C.: Exkursionsführer Waldshut-Klettgau-Rheinfall von Schaffhausen. – In: Mitt. Geogr. Fachschaft (Freiburger Geogr. Mittl.), H. 2, 1971, S. 71–156

69 Am Bodensee

Fezer, F.: Topographischer Atlas Baden-Württemberg. – Neumünster 1979

Hagelstange, R.: Einladung an den Bodensee. Konstanz 1982

Maurer, H. (Hrsg.): Der Bodensee. Landschaft – Geschichte – Kultur. – Sigmaringen 1982

Schmidt, R.-G.: Naturraum Zentraler Hegau und seine Randlandschaften. – In: Exk.führer d. 18. Dt. Schulgeogr.tages Basel/Lörrach, Basel 1982, S. 91–106

70 Schwäbische Alb

Borcherdt, Chr. (Hrsg.): Geographische Landeskunde von Baden-Württemberg. Stuttgart 1983

Geyer, O. F. u. Gwinner, M. P.: Der Schwäbische Jura. Berlin 1962

Kullen, S.: Baden-Württemberg. Länderprofile. Stuttgart 1983

71 Albtrauf an der Teck

Borcherdt, C. (Hrsg.): Geographische Landeskunde von Baden-Württemberg. Stuttgart 1983

Fezer, F.: Der Trauf der Schwäbischen Alb. In: Topographischer Atlas Bundesrepublik Deutschland. München, Münster 1977, S. 138

Landesarchivdirektion Baden-Württemberg (Hrsg.): Das Land Baden-Württemberg. Amtliche Beschreibung nach Kreisen und Gemeinden. Bd. III: Regierungsbezirk Stuttgart, Regionalverband Mittlerer Neckar. Stuttgart 1978

72 Dörfer im Stufenland

Landesarchivdirektion Baden-Württemberg (Hrsg.): Das Land Baden-Württemberg: Amtliche Beschreibung nach Kreisen und Gemeinden. – Bände II und IV, 1976
Nitz, H.-J.: Die ländlichen Siedlungsformen des Odenwaldes. – Heidelberger Geographische Arbeiten, Heft 7, 1962
Statistisches Landesamt Baden-Württemberg (Hrsg.): Statistik von Baden-Württemberg; Bevölkerung 1986
Zeese, R.: Die Talentwicklung von Kocher und Jagst im Keuperbergland. Tübinger Geographische Studien, Heft 49, 1972

73 Industriegasse am Neckar

Borcherdt, Chr. u. Kulinat, K.: Der mittlere Nekkarraum. In: Borcherdt, Chr.: Geographische Landeskunde von Baden-Württemberg. Stuttgart, Berlin, Köln u. Mainz 1983, S. 256–280
Borcherdt, Chr., Grotz, R., Kaiser, K. u. Kulinat, K.: Verdichtung als Prozeß, dargestellt am Beispiel des Raumes Stuttgart. In: Raumforschung und Raumordnung, Bd. 29, 1971, S. 201–207
Grotz, R.: Entwicklung, Struktur und Dynamik der Industrie im Wirtschaftsraum Stuttgart – eine wirtschaftsgeographische Untersuchung. In: Stuttgarter Geogr. Studien 82, Stuttgart 1971
Grotz, R.: Die Wirtschaft im Mittleren Neckarraum und ihre Entwicklungstendenzen. In: Geogr. Rundschau 1976, S. 14–26

74 Das Kochertal

Fezer, F. (Hrsg.): Topographischer Atlas Baden-Württemberg, 1979
Fezer, F. u. Muuß, U.: Luftbildatlas Baden-Württemberg, 1971
Landesarchivdirektion Baden-Württemberg (Hrsg.): Das Land Baden-Württemberg: Amtliche Beschreibung nach Kreisen und Gemeinden. – Bände II und IV, 1976
Scheuerbrandt, A.: Südwestdeutsche Stadttypen und Städtegruppen bis zum frühen 19. Jahrhundert. In: Heidelberger Geographische Arbeiten, Heft 32, 1972
Statistisches Landesamt Baden-Württemberg (Hrsg.): Statistik von Baden-Württemberg; Bevölkerung 1986
Zeese, R.: Die Talentwicklung von Kocher und Jagst im Keuperbergland. In: Tübinger Geographische Studien, Heft 49, 1972

75 Gäu- und Steigerwald

Hendinger, H.: Der Steigerwald in forstgeographischer Sicht. In: Mitt. der Fränk. Geogr. Gesellschaft, 10, 1963, S. 176–210

76 Weinbau und Flurbereinigung am Main

Herold, A.: Die Mainschleife bei Volkach. In: Fehn, H. (Hrsg.): Topographischer Atlas Bayern. München 1968, Nr. 16
Herold, A.: Die geographischen Grundlagen des Obstbaus im Bereich zwischen Maindreieck und Steigerwaldstufe. In: Würzburger Geogr. Arbeiten, Heft 4/5, Würzburg 1957
Höhl, G.: Die Mainschlinge bei Volkach. In: Schneider, S. u. Strunk, E. (Hrsg.): Deutschland neu entdeckt. Mainz 1972, Nr. 65
Ruppert, K.: Die Bedeutung des Weinbaus und seine Nachfolgekulturen für die sozialgeographische Differenzierung der Agrarlandschaft in Bayern. In: Münchener Geogr. Hefte, 19, Kallmünz 1960

77 Bamberg

Becker, H. u. Treude, E.: Ausgewählte Aspekte junger Wandlungen im Bereich der Bamberger Gärtnerei. In: Lebendige Volkskultur. Festgabe für E. Roth, Bamberg 1980, S. 239–247
Breuer, T.: Grundzüge der städtebaulichen Entwicklung Bambergs im 19. und frühen 20. Jahrhundert. In: Berichte des Historischen Vereins Bamberg, 116, 1980, S. 209–230
Höhl, G.: Städtische Funktionen Bambergs im Spiegel seiner Stadtlandschaft. In: Jahrbuch für fränkische Landesforschung, 15, 1955, S. 7–29
Höhl, G.: Bamberg. Eine geographische Studie der Stadt. In: Mitt. d. Fränkischen Geographischen Gesellschaft, 3, 1956, S. 1–16
Krings, Wilfried: Industrie, Fremdenverkehr und Stadtbild. Beobachtungen am Beispiel von Bamberg. In: Geographie als Sozialwissenschaft = Colloquium Geographicum, Bd. 18, Bonn 1985, S. 272–302

78 Nürnberg

Boustedt, O.: Struktur und Funktion der städtischen Siedlungen im mittelfränkischen Wirtschaftsraum. In: Studien zum Problem der Trabantenstadt = Forschungs- und Sitzungsberichte der Akademie für Raumforschung und Landesplanung, Bd. 26, Hannover 1965, S. 117–156
Heller, H.: Eine Zukunft für das Knoblauchsland? Trendbeobachtungen im stadtnahen Gemüseanbaugebiet von Nürnberg-Fürth. In: Mitt. d. Fränk. Geogr. Gesellschaft. Bd. 25/26, Erlangen 1980, S. 115–145
Kühne, J.: Intensive Landwirtschaft im Verdichtungsraum mit Beispielen aus Mittelfranken. In: Popp, H. (Hrsg.): Strukturanalyse eines Raumes im Erdkundeunterricht, Donauwörth 1979, S. 117–137
Müssenberger, J.: Das Knoblauchsland, Nürnbergs Gemüseanbaugebiet. In: Mitt. d. Fränk. Geogr. Gesellschaft, III (1956) und V (1958)
Vogel, B.: Die moderne Trabantenstadt. Darstellung der Problematik am Beispiel Nürnberg-Langwasser. In: Geogr. Rundschau 21. Jg., 1969, S. 127–136

79 Erlangen

Blüthgen, J.: Erlangen. Das geographische Gesicht einer expansiven Mittelstadt. In: Mitt. d. Fränk. Geogr. Ges. Bd. 7/8, Erlangen 1961, S. 1–48
Endres, R.: Erlangen und seine verschiedenen Gesichter. Erlangen 1982
Hahlweg, D.: Grün in Erlangen. Vom Bemühen um Gleichrangigkeit von Ökonomie und Ökologie in der Praxis einer Stadt. In: Das neue Erlangen, Nr. 58, 1982, S. 2–34
Hümmer, P.: Die ehemaligen Dörfer im Stadtgebiet von Erlangen. Diss. Univ. Erlangen. Hollfeld 1973
v. Löhöffel, D.: Erlangen, eine Stadt im wirtschaftlichen und sozialen Wandel. Hannover 1967
Popp, H.: Die Altstadt von Erlangen. In: Erlanger Geogr. Arbeiten H. 35, 1976

80 Eichstätt im Altmühltal

Sparkasse Eichstätt: Der Eichstätter Raum in Geschichte und Gegenwart. Eichstätt 2. Aufl. 1984
Barthel, Werner K.: Solnhofer – Ein Blick in die Erdgeschichte, Thun (Schweiz) 1970
Meyer, R. u. Schmidt-Kaler H.: Erdgeschichte sichtbar gemacht – Ein geologischer Führer durch die Altmühlalb, München 1983
Bosl, K. (Hrsg.): Bayern. In: Handbuch der Historischen Stätten Deutschlands, Bd. VII. Stuttgart 2. Aufl. 1974

81 Marktorte in Niederbayern

Pietrusky, U., Moosauer, D. u. Michler, G.: Niederbayern im Fluge neu entdeckt. Eine Landeskunde in farbigen Luftbildern. Grafenau 1982
Pietrusky, U. u. Moosauer, D.: Der Bayerische Wald im Fluge neu entdeckt. Eine Landeskunde in farbigen Luftbildern. Grafenau 1985

82 Regensburg

Hermes, K.: Zur Stadtgeographie Regensburgs im 19. und 20. Jahrhundert. In: U. R. Schriftenreihe der Universität Regensburg Bd. 1, S. 205–216, Regensburg 1979
Hermes, K.: Zur Frage eines Freihafens an der Donau – Überlegungen aus der Sicht der Geographie. In: Schriftenreihe der Industrie- und Handelskammer Regensburg H. 11, Regensburg 1986
Kreuzer, G.: Der Grundriß der Stadt Regensburg. In: Berichte zu dt. Landeskunde, Bd. 42, 1969, S. 209–219
Kreuzer, G.: Zweitausend Jahre Regensburger Stadtentwicklung. Geschichte, Gegenwart, Planungen. Regensburg 1972
Manske, D. J.: Stadtexkursion Regensburg. In: Popp, H. (Hrsg.) Geographische Exkursionen im östlichen Bayern. In: Passauer Schriften zur Geographie, Heft 4, Passau 1987
Strobel, R.: Regensburg als Bischofsstadt in bauhistorischer und topographischer Sicht. In: Stoob, H. (Hrsg.): Bischofs- und Kathedralstädte des Mittelalters und der frühen Neuzeit, Köln und Wien 1976, S. 60–76

83 Donaumoos und Hallertau

Fehn, K.: Karlshuld – Moorkolonistendorf im Donaumoos. In: Luftbildatlas Bayern, 1973, S. 82–83
Fehn, H.: Donaumoos mit Moorkolonistendörfern Karlshuld und Grasheim. In: Fehn, H., Terhalle, W. u. Thorbecke, F.: Luftbilder aus Bayern. Landschaft – Kultur – Wirtschaft, 1963, Bild Nr. 50
Mittermaier, K.: Das Donaumoos – Agrarstrukturelle Wandlungen und wirtschaftsgeographische Entwicklungstendenzen. In: Exkursionen in Schwaben und angrenzenden Gebieten, 1978, S. 101–106
Bayer, W.: Die Hallertau – das größte geschlossene Hopfenbaugebiet der Erde. In: Exkursionen in Schwaben und angrenzenden Gebieten, 1978, S. 95–100
Dost, A.: Hopfenmetropole Wolnzach. 1987, Wolnzach (Ortsprospekt)
Fuchs, F.: Das Hopfenbaugebiet Hallertau als Wirtschaftslandschaft. In: Mitteilungen der Geographischen Gesellschaft in München, 1937, S. 39–136
Widmann, W.A. (Bearb.): HB-Bildatlas: Niederbayern, Hallertau, H. 36, 1982
Kettner, L.: Hallertauer Hopfenbau. Geschichte und Gegenwart. 1976, Mainburg
Wagner, U.: Die Entwicklung der Hallertau zum größten geschlossenen Hopfenanbaugebiet der Erde. In: Pietrusky, U. (Hrsg.): Niederbayern. Zur Bevölkerungs- und Wirtschaftsgeographie eines unbekannten Raumes, Passau 1980, S. 161–180
Ergebnisse der Hopfenbauerhebung 1984, 1985, 1986 und 1987 in Bayern für Anbaugebiete nach dem Betriebsprinzip. In: Hopfen-Rundschau Jg. 1987, S. 316

84 Ulm und Neu-Ulm

Fezer, F. (Hrsg.): Topographischer Atlas Baden-Württemberg, 1979
Fezer, F. u. Muuß, U.: Luftbildatlas Baden-Württemberg
Gebhardt, H.: Die Stadtregion Ulm, Neu-Ulm als Industriestandort: Eine Industriegeographische Untersuchung auf betrieblicher Basis. In: Tübinger Geographische Studien, Heft 78, 1979
Geologisches Landesamt in Baden-Württemberg (Hrsg.): Geologische Übersichtskarte von Südwestdeutschland 1:600000; Ausgabe 1954
Landesarchivdirektion Baden-Württemberg (Hrsg.): Das Land Baden Württemberg: amtliche Beschreibung nach Kreisen und Gemeinden. – Bände II und IV, 1976
Statistisches Landesamt Baden-Württemberg (Hrsg.): Statistik von Baden Württemberg; Bevölkerung 1986

85 *Städte im Alpenvorland*

Fehn, K.: Augsburg. In: Luftbildatlas Bayern. 1973, S. 128f
Frei, H.: Augsburg, Ober- und Unterstadt. In: Topographischer Atlas Bayern. 1968, S. 194f
Schaffer, Fr.: Wohnstandorte, Mobilität und Stadtentwicklung. In: Geographische Rundschau, Jg. 30, S. 162-168
Schaffer, Fr.: Die Augsburger Altstadt. In: Mitt. d. Geogr. Ges. München, Bd. 70, 1985 S. 5-41
Fehn, H.: Luftbilder aus Bayern. In: Geographische Rundschau, 22. Jg., Heft 8 1970, S. 325-327
Fehn, H.: Landshut an der Isar. In: Luftbildatlas Bayern, 1973, S. 106f
Mayer, R.: Niederbayerisches Tertiärhügelland und Isartal bei Landshut. In: Topographischer Atlas Bayern, 1968, S. 188f
Thorbecke, F. u. a.: Landshut an der Isar; Großmühlen in Landshut an der Isar. In: Luftbilder aus Bayern, 1963, Bild 53 und 54

86 *München*

Fehn, H.: Bauliche Entwicklung der Münchner Kernstadt 1808 bis 1958. In: Fehn, H. (Hrsg.): Topographischer Atlas Bundesrepublik Deutschland. München u. Neumünster 1969, Nr. 77
Fehn, H.: Münchens Weg vom Klosterdorf zur Millionenstadt. In: Geogr. Rundschau 1958, S. 201-214
Maier, J.: Das Olympia-Gelände auf dem Münchener Oberwiesenfeld. In: Fehn, H. (Hrsg.): Luftbildatlas Bayern. München u. Neumünster 1973, Nr. 50
May, H. D.: München-Innenstadt. München-Olympiagelände. In: Schneider, S. u. Strunk, E. (Hrsg.): Deutschland neu entdeckt. Mainz 1972, Nr. 85 u. 86

87 *Deltabildung im Chiemsee*

Klink, H.-J.: Das Mündungsdelta der Tiroler Ache. In: Schneider, S. u. Strunk, E. (Hrsg.): Deutschland neu entdeckt. Mainz 1972
Wilhelm, F.: Verlandungsgebiet im Süden des Chiemsees. In: Luftbildatlas Bayern. München u. Neumünster 1973
Jätzold, R.: Alpenvorland: Chiemsee. In: Luftbildinterpretation: der Süden. Düsseldorf 1977

88 *Der Königssee*

Nationalparkverwaltung Berchtesgaden (Hrsg.): Nationalpark Berchtesgaden. (Prospekt) 1986
Köhler, H. A.: Alpenpark und Nationalpark Berchtesgaden. Freilassing (2. Aufl.) 1980
Siebeck, O.: Der Königssee, eine limnologische Projektstudie. Nationalpark Berchtesgaden, Forschungsberichte H. 5, Berchtesgaden (2. Aufl.) 1985
Ganss, O.: Geologie der Berchtesgadener und Reichenhaller Alpen. Berchtesgaden (3. Aufl.) 1979

89 *Die Allgäuer Alpen*

Ruppert, K.: Die deutschen Alpen-Prozeßabläufe spezieller Agrarstrukturen. In: Erdkunde Bd. 36, 1982 S. 176-187
Grötzbach, E.: Die Bayerischen Alpen. In: Deutschland-Porträt einer Nation, Bd. 8, Gütersloh 1986
Haefke, F.: Physische Geographie Deutschlands. Berlin 1959

90 *Das Wettersteingebirge*

Jätzold, R.: Nördliche Kalkalpen: Zugspitze. In: Luftbildinterpretation – der Süden. Düsseldorf 1977
Grötzbach, E.: Das Wettersteingebirge. In: Topographischer Atlas Bundesrepublik Deutschland. München u. Neumünster 1977
Wilhelm, F.: Das Wettersteingebirge. In: Luftbildatlas Bayern. München u. Neumünster 1973

91 *Berlin (West): Zentrenbildung*

Aust, B.: Stadtgeographie ausgewählter Sekundärzentren in Berlin (West). In: Abh. d. 1. Geogr. Inst. d. FU Berlin. 16, Berlin 1970
Bader, F. J. W. u. Müller, D. O. (Hrsg.): Stadtgeographischer Atlas Berlin (West). In: Sammlung Geographischer Führer 7, Berlin/Stuttgart 2. Aufl. 1981
Hofmeister, B.: Berlin. Eine stadtgeographische Strukturanalyse der zwölf westlichen Bezirke. In: Wissenschaftliche Länderkunde Bd. 8. Die Bundesrepublik Deutschland und Berlin, Darmstadt 1975
Hofmeister, B. u. a. (Hrsg.): Berlin. Beiträge zur Geographie eines Großstadtraumes. In: Festschrift zum 45. Deutschen Geographentag in Berlin vom 30. 9. 1985 bis 2. 10. 1985, Berlin 1985
Wiek, K.-D.: Kurfürstendamm und Champs Elysée. Geographischer Vergleich zweier Weltstraßengebiete. In: Abh. d. 1. Geogr. Inst. d. FU Berlin. 14, Berlin 1967

92 *Berlin (West): Verkehr*

Bader, F. J. W. u. Müller, D. O. (Hrsg.): Stadtgeographischer Führer Berlin (West). In: Sammlung Geogr. Führer Bd. 7, Berlin 1981
Hofmeister, B. u. Voss, F. (Hrsg.): Exkursionsführer zum 45. Deutschen Geographentag Berlin 1985. In: Berliner Geogr. Studien Bd. 17, Berlin 1985
Hofmeister, B., Pachur, H. J., Pape, Ch. u. Reindke, G. (Hrsg.): Berlin – Beiträge zur Geographie eines Großstadtraumes. Berlin 1985

Die Autoren und ihre Beiträge

Dr. Joachim Alexander,
Universität Trier,
Physische Geographie
25, 71

Dr. Nordwin Beck,
Erziehungswissenschaftliche
Hochschule Rheinland-Pfalz,
Abteilung Koblenz
58

Prof. Dr. Christoph Becker,
Universität Trier,
Fremdenverkehrsgeographie
92

Helmut Beeger,
Bezirksregierung Rheinhessen-Pfalz,
Neustadt a. d. Weinstraße
64

Prof. Dr. Wolfgang Binsfeld,
Rheinisches Landesmuseum, Trier
54

Wolfgang Blüm,
Landesbildstelle Rheinland-Pfalz,
Koblenz
49

Thomas Breitbach,
Kath. Universität Eichstätt,
Fachbereich Geographie
80

Gudrun Bruns,
Niedersächsisches Landesverwaltungsamt, Landesmedienstelle,
Hannover
13, 21, 22, 23, 24

Roland Eichler,
Landesbildstelle Baden,
Karlsruhe
66, 67, 70

Prof. Dr. Eugen Ernst,
Hessisches Freilichtmuseum,
Neu-Anspach
60, 61

Gerd Feller, Bremen
15, 16

Dipl.-Ing. Roderich Felsberg,
Landesbildstelle Schleswig-Holstein,
Kiel
3, 4, 7

Dr. Imme Ferger-Gerlach,
Staatliches Studienseminar, Hamburg
8

Prof. Dr. Fritz Fezer,
Universität Heidelberg,
Geographisches Institut
65

Prof. Dr. Heinz Fischer,
Erziehungswissenschaftliche
Hochschule Rheinland-Pfalz,
Abteilung Koblenz
51, 52, 62

Dipl.-Geogr. Martin Greifenberg,
Kreisbildstelle Lippe,
Detmold
36

Dr. Ralph Hansen,
Universität Trier,
Geowissenschaftliches Labor
40, 73, 86

Prof. Dr. Hans Hecklau,
Universität Trier,
Wirtschafts- und Sozialgeographie
91

Dr. Hermann-Josef Höper,
Landschaftsverband Westfalen-Lippe,
Landesbildstelle Westfalen,
Münster
32, 34, 42, 43

Dr. Volker Jakob,
Landschaftsverband Westfalen-Lippe,
Landesbildstelle Westfalen,
Münster
29, 38

Gerd Kiefer,
Staatliche Landesbildstelle Saarland,
Saarbrücken
56

Jürgen Klaukien, M.A.,
Landschaftsverband Westfalen-Lippe,
Landesbildstelle Westfalen,
Münster
33

Elisabeth Krames, M.A.,
Universität Trier,
Physische Geographie
83

Dr. Wolfgang Linke,
Landschaftsverband Westfalen-Lippe,
Landesbildstelle Westfalen,
Münster
19, 26, 28, 30, 31, 35, 44

Prof. Dr. Manfred J. Müller,
Pädagogische Hochschule,
Flensburg
1, 2, 59

Prof. Dr. Jörg F. W. Negendank,
Universität Trier,
Geologie
27

Heiner Oberneßer,
Staatliche Landesbildstelle Saarland,
Saarbrücken
57

Dr. Joachim Paschen,
Staatliche Landesbildstelle,
Hamburg
8

Prof. Dr. Ulrich Pietrusky,
Universität München,
Institut für Geographie
81

Adelheid Rasch,
Landesbildstelle Schleswig-Holstein,
Kiel
3, 4, 5, 6, 7

Dipl.-Geogr. Hans Martin Reimers,
Landschaftsverband Westfalen-Lippe,
Landesbildstelle Westfalen,
Münster
37, 39

Prof. Dr. Karl H. Reinhardt,
Universität Hamburg,
Institut für Didaktik der Geographie
10

Prof. Dr. Gerold Richter,
Universität Trier,
Physische Geographie
12, 17, 18, 47, 76, 87, 88, 89, 90

Prof. Dr. Gisbert Rinschede,
Kath. Universität Eichstätt,
Fachbereich Geographie
80

Prof. Dr. Konrad Rögner,
Universität Trier,
Physische Geographie
72, 74, 84

Prof. Dr. Helmut Ruppert,
Universität Bayreuth,
Institut für Geowissenschaften
75, 77, 78, 79, 82

Dr. Reinhard-Günter Schmidt,
Universität Trier,
Physische Geographie
68, 69

Detlef Maria Schneider,
Landschaftsverband Westfalen-Lippe,
Landesbildstelle Westfalen,
Münster
20

Dr. Angela Schöppner,
Landschaftsverband Westfalen-Lippe,
Landesbildstelle Westfalen,
Münster
41, 45, 46, 48

Dipl.-Geogr. Andreas Schüller,
Amt für Strom und Hafenbau,
Ref. Hydrologie der Unterelbe,
Cuxhaven
11

Dieter Strohmeyer,
Wiss. Institut für Schulpraxis,
Langen/Bremerhaven
14

Dipl.-Geogr. Werner Stroppe,
Seefeld-Hechendorf
85

Ingrid Stumpf,
Hamburg
9

Dr. Karl-Heinz Weichert,
Landesbildstelle Rheinland-Pfalz,
Koblenz
63

Wolfgang Weller,
Landesbildstelle Rheinland-Pfalz,
Koblenz
50

Prof. Dr. Otmar Werle,
Universität Frankfurt,
Institut für Didaktik der Geographie
53, 55

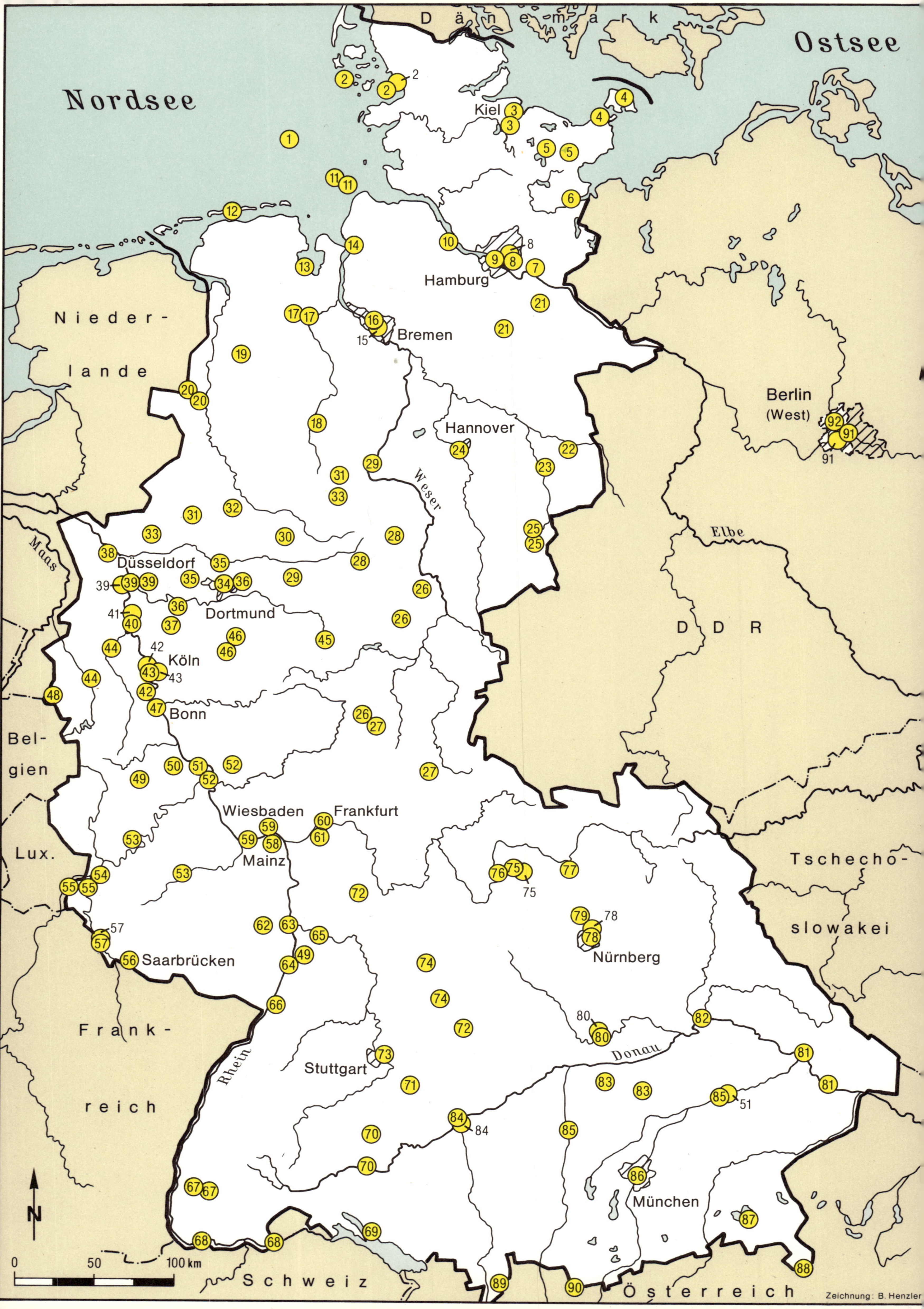

Dänemark
Ostsee
Nordsee
Kiel
Hamburg
Bremen
Nieder-
lande
Hannover
Berlin
(West)
Weser
Elbe
Maas
Düsseldorf
Dortmund
Köln
Bonn
DDR
Bel-
gien
Wiesbaden
Frankfurt
Mainz
Lux.
Tschecho-
slowakei
Nürnberg
Saarbrücken
Frank-
reich
Rhein
Stuttgart
Donau
München
N
0
50
100 km
Schweiz
Österreich
Zeichnung: B. Henzler